JN314606

授業研究と学習過程

秋田喜代美・藤江康彦

授業研究と学習過程（'10）

©2010　秋田喜代美・藤江康彦

装丁・ブックデザイン：畑中　猛

まえがき

　学校教育は，子どもたちの未来，国の将来を形作っていく礎である。では，そこで実際に何がどのように行われているのか。誰もが学校に生徒として通っていた経験はあっても，その経験を対象化し考えてみる経験は，学校の場で働く教師以外の人には，あまりないのではないだろうか。本書は，学校教育の中核である授業の場を中心にして，子どもと教師がどのように学んでいるのかという学習過程に焦点をあて，教育学，教育心理学，学習科学，教育方法学等の理論と最新の知見をもとに，この学習過程を解説するために執筆編集したものである。

　本書の編集執筆にあたった2名は，2006年より2009年まで4年間の開講科目『授業研究と談話分析』を担当執筆させていただいてきた。その4年間においても，より新たな知見の提供をということで「改訂版」を開講期間途中で発刊した。しかし前書よりもさらに，教室や職員室という人が交わり育つ場での学習過程を詳しく論じた本の編集が必要であるとの共通の認識を持ってきた。そのため，今回は担当者人数も授業の研究に関わってきた2名で担当し，新科目の講義タイトルも『授業研究と学習過程』として，前書の発展版として，執筆担当分担も意図的に交代変更し，大半の章を大幅に修正し新規に書きおろして作成した。

　本書の特徴は，3点ある。第1に，授業研究と題しているが，いわゆる授業をどのように研究すればよいのかというノウハウや，授業はこれまでどのように研究されてきたかという授業分析方法の歴史のみを紹介した本ではない。授業という複雑かつ重層的で，歴史的社会的な制度である教室での学習，さらにはIT等の発展に伴って広がる学習環境をどのように捉えることができるかという視座を提示することを意図して作

られている点である。また第2には，授業で学ぶのは子どもだけではなく，専門家としての教師も学んでいるという点を明確にして，教師の学習や仕事に関わる章を入れている点である。そして第3には，授業や学習を考える鍵となる基本概念を中心にして，各章を展開した点である。上記3点の工夫によって，放送大学を受講される一般の方々が，授業を切り口にして学校教育に対して理解を深め，また学習の心理過程に関心を持っていただけたら幸いである。

　本書の編集に当たってくださった放送大学教育振興会の冨永彰子さんには大変お世話になった。記して心より感謝したい。

2009年10月

秋田喜代美
藤江康彦

目次

まえがき　　秋田喜代美・藤江康彦　　3

1 学習の理論と知識社会の学校教育
秋田喜代美　10

1. 知識社会における学習と学校教育　10
2. 学習理論の基盤　15
3. 知識社会の学習環境デザイン　21

2 学習過程と学習成果の質
秋田喜代美　29

1. 学習の質とは　29
2. 授業に対する教師の信念と学級雰囲気　33
3. 課題への認知的興味・意欲と深い関与　35
4. 学習者が形成する学習観と学習方略　36

3 概念理解と知識の働き
秋田喜代美　41

1. 知識の学習　41
2. 概念理解　45
3. 概念変化のための教育　52
■コラム　「高さ」に関する素朴概念　59

4 | テキストからの学習　　｜ 秋田喜代美　61
1. 文章理解と文章からの学習の過程　61
2. 読解の熟達過程　66
3. 読みの力を高める指導　69

5 | 問題解決の過程　　｜ 藤江康彦　76
1. 問題解決の過程とメカニズム　76
2. 問題解決の目的，所産と文化的価値　80
3. 授業における問題解決の支援　86

6 | 教室談話の特徴　　｜ 藤江康彦　93
1. 教室談話とは　93
2. 教室談話と学習　96
3. 教室談話研究の新たな展開　105

7 | リテラシーの習得と談話コミュニティの形成　　｜ 秋田喜代美　110
1. 学力としてのリテラシー　110
2. 談話コミュニティの形成　111
3. 談話コミュニティを方向付ける教師の実践的知識と教科書　114
4. 思考を促す教室コミュニケーション　118

8 協働学習の過程　　　秋田喜代美　126

1. 協働学習の展開　126
2. 協働学習の機能と過程　129
3. 協働学習のデザイン　136
■コラム　協同作業への学習者の認識　141

9 協働学習支援の学習環境　　　藤江康彦　143

1. 協働学習という考え方　143
2. 協働学習を支援する環境　146
3. 協働学習を支援するメディア　150

10 授業における学習評価　　　藤江康彦　158

1. 授業における学習評価の目的　158
2. 到達度評価　162
3. 学習評価の新たな展開　167

11 カリキュラムと授業のデザインと教師の専門性　｜ 藤江康彦　175

   1. カリキュラムの構成　175
   2. 授業のデザイン　179
   3. デザインと教師の専門性　181

12 授業の研究方法　｜ 藤江康彦　189

   1. 授業を研究すること　189
   2. 授業を理解する　193
   3. 授業を創造する　197

13 授業研究による教師の学習過程　｜ 秋田喜代美　207

   1. 学習の場としての授業研究の広がり　207
   2. 教師の学習過程の特徴　215
   3. 学校における教師文化と同僚性　221

14 教師の熟達化と生涯発達　｜ 藤江康彦　227

   1. 教師の知識と思考の特徴　227
   2. 教師の職能発達　233
   3. 教師の生涯発達　239

15 | 授業研究と学習研究のこれから

| 秋田喜代美　248

1. これからの学校と教師のリーダーシップ　248
2. 学びの共同体の形成　254
3. 授業実践と授業研究　256

索引 ————————————————260

1 学習の理論と知識社会の学校教育

秋田喜代美

《**学習のポイント**》 学校での学習は日常のインフォーマルな学習とはどこが違っているのか，また学習は心理学ではどのような理論によってこれまで説明されてきているのか，そして知識社会に求められる学校での学習のあり方はどのようなものかについて，そのポイントを考えていく。
《**キーワード**》 キー・コンピテンシー，行動主義，構成主義，情報処理アプローチ，社会文化的アプローチ，知識統合，学習環境のデザイン

1. 知識社会における学習と学校教育

1） フォーマルな教育の場としての学校

　日常生活での，教育が主目的ではないインフォーマルな場での学習と，フォーマル（公式）な制度的教育の場である学校での学習にはどのような違いがあるだろうか。第1に，教室という空間で，学級という集団を形成し，ナショナルカリキュラムである学習指導要領にもとづき，学年，学期，時間割という時間単位にしたがい，授業という形態で教育が行われる点にある。そして第2に，公共の教養を育成するための明確な教育目的をもって，専門家である教師が学習内容に応じて，学習方法や教材を具体的にデザインし指導していく点にある。したがって第3に，その教育目的と意図に沿って生徒の学習過程と成果を評価し，指導のあり方を教師が省察し改善を図りながら行っていく点にある。
　インフォーマルな学習は，現在の学習の必要性にもとづき，意欲をもって学びたい者が学び，学習者個人の目的を達成できればよい。しか

し，フォーマルな場である学校教育は，将来志向の学習である。将来志向であるために，卒業後もいつでもどこでも活用できるよう，生徒の現在の日常生活の具体的文脈には直結しない内容でも，さまざまな教科内容において，抽象性の高い概念や一般的な方法を学習する。このために，教科固有の言語や記号を介して内容を学び，個々人が独力で保持できる知識の習得が重視され，限られた期間の中での習得が評価される（稲垣, 2006）。

　これは，効率的で効果的な教育をめざす学校教育の強みである。だが一方で，生徒の学ぶ意欲は低くなり，生徒が生活の中で身につけている豊かな知識や技を活かしにくくなる。教室で一緒に学ぶ他者との関係が薄くなり，一人の教師によって短期的な習得を限られた面から細分化して評価される弊害も生じやすくなる。これをいかに授業で克服していくのかは，学校教育のアポリア（難問）であると言えるだろう。このためには，学習内容を学習者である生徒の視点から問い直し，個人を越えた学級での協働的な学習のあり方，感情や関係性などを踏まえた学習，本時だけでなく，より長期的な見通しを持って学習のあり方を考えていくことが，学校教育に求められることになるのである。

2） キー・コンピテンシーの育成

　学校教育は将来志向の学習であるために，社会や時代の要求に応えることが求められる。科学技術の進展による情報化，グローバリゼーションなど，社会・経済構造の変化が急速に進む中で，学校教育が果たす役割や意義が社会の中で強く認識されるようになってきている。

　21世紀は知識基盤社会といわれ，子ども達に育てたい力の内容も変化してきている。テクノロジーが急速かつ継続的に変化していくことに対応するために，この道具の変化に対応する力，自らの経験から学ぶ力，

表1-1 OECDが求める3つのキー・コンピテンシー

(http://www.mext.go.jp/b_menu/shingi/chukyo/chukyo3/016/siryo/06092005/002/001.htm より一部抜粋)

キー・コンピテンシーの具体的な内容	当該能力が必要とされる背景等
① **社会・文化的，技術的ツールを相互作用的に活用する能力** ○ 言語，シンボル，テクストを活用する能力 ・ 様々な状況において，話したり書いたりする言語のスキルや数学的なスキル等を効果的に活用する力。 【PISA調査・読解力，数学的リテラシー】	社会や職場において十分に役割を果たしたり，他人との効果的な対話に参画する上で，核となる手段（ツール）。
○ 知識や情報を活用する能力 ・ 情報それ自体の本質について，例えば，その技術的なよりどころや社会的・文化的な文脈などを考慮して，批判的に深く考えることができる力。 【PISA調査・科学的リテラシー】 ・ 他人の意見や選択肢の理解，自らの意見の形成，意思決定，確実な情報に基づいた責任ある行動を可能とする基盤。	現代社会におけるサービスや情報部門の重要性や知識経営の必要性の増大のなかで，情報や知識を双方向で使いこなす力が必須に。
○ テクノロジーを活用する能力 ・ 個人が日々の生活においてテクノロジーが新しい方法で活用できることに気付くことが第一。 ・ テクノロジーには，遠隔地間の協働，情報へのアクセス，他人との双方向のやりとりなど新たな可能性。そのためには，E-mailの送信など単なるインターネットの活用スキル以上の力が必要。	テクノロジーのイノベーションは，職場の内外にかかわらず個人に新しい能力を要求。
② **多様な集団における人間関係形成能力** ○ 他人と円滑に人間関係を構築する能力 ・ 個人が知人や同僚，顧客などと個人的な関係を作り出し，維持し，発展させる力。 ・ 具体的には，「共感する力」，「感情を効果的にコントロールする力」。	社会の安定や統合のためだけではなく，情動知能が強調されるなど企業や経済が変化するなかで経済的に成功する上でも重要な能力に。
○ 協調する能力 ・ 協調に当たっては，各個人が一定の能力を持っていることが必要。グループへの貢献と個々人の価値とのバランスを図ることができる力が不可欠。また，リーダーシップを共有し，他人を助けることができることも必須。	多くの需要や目標は一人では達成できず，グループのなかで同じ目的を共有し，協力する必要。
○ 利害の対立を御し，解決する能力 ・ 利害の対立に建設的にアプローチするには対立を否定するのではなく，それを御するプロセスを認識すること。他者の利益や双方が一定の利益を得るための解決方法への深い理解が必要。	家庭，職場，より大きなコミュニティで生じる紛争は，社会の現実の一側面で，人間関係に不可避の存在。
③ **自律的に行動する能力** 自律とは孤独のことではなく，むしろ周囲の環境や社会的な動き，自らが果たし果たそうとしている役割を認識すること。	自律的に行動することは，社会の発展に効果的に参画するためだけではなく，職場や家庭や社会生活など人生の様々な側面のそれぞれをうまくこなす上でも必要。
○ 大局的に行動する能力 ・ 自らの行動や決定を，自身が置かれている立場，自身の行動の影響等を理解したうえで行える力。 【PISA調査・問題解決能力】	
○ 人生設計や個人の計画を作り実行する能力 ・ 人生の意義を見失いがちな変化し続ける環境のなかで，自らの人生に一定のストーリーを作るとともに意味や目的を与える力。 ○ 権利，利害，責任，限界，ニーズを表明する能力 ・ 成文のルールを知り，建設的な議論のうえ，調整したり対案を示したりする力。 ・ 自分自身の権利などを表明するためのみの力ではなく，家庭，社会，職場，取引などで適切な選択をすることができる。	

そして社会が個人間の相互依存を深め，グローバル化することで多文化化しているために，異なる文化背景を持つ他者とうまくやっていく協調的な能力と同時に，批判的に考え自律的に行動する力が求められている。

　OECDは知識基盤社会にもとめられる3つのキー・コンピテンシーとして，知識や技能だけではなく，様々な心理的・社会的なリソースを活用し，特定の文脈の中で複雑な課題に対応できる力の育成を国際的に求めてきている（表1-1）。基礎的な知識や技能を深く学ぶことで活用でき，どの職業においても高度専門家をめざして生涯学んでいくことができる学び方の学習が，学校教育において求められている（ライチェン＆サルガニク，2006）。

3）公教育としての学習の保障

　この国際的動向の中で，TIMSS（国際数学・理解教育動向調査，2003，2007）やPISA（OECD学習到達度調査2000，2003，2006）等の国際学力調査や国内での教育課程実態調査が行われてきている。日本ではこれらのテストで測定される，習得された知識や技能としての学力が低下している。また「学びからの逃走（佐藤，2000）」と言われているように，学習に対する意欲も低下している。

　この学習意欲や学力の低下，特に学力格差に対応し，すべての子ども達が公教育である学校での授業に能動的に参加し，どの子もこれからの時代に必要なキー・コンピテンシーを習得できる質の授業を行うことが求められている（東京大学COE基礎学力研究開発センター，2006；秋田，2009）。表1-2は1982年と2002年に同内容の学力テストを実施し，当該学年の成績よりも1年遅れた学習遅滞層と1年進んでいる学習速進層と認定された人の発生率と算数学力テストの正答率を示した表である

表1-2 遅滞層と促進層の発生率と平均正答率（算数）
(苅谷・志水, 2004 p.40, p.41 より作成) (単位：%)

	遅滞層発生率		促進層発生率		遅滞層平均正答率		促進層平均正答率	
	1982年	2002年	1982年	2002年	1982年	2002年	1982年	2002年
2年	3.9 <	6.1	0.6 <	2.5	23.8 >	11.8	42.8 >	24.6
3年	4.7 <	10.2	2.1 <	4.9	35.5 >	18.2	55.5 >	37.4
4年	10.5 <	10.6	5.4 >	3.1	53.9 >	28.0	65.5 >	57.0
5年	13.1 <	20.0	4.4 <	21.6	64.9 >	40.9	74.5 >	70.9
6年	16.9 <	17.4	20.5 >	18.4	78.5 >	51.4	82.1 <	84.2

1982年調査
　1年487名　2年482名　3年906名　4年923名　5年1170名　6年1114名　計5082名
2002年調査
　1年1162名　2年1010名　3年949名　4年1084名　5年1069名　6年954名　計6228名
学習遅滞：ある学年の児童が得た得点が，1学年下の児童の平均得点を下回ることがあった場合を
　1年遅滞した状態とみなす。
学習促進：ある学年の児童が得た得点が，1学年上の児童の平均得点を上回ることがあった場合を
　1年促進した状態とみなす。

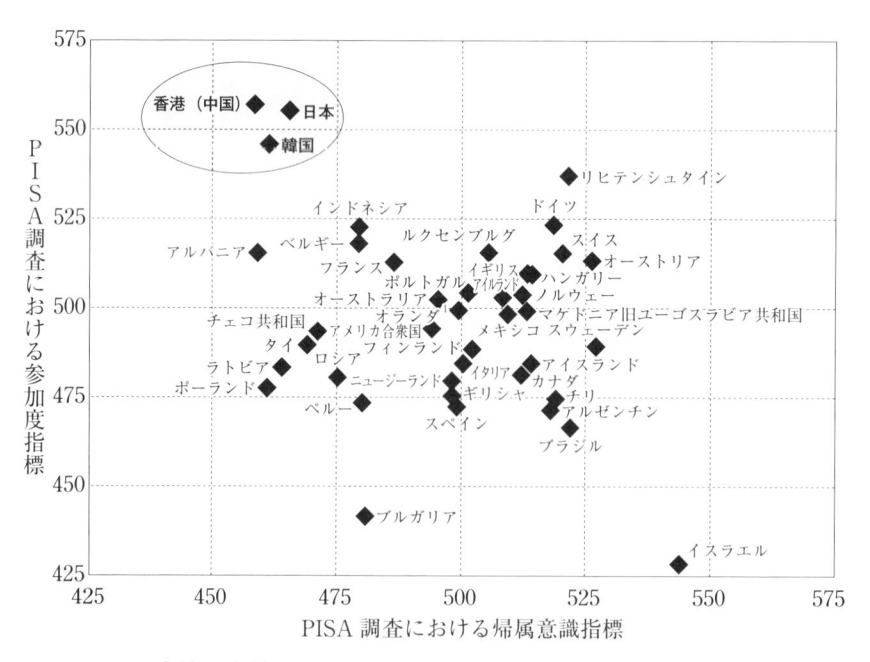

図1-1　生徒の学校への取り組み姿勢に関する2つの指標の平均得点
(OECD, 2000 ; OECD, 2004)

（苅谷・志水，2004）。本結果をみると，小学校段階においてすでに，1982年よりも2002年において遅滞と促進の発生率，平均正答率の差が大きくなっていることがわかる。さらに詳細な分析からは，この背景に家庭の経済格差があることが示されている。これらの結果が示唆するのは，初等教育初期から高校まで一貫して学力の保障をする教育や授業がもとめられていることである。

　また図1-1はOECDが2000年に実施した，15歳生徒の学校への取り組みとしての「参加度（授業への出席率，参加率等）」と「帰属意識（学校・学級への居心地の良さや所属感等）」の調査結果を示している（OECD, 2004）。この図をみると，日本，韓国，中国（香港）という東アジアの子ども達が共通して，物理的に学校には出席しているが，学級や学校への帰属意識は他の国に比べて低い状況にあることがわかる。東アジア型の教育（佐藤，2000）とも呼ばれる一斉型の授業形式が，現在の子どもたちの要求やこれからの知識社会の学習にあっているのかを考えていくことが必要になる。学校は成長期の子ども達一人ひとりが学校での学習や生活を通して自分のアイデンティティ，自己を形成していく場である。どの子どもも学級に居場所を見い出せるあり方がもとめられている。

　これらの点からは，学校が子どもの個人差に対応し，すべての子どもに学習を保障し，自分の居場所が学級や学校にあると感じられる学習の場をどのように保障するかが，社会や学校，教師に問われてきている。

2. 学習理論の基盤

1） 行動主義と構成主義による学習論

　心理学の学習理論もまた，この時代変化と学問の進展の中で，学習をどのような過程として説明していくのかという理論を変化させてきている。心理学の学習理論は，学校教育を対象に作られてきたのではなく，

動物や人間の学習メカニズムの解明から始まり，実験室での研究からより生態学的妥当性の高い生活の場での学習研究へと発展してきている。

　人の学習はきわめて複雑な営みである。どれか1つの理論ですべての学習場面が最もよく説明されるわけではない。どのような学習場面や学習過程を説明するのかという，研究者側の目的や関心，視座により，各学習理論が説明できる部分は異なっている。

　20世紀初頭の最も早期に提出された学習理論は，行動主義の学習理論である。学習とは刺激と反応の連合（Stimulus—Response：SR理論）であり，経験による行動の変容であるとする考え方である。学習の基本は条件付け，人の場合には特に「道具的条件付け」と呼ばれるメカニズムで考える理論である。望ましい行動を学習させるには，ある一定の行動を行った時に報酬を与え強化を随伴させることで，その刺激と反応の連合を強めていく。また報酬を随伴させるのをやめることでこの連合を弱め消去するという考え方である。類似刺激に対しても条件反応が起こるようにすることを「般化」，刺激の違いに対し異なる反応を形成することを「分化」と呼んでいる。この理論では，行動を反復し強化することが連合を強め学習を成立させると考える。したがって，単純な反復が推奨され，強化するためにはフィードバックはすぐに行うことが有効であり，結果の知識（KR：Knowledge of Result）を与えることが重視される。授業でも，賞罰と学習意欲や自己効力感の関係や，反復練習による技能の習得などにおいて，この理論が基礎となり説明が発展して用いられてきている。ドリルやプログラム学習の基礎として理論化されている考え方である。行動主義理論では，人間は刺激の受け手として捉えられ，人の心の中はブラックボックスとして扱われてきた。

　これに対して，1960–70年代に認識の発生を発達的にとらえようとしたピアジェ（Piaget, J.）は，学習者は外からの刺激を受ける受身の存

在ではなく，能動的に環境にかかわり相互作用するものであると捉えた。この理論では学習の過程を，自分の持っている行動図式（シェマ）によって外界の情報を理解する「同化」と，外界の情報にあわせて行動図式を変更する「調節」という2つの過程によって説明する。図式（シェマ）に当てはまらない情報により不均衡が生じても，調節によって均衡化へ至るとして学習の過程を考えた。子どもは大人よりも知識量が少ないだけではなく，質的にも異なる心理操作，思考を行う構造を持っており，この構造が段階となって発達変化することを，子どもへのさまざまな実験によって示した。学習者自らが環境とのやりとりにより世界へと関わる行動図式を作り上げていくという考え方は，構成主義と呼ばれる。ピアジェの理論では，能動的な学習者像と同時に，なぜ子どもは大人と同じことはできずに間違えることがあるのかを，意欲や経験，知識量の多寡ではなく，思考操作の質の相違という点から捉える視点を出したことが特徴である。それによって，発達に応じた学習や教育の必要性が考えられるようになっていった。

2） 情報処理アプローチによる学習論

1950年代後半から人工知能等コンピュータの発展によって，情報処理の概念や用語が心理学にも導入され，認知心理学が発展してきた。コンピュータのメモリのメタファーを用いて，人の知的行動は心の中の表象に基づいていると考え，概念や信念，事実，手続き，モデルなどの知識構造，注意や記憶，思考推理や意味処理などの認知処理過程が論じられるようになった。図1-2は人間の記憶の仕組みを図式化したものである（Bower & Hilgard, 1981）。作業記憶と長期記憶からなる2貯蔵庫モデルによって，情報を記憶する過程は記銘，保持，想起の3過程として捉えられるようになり，学習としての知識の習得は情報を長期記憶に

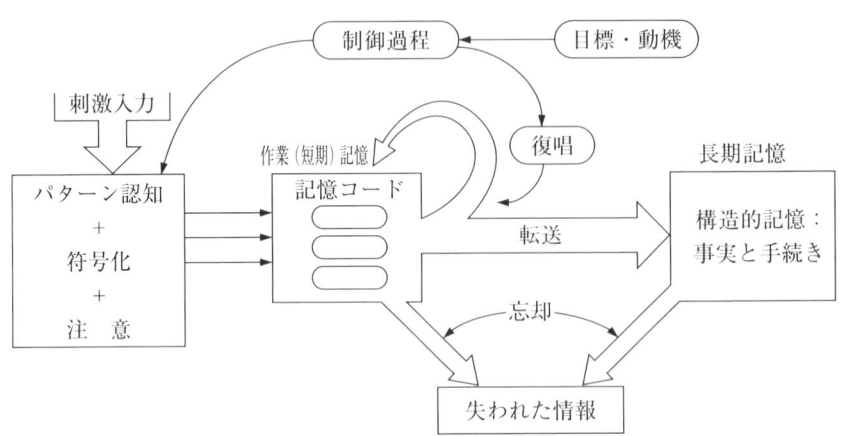

注) 図中の「パターン認知」とは外界から入力された刺激パターンの意味を認知する過程を指す。また，「符号化」とは入力された情報を内的処理が可能な形式に変換する過程を指す。さらに，パターン認識や符号化の過程によって認知された情報のうち，「注意」を向けられた情報が短期記憶となる。

図1-2　人間の記憶のメカニズム
(Bower & Hilgard, 1981；森・秋田，2006より)

保持することであると捉えられてきた。そしてよりよく記憶するためには，情報にまとまりを与えるよう体制化して覚えることや，意味を捉えて深い処理水準で，より精緻に記銘することが重要であるという知見が提出されてきた。

　また，この保持されている知識を用いてさまざまな問題解決を行う過程が分析され，問題解決とは問題の表象を形成し，そこから解決という目標の状態にむけ処理し移行していく過程として捉えられてきた。そしてその過程の熟達化が長期の学習過程であり，熟達化することによって，広く複雑な表象構造をもち，手続きとプランを様々に組みあわせて状況に応じて適用して問題解決が出来ること，その実行の認知過程を省察する能力が長期的な学習によって生じることを解明してきた。この理論で

は，学習は知識の貯蔵であり，その知識を必要に応じて検索して問題解決に適切に利用できる過程であり，長期的にさまざまな経験を通して熟達化していく過程として捉えられている。

3） 社会文化的アプローチによる学習論

情報処理アプローチが個人の頭の中での認知処理に焦点をあてて学習を考えようとするのに対し，社会文化の中での他者との関係を通した学習を考えようとするのが，社会文化的アプローチである。

その基礎となる理論は，ピアジェと同時期に活躍したロシアのヴィゴツキー（Vygotsky, L. S.）によって考えられた。ヴィゴツキーは注意や思考などの高次精神機能がどのようにして社会的に発生するのかを論じ，学習は文化の体現者である大人との共同行為を通して表れると述べた。大人との関係で機能していた精神活動が次第に内面化し，子ども自身が独力で行うことができるようになると考え，精神間（個人間）から精神内（個人内）へという方向性を示した。そして文化的先達である大人との共同行為としての相互作用を学習過程と捉え，「発達の最近接領域（ZPD：Zone of Proximal Development）」という概念で説明している。子どもが独力でできる現在の自生的水準に対して，大人や歴史文化に形成されてきた文化的な道具の援助を借りることによって達成できる潜在的な発達水準があると考える。この2つの水準間の領域が発達の最近接領域である。そしてこの領域に働きかけることで，発達の可能水準が次の現在の発達水準になっていくと考えた。

「教育学は子どもの発達の昨日にではなく，明日に目を向けなければならない。その時にのみ，それは発達の最近接領域に今横たわっている発達過程を教授の過程において現実によび起こすことができる」（pp.303, Vygotsky, 2001）

```
          道具
          /\
         /  \
        /    \
       /      \
      /_____\
    主体        対象
```

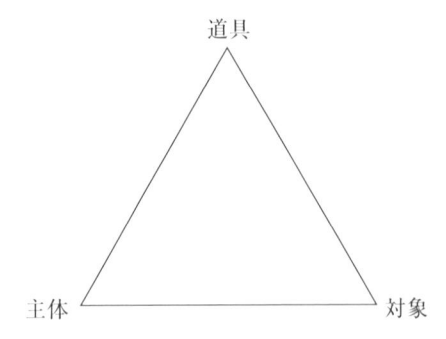

図1-3　主体と対象との間を媒介する道具
(Cole, 2002)

　この理論では，人や人が作り出した文化的な道具を媒介することによって，人は学習し発達すると考えられている。文化的な道具には，周囲の環境を変化させる物理的な道具と同時に，言語や記号，テキストなどの心理的道具がある。人はこの心理的道具としての言葉を獲得し内化することで，他者とのコミュニケーションの道具から，内言として自らの思考のための道具としても使えるようになると考えた。図1-3は他者と道具に仲立ちされていく過程を示している（Cole, 2002）。「学習対象と学習者である主体」の2項関係ではなく，「学習者（主体）と他者，媒介される道具」の3項関係の中で学習を考えていくことがこの理論の特徴である。この理論は1980年代に欧米に紹介され，社会文化的アプローチとして大きく発展してきている。

　状況的学習論と呼ばれる考え方も，学習を社会的状況や文脈に埋め込まれたものと捉えている。この提唱者であるレイブとウェンガー（Lave, J. & Wenger, E. 1993）は，学習とはある実践の共同体の一員になる過程であると考えている。すなわち，共同体の新参者として重要な業務の周辺的な重要性の低い業務を担当するところから始め，技能の熟達につれ

てより中心的で重要な業務を担当する十全的参加者になること，その共同体の一員としてアイデンティティを形成していくことが学習なのである。共同体の言葉を使い，活動し，さらに共同体を構成していく。学習は個人の中でなく，ある実践のコミュニティに参加する人に分ちもたれて進められる過程であると考えられている。(Wenger, McDermott & Snyder, 2002)。

3. 知識社会の学習環境デザイン

1） 深い理解を目指すビジョン

2節では，学習を捉える心理学の基本的な理論の概要を紹介してきた。これらそれぞれのアプローチの中でも研究が発展し，また神経科学や脳科学，工学，文化人類学，社会学など関連諸科学との学際研究の進展の中で，学習科学という学問分野が1990年代から形成されてきている。

この学習科学の研究者であるSawyer（2006）は，20世紀の産業主義社会に対応する伝統的な学校教育のあり方を「インストラクショニズム（教授主義）」と呼び，それと対比して21世紀の知識社会の学習のあり方を示している。教授主義では「知識は正解に関する事実と問題を解決する手順から構成されている。学校教育の目的はこれらの事実と手順を生徒達の頭に入れることである。教師はこれらの事実と手順を知っており，それを生徒に伝えることが仕事である。比較的単純な事実と手順から始まり，次第により複雑なものが学ばれる。この単純さと複雑さの基準や定義，教材の適切な配列は，教師や教科書の著者や数学者，科学者，歴史学者などの専門家によって決められる。学校教育の成功とは，生徒達が多くの事実と手順を身につけていることであり，それはテストによって測定される」という見方で構成されてきたという。これに対し，21世紀の学習科学では次の点がポイントになる。

- **より深い概念的な理解を大事にする。**事実と手順を身につけるだけでは，知識労働者として能力を発揮するのに不十分である。事実と手順の知識は，適用可能な状況がわかり，新しい状況に応じて知識を修正して使う方法を知っている時にのみ，役立つ。実世界で利用できるよう，より有用な形で事実や手続きを学ぶことを大事にする。
- **指導法だけでなく，学習に焦点をあてる。**うまく教えれば深い概念的理解を得るとは限らない。生徒は自分の学習に積極的に参加することで深く学ぶ。教師の指導技術だけでなく，生徒の学習過程に焦点を当てて考えていくことが，教育において大事である。
- **学習環境を創る。**学問共同体の熟達者のように振舞えるために必要な，あらゆる知識を学べるよう支援すべきである。そのために実世界の問題解決を可能にする学習環境をIT等で構成することが必要である。
- **学習者の既有知識に基づく環境。**生徒が持っている知識に基づいた環境をデザインする。
- **省察（reflection）を促す。**生徒たちは，会話や文章を通して自分の知識を表現することで，自分の理解を対象化して分析し，振り返る機会を与えられるときに，よりよく学ぶことができる。

　この立場に立てば，教師は直接指導を行うだけではなく，学習環境をデザインし，そこで生徒が学習するためにさまざまな役割を担うことになる（図1-4）。教師と生徒は，学習において共同で責任を負っている。教師の関わり方には，直接教授し指導したりモデルを示すことから，生徒を学問世界へ誘い，足場を作って生徒が自分でできるように援助したり，促し，生徒達自らがその共同体に参加して行うように，さまざまなかかわりが考えられることになる（Pearson, 2009）。

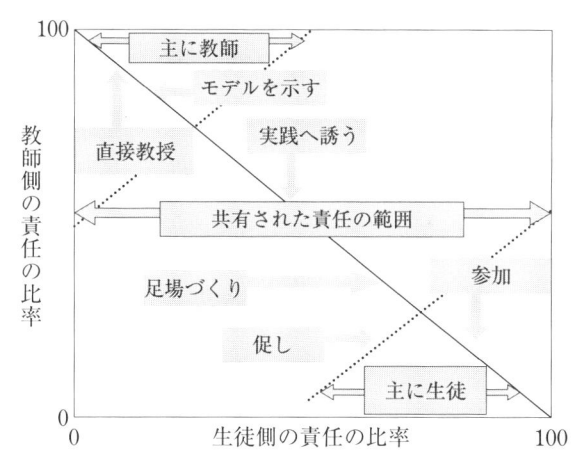

図1-4 教師の役割と生徒への責任の漸次的委譲
(Pearson, 2009)

2) 学習環境のデザイン

　図1-5は，上記のポイントをさらに整理した，学習環境をデザインするための4つの視点である（Bransford, Brown & Cooking 2000）。

　「学習者中心」とは，子どものしたいように放任する意味ではない。生徒たちが教室に持ち込む知識や技能，態度などに関心を払い，授業の場で生徒が思考し学習するのに適した学習課題やその課題の提示順序，生徒が好む学習活動や得意とする活動などに配慮して学習活動を組織していくことである。

　「知識中心」とは，断片的な知識が問題の表層的な面に注目した浅い理解にとどまるのに対し，根本的な原理や中核となる概念間の関連付けに注目し，学習方略なども含めて教えていくことを目的とすることである。生徒が授業に熱心におもしろがって取り組んでいるというだけではなく，生徒の理解の質を問うことが重要になる。

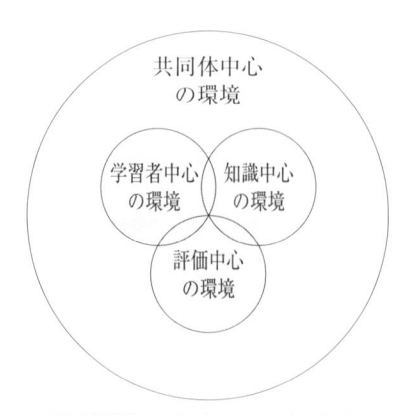

図1-5 学習環境のデザインにおける4つの視点
(Bransford, Brown & Cooking, 2000)

「評価中心」は，指導する前の事前の診断や最後の総括的な評価だけではなく，学習の過程において形成的に評価する機会を準備することで，教師と生徒の両者が，学習の向上を自分で目で捉えられる工夫をすることである。生徒自身が説明したり自分の考えを書いて表現を行うことがこの評価のための有効な手立てとなる。

「コミュニティ（共同体）中心」は，学校や教室の中に，ともに学びあう仲間意識や規範が成立するように，互いの知識を説明や質問を介して共有したり，相互にヒントを与え協力して問題解決に取り組むなどの活動を授業の中に積極的に入れていくことである。また学びあうコミュニティは，学級だけにとどまらず，図書館や美術館，博物館や地域の人などの人的資源を活用できることが必要であり，そのためには地域にも開かれていくカリキュラム編成も必要である。

この4視点をもって，教室やIT (Information Technology) での教室を超えた学習空間と，カリキュラムや単元，授業という学習時間がデザインされていくことが，学習の質を保証した学習環境のために求めら

れる。

3） 知識統合を目指す授業過程

　深い理解を促すには，断片的な知識ではなく，既に持っている知識と学んでいる知識間がきちんと統合されていく授業が求められる。この知識統合のためには，「1.学習者が現在持っている知識や考えを引き出す，2.新しい知識や考えが与えられる，3.自分の知識や考えを，規準を持って自分で評価する，4.自分の持っている知識や考えを分類したり整理する」という4つの活動の過程が，カリキュラム，単元，授業に組み込まれていることが必要になる。

　この4過程を授業で展開するのに，教材・学習材，教師や仲間との活動を加えたのが，表1-3の10の授業パタンである（Linn, 2006）。この表は科学（理科）の授業をもとに考えられたものであり，教科内容や学年段階により，具体的にどのように行うかは異なってくるであろう。しかし，この4プロセス，10パタンが授業の中でどのように具体的に組織され展開しているのかを検討していくことが，学習者を中心にした授業分析においては必要となるといえるだろう。

表1-3 知識統合を強調した授業デザイン (Linn, 2006 から著者が一部意訳修正)

パタン（一連の活動群）	説明（内容）
関連づけ・診断・誘導 Orient, diagnose, and guide	生徒各自の知識や関連する問題，それまでの授業内容と本時の内容を関連づけ，当該授業前に持っている知識や考えとつなげ，また知識の統合を刺激するような新しい考え方を提出し付加する。これらの活動をふまえ，授業で取り上げる内容をくりかえし決めていく。
予測・観察・説明 Predict, observe, explain	学習内容についての生徒の知識や考えを引き出し，ある科学的現象を提示・観察させ，学習者が既にもっている知識や考えと現象の間の矛盾を解消する説明をさせる。
知識や考えの提示（図示） Illustrate ideas	学習トピックについて推論したり，複雑な問いへ取り組むための方略を示し視覚化する。生徒はその方略を実際に使ってみて，自分自身の考え方を振り返る。
実験 Experiment	問いの枠組みを明らかにし，その問いを究明する方法を考え，調査を実際にやってみて，その結果を評価し，得られた知見を持っている知識や考え方を整理するのに使うことを繰り返していく。
シミュレーション Explore a simulation	取り組む挑戦や議論，問いの枠組みを明らかにし，シミュレーションによって推測を検証し，そのシミュレーションで得られた基準を他にあてはめてみたり，知識や考えを修正する。
作品（物）作り Create an artifact	問いをたて，作品を選んだり作成し試してみたりし，結果を評価し，作品を改良する。作品づくりの結果を学習内容とつなげるという過程を繰り返す。
論証 Construct an argument	議論する問いをきめ，考えを出しあい，根拠を示す。自分の立場を明確にし，フィードバックや新たな証拠に基づいて考え方を修正していく。
批評 Critique	科学的現象についての考え方を評価したり，基準を当てはめてみたり，証拠を用いながら，主張の根拠を述べ，用いる基準の修正などを繰り返し行っていく。
協働 Collaborate	自分たちの考えを出し合い，各グループの考えに相互に応答しあい，自分達のグループの見解を立証させながら，合意を形成していく。知識統合の中心に意味の交渉がある。
振り返り Reflect	自分たちが出した考えや間のつながりを分析したり，理解をモニタリングする。

演習問題

1. 知識社会に応じた授業とはどのような授業であると思うかを考え，自分の言葉で書いてみよう．

2. あなたが生徒として受けた授業を思い出し，なぜその授業を今でもよく覚えているのか，その授業は心理学の学習理論で説明してみるならば，どのような特徴をもった授業として説明できるかを考えてみよう．

参考文献

森敏昭・秋田喜代美（監訳）(2002)『授業を変える：認知心理学のさらなる挑戦』北大路書房．
森敏昭・秋田喜代美（編）(2006)『教育心理学キーワード』有斐閣．
森敏昭・秋田喜代美（監訳）(2009)『学習科学ハンドブック』培風館．
東京大学学校教育高度化センター（編）(2009)『基礎学力を問う』東京大学出版会．

引用文献

1) 秋田喜代美 (2009)「質の時代における学力形成」東京大学学校教育高度化センター（編）『基礎学力を問う』東京大学出版会, pp.193-234.
2) Bower, G. H. & Hilgard, E. R. (1981) *Theories of learning*, 5th ed. Pretence-Hall.
3) Bransford, J., Brown, A. & Cooking, R. (2000) *How people learn*. Brain, mind, experience and school. 森敏昭・秋田喜代美（監訳）(2002)『授業を変える：認知心理学のさらなる挑戦』北大路書房．
4) Cole, M.（著）天野清（訳）(2002)『文化心理学　発達・認知・活動への文化―

歴史的アプローチ』新曜社.
5) 稲垣佳世子（2006）「学校の役割：日常的認知を超える」波多野誼余夫・稲垣佳世子（編）『発達と教育の心理学的基盤』㈶放送大学教育振興会, pp.140-151.
6) 苅谷剛彦・志水宏吉（2004）『学力の社会学：調査が示す学力の変化と学習の課題』岩波書店.
7) Lave. J. & Wenger, E. 佐伯胖（訳）（1993）『状況に埋め込まれた学習　正統的周辺参加』産業図書.
8) Linn, M.（2006）The knowledge integration perspective on learning and instruction. In Sawyer, K.（Ed.）*The Cambridge handbook of the learning sciences.* pp.243-264. 森敏昭・秋田喜代美（監訳）（2009）『学習科学ハンドブック』培風館.
9) OECD/OECD 教育研究事務センター（2004）『図表でみる教育 OECD インディケータ（2004年版）』明石書店.
10) Pearson, D.（2009）The roots of reading comprehension instruction. In Israel, S. E. & Duffy, G. G.（Eds.）*Handbook of research on reading comprehension.* pp.3-31. New York, NY：Routledge. pp.3-31.
11) ドミニク・S・ライチェン，ローラ・H・サルガニク（編）OECD DeSeCo 立田慶裕（監訳）（2006）『キー・コンピテンシー　国際標準の学力をめざして』明石書店.
12) 佐藤学（2000）『「学び」から逃走する子ども達』岩波ブックレット.
13) Sawyer, K.（2006）Introduction：The new science of learning. In Sawyer, K.（Ed.）*The Cambridge handbook of the learning sciences.* pp.1-18. 森敏昭・秋田喜代美（監訳）（2009）『学習科学ハンドブック』培風館.
14) 東京大学 COE 基礎学力研究開発センター（編）（2006）『日本の教育と基礎学力』明石書店.
15) Vygotsky, L. S.（1956）柴田義松（訳）『思考と言語』新読書社.
16) Wenger, E., McDermott, R. & Snyder, W. M.（著）野村恭彦（2002）『コミュニティ オブ プラクティス　ナレッジ社会の新たな知識形態の実践』翔泳社.

2 学習過程と学習成果の質

秋田喜代美

《学習のポイント》 教室での学習では，どこでも利用できる知識を学び自律的な学習者になることが期待されている。そのためには，学習過程としての授業過程の質が問題となる。質とはどのようにとらえることができ，その質にはどのような要因が影響をおよぼしているといえるだろうか。授業における学習過程に影響を与える諸要因と，過程や成果の質について考えていく。
《キーワード》 教育の質，学習の転移，信念，学習意欲，メタ認知，学力

1. 学習の質とは

1）「質」向上のための教育改革

　学習直後だけではなく，類似文脈で必要な時に使えるよう学習内容が保持されている学習は，効果的な学習といえる。つまり，習得後長期間にわたって記憶しており，どこでも安定して使用可能な，持ち運べる知識となっていることが，学習においては重要である。このように，一度獲得した知識を他の文脈や状況においても，問題解決等に使用できることを，心理学の用語では「学習の転移（transfer）」と呼んでいる。転移可能な知識となるよう学習するためには，学習時に表層的な情報の記憶だけではなく，より深く意味を理解して学ぶこと，学んだ知識が断片的な知識の暗記だけではなく，学習者が持っている既有知識と一貫性をもって関連付けられ精緻に統合されていることが必要である。

　そして知識を教わって学ぶだけではなく，自ら学習を計画したり，自分の学習行動を目標に向けて統制しながら能動的に探究して学ぶ，自律

的な学習者として育っていくことが求められている。このような学習は「自己調整による学習（self-regulated learning）」と心理学の用語では呼ばれる。自らが学習の行為主体であるという認識主体や行為主体の感覚が培われていくことで，内容を越え，学年を超えて学習者として育つことが求められる。もちろん，それは一人で学ぶ学習者という意味ではなく，前章で述べたように，他者と協働し自分で援助が必要と考える時には，ふさわしい他者に援助をもとめ，互恵的に学び合い行動を進めていけることである。

　このためには，学年や学校種を超え，カリキュラムが学習者側から見て一貫しており，指導する教師がその内容を深く理解し，生徒が理解できるような授業をデザインし，生徒が理解して学べているか，もし誤っていればそのつまづきが明確にわかるような評価課題を実施し，修正できるように指導していくことが重要である。そして，知識や技能を習得して終わりではなく，習得しつつそれを自ら表現したり活用してみることで，またさらに理解を深めていく過程が重要となる。

　これらの実現のために，学校種を越えてカリキュラムの一貫性を高め，教員の専門的資質を一層向上させ，真正な教育評価システムが機能するよう，教育の制度等の「質」を高める改革が様々な国で行われてきている。それは教育の質に関して，これからの社会に必要な教育の「方向性の質」についてのビジョンを打ち出し，その展望の下で授業時数や学級規模，教員一人当たりの生徒数などの「構造の質」を高める改革と，指導場面である授業や学校生活での指導という「教育過程の質」をより改善し，その結果として生徒の「教育成果の質」を評価し，さらにその評価の分析から一層ポイントをしぼって，よりよい質のものへと具体的に実践を変えていくことが図られているといえる。

2） 教室での学習の質を方向付ける要因

　授業において学習の質を考えるのには，図2-1のように，学習者の特性と学習内容の性質，それを具体的にどのような指導や活動を通して行うのか，そしてそれはどのような課題により評価するのかという4つの要因が関与している（Darling-Hammond, 2009）。本図の三角錐内側が示しているように，この4要因は相互に関連しあっている。そしてこの図では，学習者個人のみが描かれているが，現実には個人の学習者だけではなく，学習集団の関係性が内容や活動，もとめられる評価の課題とも関係している。

　それらは，1つの活動やある時間だけではなく，教師や生徒の学習や指導経験の積み重ねによって形成されてきた学習観，指導観，自己や他者についての信念や知識，学習集団としての学級の1年間の歴史のなかで培われていく学級雰囲気や風土により影響を受ける。循環し往還的に

内容の性質
提示様式（テキスト，視覚，3次元）
関連性の程度，関与等

指導と学習活動
講義
シミュレーション
直接体験
問題解決等

評価基準となる課題
再認，再生
問題解決と転移
新たな学習の有効性等

学習者の特徴
知識
技能
動機づけ
態度等

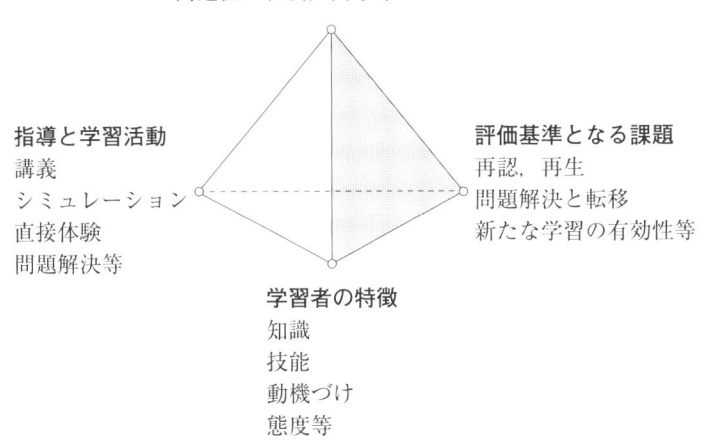

図2-1　学習に関わる三角錐モデル（Darling-Hammond, 2009）

学習への態度や行動を作り出している。図2-2が示しているように，教師，生徒それぞれとその相互作用によって，実際の学習過程やその成果が変わってくるという関係にある（Buehl & Alexander, 2009）。学習の過程及び成果としてどのように課題を分割して扱い，学習のための方略を使用し，いかに行動し，どの程度没頭するのか，そして新たな知識や信念，技能を獲得し，さらに学ぼうという意欲が喚起されているのかが学習過程や成果の質を決定し，またその過程が教師及び生徒の信念や実践を方向づけていく。学力や意欲の低下という結果，成果にどのように対応するのかを授業過程，学習過程において考える際にも，この相互の関連のダイナミズムに目を向けることが求められる。その主な要因を順に考えていこう。

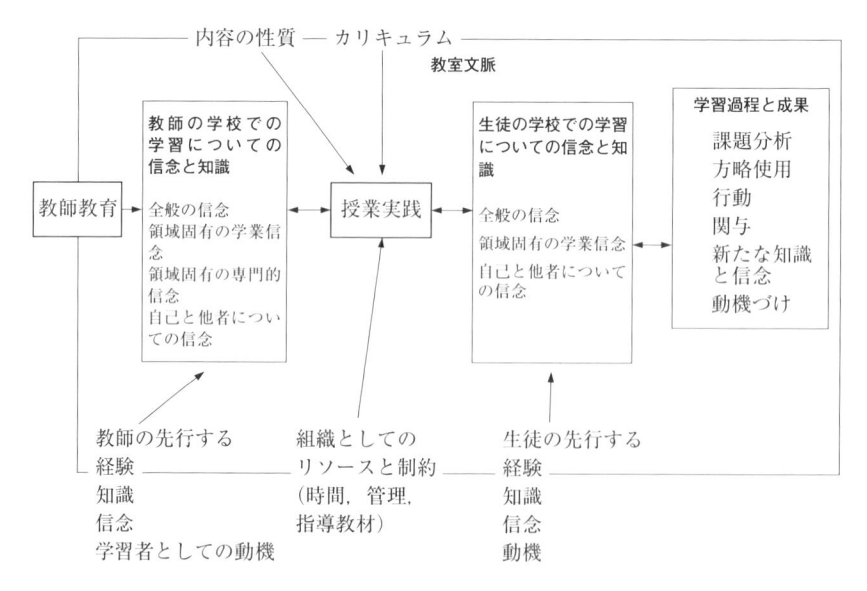

図2-2 学校における信念と行動間の関係 (Buehl & Alexandar, 2009)

2. 授業に対する教師の信念と学級雰囲気

1） 教師の授業に対する信念と行動

教師は，自らの被教育経験や教職経験を通して学習に対する信念を暗黙のうちに形成してきている。信念は「…すべき，…するとよい」というように知識や行動を方向付ける心理学的に価値づけられた認識である。感情等も含まれる。必ずしも常に一貫しているわけではなく，あることについて何がよい，正しいと思っているのかの認識である。一般的な授業イメージから具体的な指導方法，教師像まで多様な水準で教師はこれらの認識を持っている。秋田（1996）は「授業（教えること，教師）

表2-1　比喩内容にみる教職学生及び教師の授業イメージの記述例

(秋田，1996)

A「伝達の場」イメージ
　例1　中高教職学生　男
　　授業は映画のようだ：大勢の人が一つの部屋で同じ情報を受け取るから。
　　教師はカレンダーのようだ：予定通りに進もうとする。
　　教えることは献金のようだ：役に立つようにと「知識」を人に与える。
　例2　一般学生　女
　　授業は無の世界のようだ：つまらないから。
　　教師はテープレコーダーのようだ：毎年同じようなことを繰り返すだけだから。
　　教えることはコピーをとることのようだ：先生の持っている知識を生徒に移すから。

B「共同作成の場」イメージ
　例3　小学校教員　教職経験7年　女
　　授業は粘土で作っていく作品のようだ：何もない所から皆の力でつくりあげていくから。
　　教師は縁の下の力持ちのようだ：かげで支える者でありたいから。
　　教師はオーケストラの指揮者のようだ：子どもたち（演奏者）を育て生かしながらすごいハーモニーをつくりあげる。
　　教えることは薬のようだ：わからない所は効果的に使うとよいから。
　例4　小学校教員　教職経験12年　男
　　授業は共同製作の作品のようだ：子どもと共に創りあげていくものだから。
　　授業はかたつむりの歩みだ：一朝一夕で進まない。遅々たる歩み，積み重ねであるから。
　　教師は伴走者だ：子どもをひっぱるのではなく，子どもと共に歩みたいから。

は…のようだ。なぜなら…だから」というような形で比喩と説明を求めたところ，表2-1のように教師になる前と教職に就いてから，また教職経験年数や学校種によって，授業を伝達の場と捉えるのか，共同作成の場として捉えるのか，どのような役割を教師として重視するのかといった個々のイメージが異なることを示している。個人の経験により信念は形成されている。そしてまた教師の信念が具体的に授業行動を方向付ける。子どもの自律性を支援すべきと考えている信念が強い教師と弱い教師では，算数授業で自立性支援高群の教師は発展的な開かれた質問が多く，児童同士間でのやりとりが高いのに対し，低群の教師は教師が主導権を握ることが多く，教師が質問し子どもが答えるパタンが多いことが具体的に示されている（鹿毛他，1996）。

2） 学級の目標構造と学級雰囲気

教師の授業観によって，生徒の意思決定への参加や自立性や評価，承認の方法，どのような課題と配列を行うかが決まる（Ames, 1992）。そして，それらは学級としての学習目標や動機に影響を与える。学級の目標構造は教師が示す学級の規範と生徒とのやりとりによって決定されていく。実際のコミュニケーションを通した関係性（学級活動への関与や生徒間の親しさ，満足感や不和，自己開示など），学習への志向性（学習への活発さや熱心さなど），集団としての規律の遵守や公平性によって，学級風土は4月の学級開きから次第に形成されていく（伊藤・松井，2001）。この風土の中で，みなで協力して考えれば学習や目標が達成できるというような学級，学校としての参加意識や集団としての効力感が生み出され，これらが個人の学習観や意欲，行動へも影響を与えていく（Goddard, Hoy & Hoy, 2004）。学校間格差が大きくなっているといわれる現代においては，学校や学級としての効力感の育成が学級経営と関連して重要になっていると言えるだろう。

3. 課題への認知的興味・意欲と深い関与

1） 興味と意欲の喚起

　新寄な情報や複雑な情報が多すぎず複雑すぎず，単調すぎない，ほどよい複雑さと適切な量と質の情報に対して，学習者は興味を持つ。一般的には，既有知識と情報の間にずれや葛藤，矛盾が生じた時に意外性や驚きとしての不均衡が生じ，その曖昧さ，不確実さ，複雑さの不均衡を解消しようとして新たな情報を探索するようになる。そして新情報を得て解決できていく過程で興味をもつといわれている（波多野・稲垣，1978）。

　興味にはこのようにその場で生じる「状況的な興味」と，この分野や内容には私は関心がある，得意であるということから継続的にもたらされる「個人的興味」がある。得意である，好きであるといった学習者としての自己有能感や，私にはこれができるという自己効力感の認識が生まれ，状況として外部からやらされているという感覚ではなく，自分が選びやっているという内的な行動の統制感とやることには価値があるのでやりとげなければという達成目標が明確になることで，継続した学習意欲が生まれていく。

　興味や意欲が生まれていない時には，課題と学習者側の行動や自己への認知を変えていくための関与が必要になるといえるだろう。

2） 深い関与と達成

　学校での活動や授業での学習に興味や意欲を持ち，集中し没頭する（engagement, involvement）機会や時間を長く保証することが，学業成果や学校での行動に影響を与えることが示されてきている。参加しているという「行動的関与」，教師や仲間，課題と自分がつながっていると

いう感覚や好き嫌いのような「感情的な関与」、そして複雑な考え方を理解し、難しい技能を習得しようと注意を払い熟慮しようとする「認知的関与」の強さと持続期間が、学習行動を変え、教育の質に影響を及ぼす（Fredricks, Blumenfeld & Paris, 2004）。具体的には没頭や集中、所属感の高さが学習方略の使用を促したり、教室での談話を変えることで、学力と関連していること、また学校での中退等のドロップアウト率をさげていくことがアメリカでは示されている。

　授業においてどのような課題と方法によって、没頭し深い関与を長く頻繁に生じるよう導くのかが学習過程としての授業に求められる。授業の導入において興味や意欲を喚起すればよいということではなく、授業や単元において深く関与し続ける課題や過程の質が問われるのである。

4. 学習者が形成する学習観と学習方略

1） 学習動機と学習観

　授業ではつねにおもしろいと感じられる課題だけではない。しかし、人は学習においてある目標への動機をもっているので、たとえ興味を持てない場合にも継続して学習を続けることができる。市川（1995）によれば、学習動機には、功利的にとらえる（役に立つ）か、内容自体に関心があるのかという次元があり、後者の内容関与的動機には充実志向（学習が楽しく充実感があるから）、訓練志向（頭の訓練になると思うから）、実用志向（生活や仕事に生かせるから）と言った内容が含まれ相互に関連性があることが示されている。そして学習動機の内容や高さによって、学習のしくみや働き、有効な学習法等に対して個々人が持つ信念としての学習観にも違いが生まれる。表2-2は瀬尾ら（2008）が整理した表である。認知主義的学習観と非認知的学習観では、個人の学習方法が明らかに異なることがわかるだろう。授業や家庭学習経験を通して

表 2-2　学習観の構造 (瀬尾他, 2008)

認知主義的学習観	（項目例）
方略志向	勉強する前に、どういう風にしたらうまくいくかを考えるのは効果的だ。
意味理解志向	ただ暗記するのではなく、理解して覚えることが効果的だ。
思考過程重視志向	問題を解くときには、答えを出すだけでなく考え方が合っていたかが大切だ。
失敗活用志向	勉強する途中で間違えても、その間違いは次に生かすための大切な材料になると思う。
非認知主義的学習観	
練習量志向	たくさんの量を積み重ねることが最も効果的だ。
暗記重視志向	習ったことで重要なことがらについては、まず丸暗記することが大切だ。
結果重視志向	なぜそうなるのかがわからなくても、とにかく答えが合っていればいいと思う。
環境重視志向	みんなの成績がいいクラスに入っていれば、自然に成績は良くなる。

これらの学習観が形成されていく。そしてそれらが具体的に学習行動を規定していく。またこの学習観の整理では、第1章で述べた協働で学びあい知識を協働構成する学習観は含まれておらず、個人を中心とした問題解決の座学での学習がイメージされていることも、表からは読めるだろう。授業過程においてどのように学習観が、教師と生徒、生徒同士の関係と教材から形成されていくのかの検討が、知識社会の学習観として今後さらに問われてくるだろう。

2）　学習方略とメタ認知

　学習観によって、学習行動も異なってくる。学習効果を高めるために意図的にとられる行動を、心理学では「学習方略」と呼ぶ。学習方略には、大きく分けるならば、ある情報をより深く認知処理するために学習

の対象への関わりのために使用する方略（認知的方略），自己の理解過程を対象にしてモニタリングや評価修正のために使用する方略（メタ認知的方略），また時間や環境，他者など自分をとりまく環境の側への関わりに使用する方略（リソース統制方略）に分けることが出来る。

　認知的方略としては，教わったことを繰り返し反復して記憶するリハーサル方略や，既有知識によって意味やイメージを付与して覚えようとする精緻化方略，体系だてて統合したり関連付けて覚えようとする体制化方略などがある。メタ認知とは，自分の認識，認知処理過程に対する認知のことである。メタ認知的方略とは，課題に応じて自分の理解や行動を分節化して具体的に計画し，その遂行をチェックし，うまく理解できていないと評価されればその行動を修正し調整する方略のことである。そして，人に質問やサポートをもとめる援助要請行動と呼ばれる行動や時間管理などが，リソース統制方略となる。（瀬尾・植阪・市川，2008）

　このような方略を自覚的に使用できるようになっていくことは，個々の学習内容とは独立に，学習過程を目的や状況に応じて適応的に構成していくことにつながり，集中して学習過程に取り組むことでより効果をあげる学習者の育成につながるということができる。そのためにはこれらの方略を状況に応じて教えるとともに，これらの方略を使うことが有効であることを実感できるように，自覚的に使用する機会を与えることも必要となるだろう。

　学校での教室という場での学習過程に関与する様々な要因のダイナミズムの中で，学習過程の質を深めることが，長期的な学習成果としての質をあげていくことにつながるといえるだろう。

> **演習問題**

1. あなたがこれまでに受けた授業の中で，最も没頭して関わることができた授業とつまらないと感じた授業について，それがなぜどのような要因で生じたと考えられるかを，本章の概念を用いて説明してみよう。
2. 学習過程の質は具体的にどのような方法で調べられるだろうか。具体的にその方法を挙げてみよう。

参考文献

森敏昭・秋田喜代美（編）(2006)『教育心理学キーワード』有斐閣.
三宮真智子（編）(2008)『メタ認知：学習力を支える高次認知機能』北大路書房.
Zimmerman, B. & Shunk, D. 塚野州一（編訳）(2006)『自己調整学習の理論』北大路書房.

引用文献

1) 秋田喜代美 (1996)「教える経験に伴う授業イメージの変容―比喩生成課題による検討」教育心理学研究, 44, 176-186.
2) 秋田喜代美 (2009)「質の時代における学力形成」東京大学学校教育高度化センター（編）『基礎学力を問う 21世紀日本の教育への展望』東京大学出版会, pp.193-233.
3) Ames, C. (1992) Classroom；Goals, structures, and student motivation. *Journal of Educational Psychology,* 84, 261-271.
4) Buehl, M. M. & Alexander, P. (2009) Beliefs about learning in academic domains. In Wentzel, K. R. & Wigfield, A. (Eds.) *Handbook of motivation at school.* pp.479-501. NY：Routledge.
5) Darling-Hammond, L. et al. (Eds.) (2009) *Powerful learning：What we know*

about teaching for understanding. San Fransisco：Jossey-Bass.
6）Goddard, R. D., Hoy, W. K. & Hoy, A. W.（2004）Collective self-efficacy beliefs：Theoretical developments, empirical evidence and future directions. *Educational Researcher,* 33（3），3-13.
7）Fredricks, J. A., Blumenfeld, P. C. & Paris, A. H.（2004）School engagemement；Potential of the concept, state of the evidence. *Review of Educational Research,* 74（1），59-109.
8）波多野誼余夫・稲垣佳世子（1971）『発達と教育における内発的動機づけ』明治図書.
9）市川伸一（1996）『学習と教育の心理学』岩波書店.
10）伊藤亜矢子・松井仁（2001）「学級風土質問紙の作成」教育心理学研究, 49, 449-457.
11）鹿毛雅治・上淵寿・大家まゆみ（1997）「教育方法に関する教師の自律性支援の志向性が授業過程と児童の態度に及ぼす影響」教育心理学研究. 45, 192-202.
12）瀬尾美紀子・植阪友理・市川伸一（2008）「学習方略とメタ認知」三宮真智子（編）（2008）『メタ認知』北大路書房, pp.55-74.

3 | 概念理解と知識の働き

秋田喜代美

《学習のポイント》 教科の学習では，ある特定の内容領域の概念を習得することが求められる。そこでの知識はどのような特徴をもっているのか，そして知識としての概念をどのように私たちは習得し，またその概念はどのようにして変化していくのか，そのための教育の方法について，科学的知識を中心に考えていく。
《キーワード》 知識，転移，既有知識，概念変化，素朴概念，誤概念，領域固有性

1. 知識の学習

1） 知識の種類

　子ども達は，授業での学習や経験を通して，学問の新たな知識を学ぶ。その知識が定着し，いつでもどこでもいつまでも使用でき，またさらに新たな知識を学ぶのに役立つようになることが期待されている。先達が長い年月をかけて構築してきた学問の知識を身につけることは，その文化コミュニティに参加し，その文化コミュニティの一員となって，新たな文化を創出していくのに重要なことである。

　知識は，宣言的知識と手続き的知識の2種類に大別することができる。宣言的知識とは，例えば「地球は丸い」「平行四辺形とは向かい合う二辺が各々平行な四角形である」というように，言語で事実が記述でき，その各々の正誤が判断できる知識である（knowing what）。これに対して，手続き的知識は「分数の割り算のやり方」「とび箱の跳び方」など，

「もし…ならば…せよ」というような If-then ルールと呼ばれる形で手順を記述できるが，必ずしもすべて言語化できるとは限らず，長期間反復練習することで習得できる場合が多い知識である（knowing how）。前者は「わかる」知識，後者は「できる」知識と言える。

2） 知識の構造

学習によって，知識は増大し，構造化され，構造が組み替えられ調整されることが生じる。ある特定領域に関する知識が増え，熟達者になっていくと，宣言的知識は構造化される。また手続き的知識は自動化されて意識せず処理が行われ，状況に応じて柔軟に使用されるようになる。

図3-1は，物理学の熟達者と初心者が物理学の問題解決に利用して

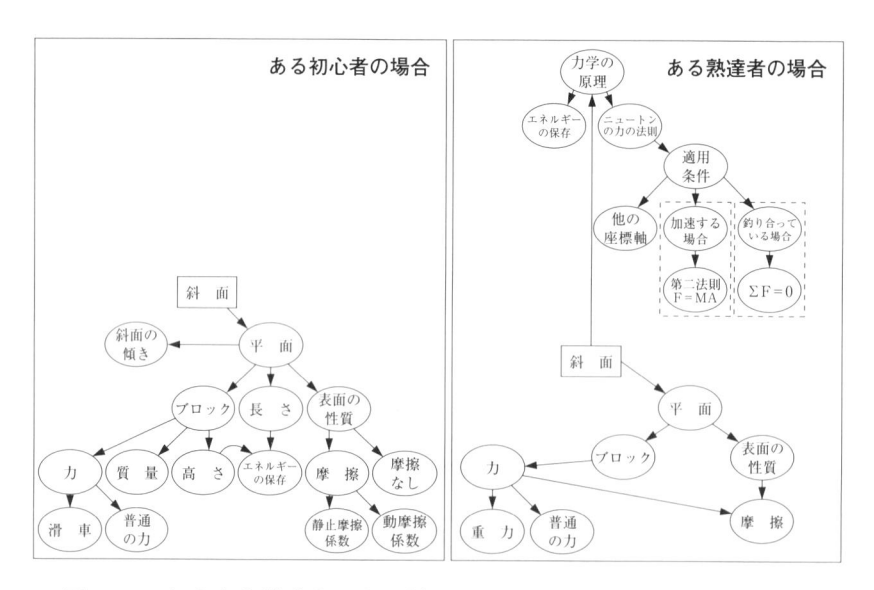

図3-1 初心者と熟達者がもつ斜面に関する知識ネットワークの相違
(Chi, Feltovich & Glaser, 1981)

いる知識構造の違いを，ネットワーク表現によって表したものである（Chi et al., 1982）。同じ問題を与えられても，初心者は問題解決のための知識が表面的な特徴から構成されているのに対して，熟達者は斜面と物理学の概念と法則が体系的に体制化されていることがわかる。つまり，熟達することで，物理学の本質的な原理や構造が問題解決の手続き的知識と関連づけられた知識構造になっているのである。

3） 知識の転移と学習

　断片的な事実ではなく，事物に共通する性質を抽象しまとめあげた知識は，概念と呼ばれる。教科の学習では，学問の概念枠組みに基づいて知識を構造化することで，学んだ知識が他場面でも利用できるよう転移が促される。図3-2は，算数の求積において，構造や原理を導き出す経験が転移を促すことを示している研究である（米国学術研究推進会議，2002）。断片的内容や手順の記憶だけではなく，原理や概念枠組みを深く理解することが，知識をいつでもどこでも使えるよう活性化し，転移を促す。一方，一夜漬けではすぐに忘れたり，利用できなくなったりすることが多い。学んだつもりの知識が，学習法が不適切であったために失われることは，知識の剥落現象と呼ばれる。カリキュラムや授業展開において，深い理解に基づく学習のデザインがもとめられているのである。カリキュラムをこなして教えたつもりでも，生徒側が知識をネットワーク化して構成し定着していなければ，生きた知識となって働かない（米国学術研究推進会議，2000）。したがって，生徒が知識を自ら活用して問題解決や原理を発見する学習活動等が求められるのである。精選された内容を深く関連付けて理解していく活動が重要である。

理解群
　理解群には，図に示すような平行四辺形の構造関係（平行四辺形の左側の三角形を右側に移動することができる）を理解させた。彼らは，すでに三角形の面積の求め方を知っていたので，このような平行四辺形の構造関係を理解させることにより，簡単に面積を求めることができた。

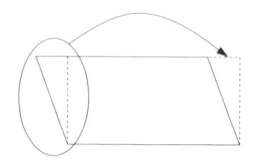

暗記群
　暗記群には，図に示すように平行四辺形に垂直線を引いて，記憶した公式を機械的にあてはめさせた。

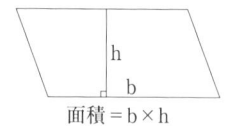

面積 = b×h

転移課題
　両群とも，平行四辺形の面積を求める学習課題には正しく解答したが，下記のような図の面積を求める転移課題には，理解群だけが正しく解答した。

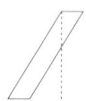

　また，理解群は，下の左側の課題を解答できない課題，右側の課題を解答できる課題と判断することができた。

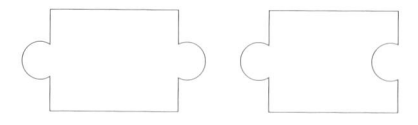

　暗記群は，この転移課題に対して，「まだ習っていません」と答えた。

（出典：Wertheimer, 1959）

図3-2　面積を求める知識の習得と学習の転移
（Bransford et al., 2000，森・秋田）

2. 概念理解

1） 生活的概念と科学的概念

　子どもは入学後に初めて知識や概念を習得するのではなく，生活経験を通して一般化することで，様々な概念を習得している。ヴィゴツキー（Vygotsky, 2001）は，子どもが日常生活経験の中で獲得する自然発生的な概念を，生活的概念と呼んだ。たとえば，「兄弟」という概念を子どもは小さい時から経験的に理解している。しかし「自分は兄弟の兄弟である」というように，定義に基づき抽象的に理解するのは，幼児には難しい。生活的概念は具体的な経験と結びつき発達するが，体系性には弱く，一般化や抽象化は困難である。

　一方，学校で学んでいく科学的概念は，言語による定義と結びつき，理論的に一般化されている。したがって，体系的な説明を可能にする一方で，言葉主義に陥りがちでもある。つまり，言葉では話せても，事物自体をイメージができ納得してわかっているわけではない状況も生じやすい。ヴィゴツキーは，科学は事物の外面的特質に基づく分類ではなく，内面的本質の解明が重要なのであり，具体から抽象へ，特殊から一般的・抽象的知識へと移行するだけではなく，本質から現象を全体的に説明する具体的な認識に進むことが，学習において重要としている。つまり，科学的概念の形成においては，抽象的な原理や定義の理解が認識の終着点ではなく，適切な問題の解決を通して，抽象的認識から具体的な全体性の認識へと進むことが重要なのである。

2） 知識の領域固有性と素朴概念

　日常経験の中で生活的概念として獲得している概念は，発生的にみると個別の断片的知識の集合ではない。乳幼児も，独自の特徴や構造を持

つ領域に区切られた知識を有している。物理学，心理学，生物学，数，言語など，知識内容に独自の領域固有性がある（Hirsfeld & Gelman, 1994）。たとえば，素朴力学として物体は連続した物として存在し，連続した道筋を移動する（連続性の法則），物体は独自の空間を占めている（固体性），空間的・時間的に接触しなければ2物体は独立に動く（離れたところで作用なし），物体は支えがなければ下に動く（重力），障害物がなければ動きは変わらない（慣性）などの法則を，乳児も暗黙に理解していることが明らかにされている（Spelke, 1991）。また，心や生物の動き等について，大人とは異なるが子どもなりにもっともらしい説明をしていることがある。学問としての心理学や生物学の説明とは異なるために，この説明の知識は素朴生物学や素朴心理学と呼ばれる。このようなことは，乳幼児だけではない。たとえば，物体の運動については，動物は自発的に運動できるが，人工物は外からの力が加わらないと運動が

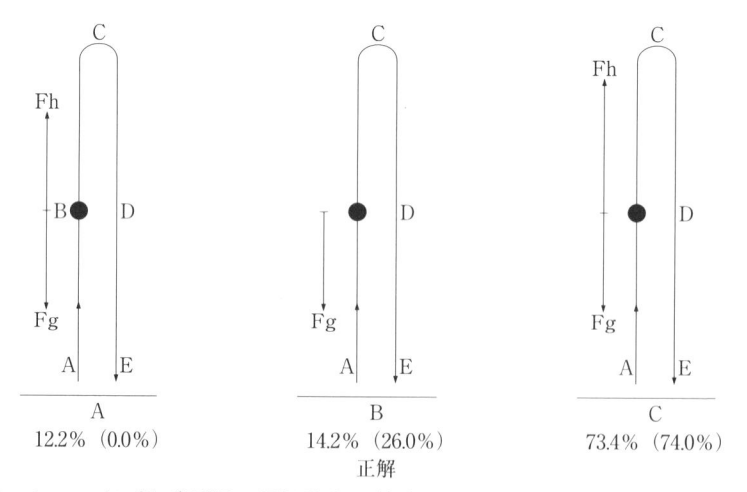

A	B	C
12.2% (0.0%)	14.2% (26.0%)	73.4% (74.0%)

正解

図3-3　コイン投げ問題　選択肢と正答率（Clement, 1982；今井，2003）
　注　コインを投げあげ，黒丸の位置でかかっている力をA—Cの選択肢から選ぶ課題。
　　　各数値はアメリカの大学生選択率，（　）は日本の大学生選択率。正解はB。

始まらないことは乳児期から理解されている。しかし，運動の原理である慣性の法則については，大学生でも誤った概念をもっている。たとえば，物体は摩擦や空気抵抗など他からの力が加わらなければ，初速を保ち初速方向へ直線的に運動し続ける（Newton 第 1 法則）。しかし，図 3-3 のように放り投げた後の物にかかる力を問う課題を行うと，アメリカでも日本でも，大学生でも誤った答をする。つまり，科学的な概念や理論とは異なる概念を，学習者は学校での正式な学習前に既に持っている。その概念が学習を妨げたり，また新たな学習後でも体系的に十分に理解されていないと，誤概念を持ち続け，正しいとされる科学的概念の習得が難しいのである。

3） 概念変化の水準

知識には，断片的知識から，世界や現象の見方や原理として構造化された知識まで，いろいろな知識がある。したがって，概念変化の困難さにも相違がある。物理学初学者の知識は，普段自分で経験した出来事から個別に形成されている。したがって，構造化されていない，単純な要素の集合から構成されている。これを現象学的原理（phenomenological primitives；pprims）と diSessa（1993）は呼んでいる。たとえば「押した方向に物は動く」という知識がある。止まっている状態から物体を押すと押された方向に動き出すので「動作原因としての作動力」という現象的原理が構成される。物理学者は押された物体が押した方向に動き出すには静止状態を前提条件とすることを理解している。だが物理学の専門家ではない者は，この前提条件を無視しているので，力を加える以前の運動方向は無視して，最後に押した方向に物体は動くという予測を行うという。これは静止物体の時には誤った判断とならない。だが，動いている物体の運動を解釈する場合には，物体に加えた力がそれ以前の

運動と作用しあって動く方向が決まるという知識を理解させていくことが必要になる。

　しかし，ある科学的現象と断片的な知識が矛盾するという場合ではなく，説明のモデルや理論自体が異なる場合もある。「地球は丸い形をしている」という科学的情報を聞かされた時に，子どもが持つ地球の説明モデルを示したのが，図3-4である。彼らは自分の持っている理論や観察，文化的情報や信念にもとづき，つじつまをあわせた説明をしよう

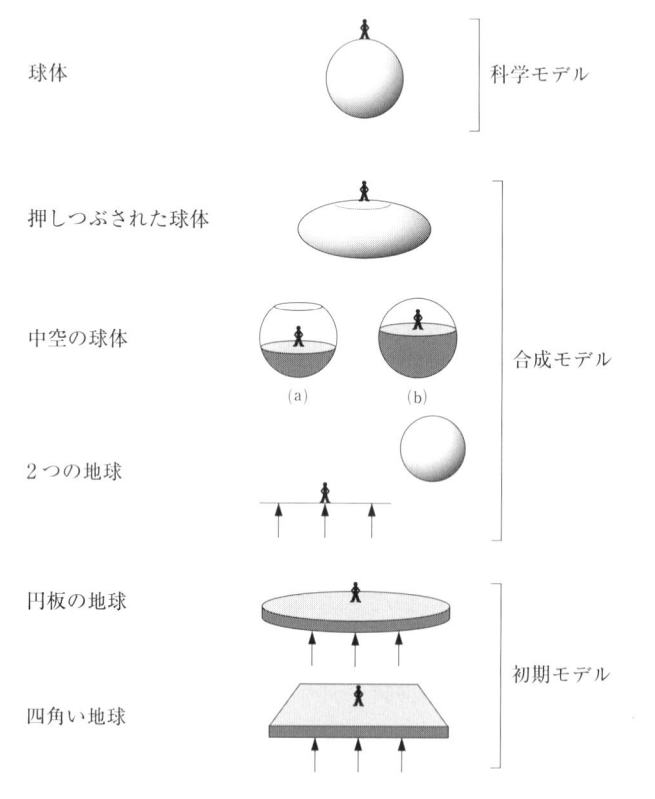

球体	●	科学モデル
押しつぶされた球体		合成モデル
中空の球体	(a)　(b)	
2つの地球		
円板の地球		初期モデル
四角い地球		

図3-4　子どものもつ地球に関するメンタルモデル
(Vosniadou, Vamcakoussi & Skopeliti, 2008)

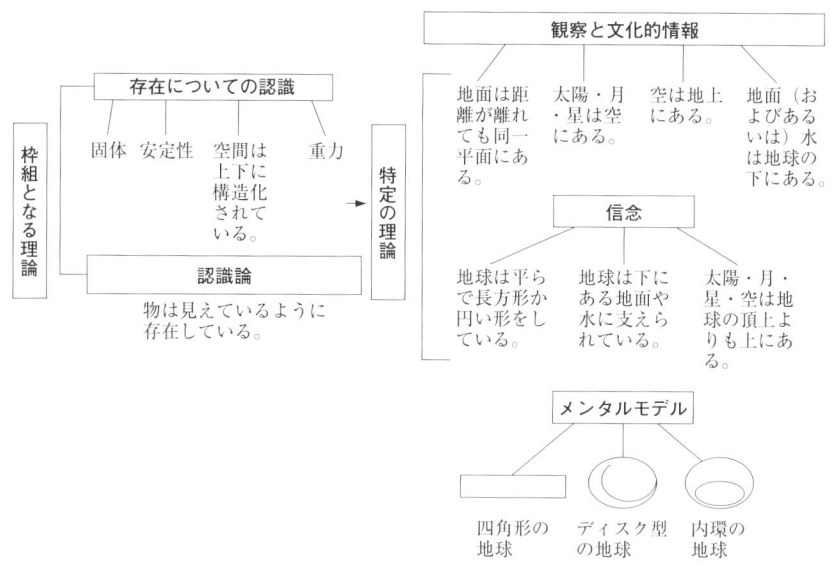

図3-5 子どもがもつメンタルモデルの基礎となる概念構造
(Vosniadou, Vamcakoussi & Skopeliti, 2008)

とする。つまり彼らなりにもっている信念とあわせ,「パンケーキみたい」「空に地球があって,その下にもう1つ住んでいる地球があって,2個地球がある」「丸いけれど中空になって,その空洞に住んでいる」「丸いけれど,人間はそのてっぺんの平らなところにだけ住んでいる」などの説明をし,円盤,中空,押しつぶされた球体などのモデルを考えるのである（Vosniadou, 2008）（図3-5）。これは子どもだけではなく,科学史の発見とも類似の歩みをたどっている。この場合には,大きなモデルの変化が必要になる。

このように,子ども達が生活の中で作り出す生活概念としての素朴概念には,断片的な知識から,それなりに一貫したモデルや理論をもつ知識まで様々な水準がある（表3-1）。物理学や天文学だけではなく,表3-2に示すように,さまざまな内容領域で私たちは生活経験の中で学

表3-1　概念変化における説明モデルの発展段階 (Clement, 2008)

概念変化	結　果
9) パラダイム変化	一連の考え方が，もとの考え方とは多様な点で劇的に変化
8) カテゴリーの変化や置き換え	概念が置き換えられたり，発生的にまったく異なる概念になる
7) 基本的概念の分化・統合	基本的概念が分裂したり加算される
6) 新たなモデルの構成	初期のモデルは消滅し，新たなモデルを形成
5) 統合や結合	モデルを結合
4) 大きなモデル変化	モデルの変化を生み出すために要素が付加，削除，変化
3) 抽象化	事例から，より一般的なスキーマを形成
2) 適用領域の変化	新しい条件や事例にも利用可能なモデルを形成
1) モデルの小修正	モデルの調整

表3-2　学習者のもつ誤った知識の例 (麻柄 他，2006)

領域	対象	内　容	出　典
物理	小6，中2	電球がつくと電流は消費される。 電池の両極から豆電球に向かって電流が流れる。	Johsua & Dupin, 1987
	小5	物質はそれ自体の温度を持っている。（例. 毛布は暖かい）	Tiberghien, 1985
	小5	物体はそれ自体の色を持っていて，目はそれを捉えている（物が反射した光の色とは考えない）	Anderson & Smith, 1983
地学	小1, 3, 5	地球は円盤形で，その上に人が住んでいる。 地球は空洞で中に平面があり，その上に人が住んでいる。	Vosniadou & Brewer, 1992
	小4, 5, 6	太陽は地球の周りを回っている。月の満ち欠けは月が地球の影に入るから。	縣，2004
化学	中1〜高3	金属は燃焼すると重さが減る。	Furio Mas, Perez, & Harris, 1987
	小6	塩酸に溶けたアルミは泡になって溶液中に溶けている。	八嶋，2002
生物	幼児	大型哺乳類は胎生で，小型哺乳類は卵生である。	伏見，1978
	全学年	土は植物の養分だ 植物は根から栄養を吸収してそれを葉に蓄える。	Wandersee, 1983
	大学生	光合成をするのは葉だけだ。	工藤，2001a
	小1〜中2	生後に獲得した形態も遺伝する。	Kargbo, Hobbs, & Erickson, 1980
数学	小5	角を示す弧が大きければ角度は大きい 角をなす2直線が長ければ角度は大きい。	吉永・田中・麻柄，1984
	小6，中2	1つの文字式の中の異なる文字は違う数字を表す。 （例. a+b=12で，a=6，b=6は誤りだ）	藤井，1992

領域	対象	内容	出典
数学	小5	対角線とは真正面に対応し合う2つの頂点を結んだ線である。（だから正六角形の対象線は3本だ）	手島，1995
	小6	人口密度と人口が区別できない。密度と重さが区別できない。（内包量の保存の未成立）	麻柄，1992
歴史	大学生	江戸時代の日本は中央集権的な国家である。（例．徳川幕府は全国の大名から年貢を取った。全国に対して警察権を行使していた）	麻柄，1993
	大学生	明治時代になるとそれまで途絶えていた天皇家が復活した。平安時代には武士はいなかった。明治政府が開国を決断した。	工藤 2001b
地理	小6	メルカトル地図上の面積は実際のものと対応している。	進藤，1987
	大学生	北海道はどこでも（太平洋側でも）夏より冬の降水量が多い。	進藤，1997
経済	幼児～小5	物理的特性や効用が価格を規定している。（例．本は時計より大きいから高い。自動車は行きたいところへ連れて行ってくれるから高い）	Burris，1983
	小学生	商品の小売値は仕入れ値と同じ。（または仕入れ値より安くして売っている）	麻柄・小倉，1996
	大学生	銀行の個人融資の判断基準は，担保ではなくて借り手の人格や借り手への同情。	高橋・波多野，1996
法律	大学生	署名，捺印がある契約書を用いない口約束だけでは法的に契約は成立しない。	伊藤，1993
	大学生	違法な内容であっても，誓約書を出してしまった以上，それを破棄することは違法である。	高橋，1987
国語	小6	動詞は動作を表す単語である。（例．「マラソン」「懸垂」は動詞。「休む」「怠ける」は動詞ではない）	駒林，1980
	2歳児	1音（文字）の名前（名詞）はない。（例．「ちが出た」「かに刺された」ではなく，「ちが―が―出た」「かに―に―刺された」だと思う）	岡本，2004
	聴覚障害児	文中では「～は」という助詞が最初に来て，次に「を」が来る。（例．「本は太郎君を読む」と助詞を使う）	佐藤・進藤，1988

問知識とは異なる知識を自ら作り出している（麻柄他，2006）。したがって，既に持っている知識と関連づけて新たな知識を体系だてて教えるだけではなく，生徒が指導前に持っている知識を検討し，その概念をどのように科学的概念へと変化させるのか，そのためにどのような教材や学習方法をとるのかという概念変化のメカニズムを考えることが，授業では問題になる。

3. 概念変化のための教育

1） 不整合の自覚

　概念変化のためには，科学的概念と学習者が持っている概念の間の不整合を自覚することが必要である。そのためには，子どもがもっている既有知識から予測すると誤るような現象を提示して，驚きを喚起する，もっともらしい予想選択肢を提示して当惑を喚起する，ある現象の説明と矛盾するような他の情報を提示するなどの方法がある。図3-6は重力と浮力について断片的な知識を持つ子ども達に対して，その知識に対応して各々どのような実験を提示し教授することで，自分が持っている知識との矛盾に気づかせることができるかを示している（Minstrell, 2001）。

　また子どもが生活の中でもつ「高さ」の概念に対して，数学での「高さ」の概念は異なっている。この相違を自覚させ，数学の概念の方がより一般性があることを日常生活の中でも示すことが，概念を変容させるのに有効であることも明らかにされてきている（高垣，2000）。（コラム参照）

2） モデル形成のための類推と概念的くさびの使用

　科学的概念は，表層ではなく，本質的な特徴を説明している。その説明のモデルを構成するためには，素朴概念から知識を組み替える再体制化が必要となる。その際に，類推（アナロジー）による説明が使用される。

　たとえば，電気回路を理解する時には，水流モデル（電線をパイプ管，電池を貯水器，抵抗をパイプの細さと考え，電流を流量，電圧を押す力，抵抗を狭い門のついた壁として理解するモデル）を使用して考えると，

第3章　概念理解と知識の働き　53

下の左図のように，大きなバネばかりで，ある物体の重さを量ります。物体の重さは 10 ポンドでした。次に，このバネばかりと物体をドーム状のガラスで覆い，ポンプで中の空気を抜き，真空状態とします。すると，バネばかりの目盛りはどうなるでしょうか。また，回答の理由を簡単に説明してください。

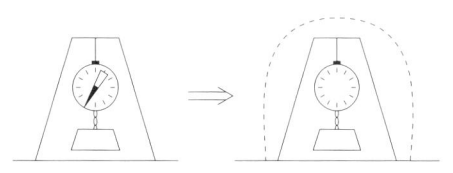

Facet	反応	理由づけとファシット	教授方略例
319	0ポンド	空気のみが物体を下に押し，空気がなければ，宇宙のように重力がない。物体の重さは気圧や水圧に比例する。	空気のある宇宙船の中でも重力はない。空気を取り除いても，秤がほとんど変化しないことを実際に示す。
318	10ポンドよりも少し軽い	空気はとても軽く，わずかに物体を下に押している。そのため，空気を除くと，わずかに軽くなる。	水を入れたコップの口をカードで覆い，逆さにしても，水は出ない。水に浸したストローの端を手で塞ぎ，上げても，水は出ない。水の中に逆さにしたコップを沈めると，コップの水面が上昇する。ペットボトルの3カ所に穴をあけると，一番下の穴から一番勢いよく，水が出る。
317	10ポンドよりも重くなる	気体や液体は物体を上に押している。	
316	(いずれの反応もあり)	物体の上または下の液体の多い側に，より大きな圧力がかかる（湖の底に近い物体は上側に水がより多くあるため，より大きな圧力を受ける）。	
315	変わらない	周囲の気体や液体は物体の周囲に等しく力をかける。	金属の重さを，まず空気中で，次に，一部水に沈めて，そして，全部水に沈めて，測定する。
314	変わらない	周囲の気体や液体は物体に何ら力を及ぼさない。	
313	10ポンドよりも少し重い	水の中で物体が軽くなること，上向きの力と下向きの力があることを知っているが，軽くなることとうまく関連づけることができない。	水よりも密度の小さい液体（アルコール）に金属を沈めて，重さを測定する。
312	10ポンドよりも少し重い	上向きの力が下向きの力よりも大きいが，深さによって違いはないとする。	
311	10ポンドよりも少し重い	アルキメデスの原理が正しく適用される。	
310	10ポンドよりも少し重い	周囲の気体や液体からの上向きの力と下向きの力の違いがわずかな浮力を物体に与える。	

図3-6　重力と浮力に関する断片的知識とその教授方略例
(Minstrell, 2001；湯沢，2008)

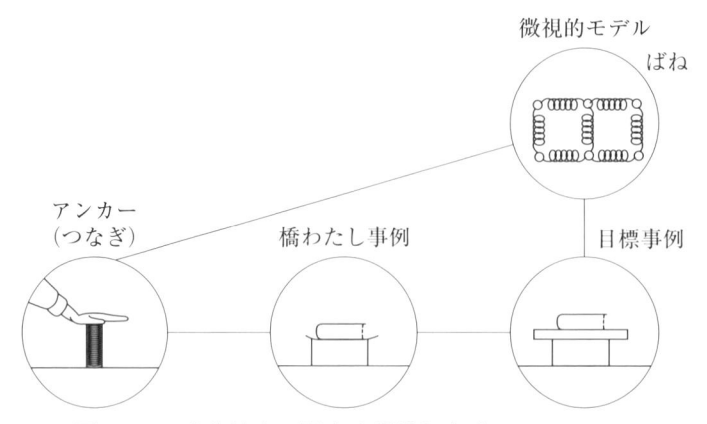

図3-7　垂直抗力に関する橋渡し方略 (Clement, 1993)

直列電池や並列電池の電流の大きさを考えるのには有効である。しかし，抵抗を考える時には，群移動モデル（小動物が並んで狭い通路を競争し移動する，電流を通過する者の数，電圧を押す力，抵抗を狭い門のついた壁として理解するモデル）を使用する方が，直列抵抗，並列抵抗での電流を考えるのには正解率は高くなる（Gentner, 1983）。このように，モデルを使った類推は，1つのモデルですべての説明に万能というわけではなく，使用の限界もある（Clement, 2008）。

　しかし，目に見えないものを想像するのには，概念的な楔を使って橋渡しをすることも有効な方法の1つである。たとえば図3-7のように，垂直抗力という上向きの力を作用するには，ばねを押した時に手に力が働いていること（楔）を確認させ，そこからそれを重い本と板（橋渡し方略）というような状況へ連鎖的に橋渡しをしていくことで理解させることもできる（Clement, 1987）。

　そして実際には，図3-8のように，説明した事柄1つではなく，観察や実験によって先行知識の中のある一部分があるモデルで説明される

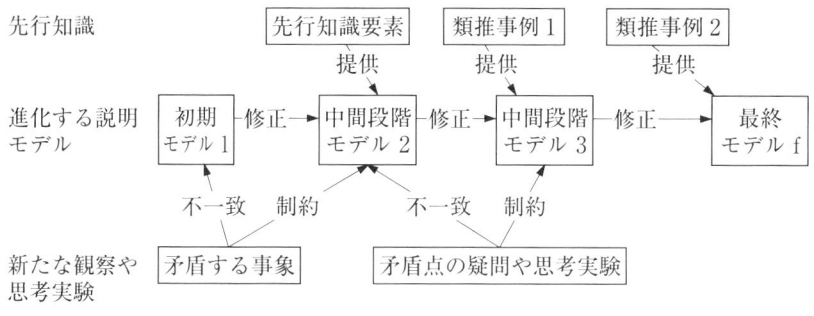

```
先行知識                 先行知識要素   類推事例1    類推事例2
                          │提供        │提供        │提供
                          ↓            ↓            ↓
進化する説明  初期 ─修正→ 中間段階 ─修正→ 中間段階 ─修正→ 最終
モデル       モデル1      モデル2       モデル3       モデルf
             ↑    ↑            ↑    ↑
            不一致 制約        不一致 制約
新たな観察や 矛盾する事象   矛盾点の疑問や思考実験
思考実験
```

図3-8　モデルを教えるための進化的アプローチ（Clement, 2008）

というように，暫時的に変化していく。そして次第に，より完成されたモデルへと発展していくと考えられている（Clement, 2008）。

3）他者とのかかわりの中での変化

葛藤する現象や新たなモデル，概念を教師から提示されても，そのことで子ども達の概念が必ずしもすぐに変わって安定するわけではない。まず，自分の持っているモデルを言語や図式で表して外化してみることを通して，対象化してみる。このことにより，自分のモデルと現象や新たなモデルの矛盾や修正，付加を考え，さらに一貫した説明を考えていくことができるのである。たとえば，植物の押し花のシルエットを記し，その時間経過を写していくうちに，子どもはその変化から，さや，種の数の変化などに気づくことで，植物の相違やその部位の成長の違いに気づいていったりする（Lehrer & Shauble, 2006）。

またその外化の中で，他者との考えの相違に気づいたり，自分の説明の不十分さに気づいたりする。例えば，熱と温度について，子ども達には明確な区別がついていない。表3-3は，中学校の生物の熱交換の授業場面である。会話A場面では，熱と温度について生徒が対話して自

表3-3　理科授業（熱と温度に関する内容）での2種類の会話
(Scott, Mortimer & Aguiar, 2006)

会話A	生徒同士が考えを語り合う対話的会話例（dialogic discourse）

1. 教師：熱いとか冷たいとか感じるとき，何が起きているの？
2. 生徒2：水の温度が手を伝わってきてるんじゃないかな。
3. 教師：何が手を伝わるって？
4. 生徒2：温度。
5. 教師：温度？みんなそれでいいかな？
6. 生徒5：熱の交換が起こる。
7. 教師：熱の交換。どういうこと？説明してくれる？
8. 生徒3：拡散みたいなこと。水の温度が手を伝わって，手からも水に伝わる。
9. 生徒6：熱を取りかえてるんだ。
10. 生徒7：僕は温度の交換だと思うなぁ。
11. 生徒6：冷たくも温かくもないところまで，熱が冷たい水を温めるんだよ。
12. 教師：もうちょっと詳しく知りたいんだけど。何が水と手の間で交換されるの？温度？熱？
13. 複数：温度
14. 生徒6：熱だよ，熱の交換。
15. 教師：えっと，考えを証明しなくちゃ，いけないね。
16. 生徒6：温度は熱から生まれるからだよ。
17. 教師：う〜ん…

会話B	教師がリードして科学的概念に気づかせていく権威的会話例（authoritative discourse）

38. 教師：温度があがってるときに，温度計になにが起こってるんだろう？なんらかの変化が起こってるのかな？
39. 生徒3：そう思います。だって，温度計の中の水銀は温度によって上がったり下がったり，広がったり縮んだりしかしない。温度が高くなると広がる。上下するためには熱交換があるはず。
40. 生徒6：温度計の中の物質は変化を起こすのに，多くの熱をとっていかないようなものからできてると思う。だから温度計に使われてるんだと思う。測られてるものに敏感なんだよ。
41. 教師：いい温度計は測られる物質の温度を下げないように多くの熱をとっていかないだろうということだね？
42. 生徒6：熱の移動があるけど，水銀はそんなに熱をとらない。だから温度計に使われてて，粒子からエネルギーを測るんだ。
43. 教師：小さなたくさんのエネルギーがあって，だけどもしエネルギーがなければ，水銀は拡大することはできるのかな？
44. 生徒6：いや，そうじゃない。
45. 教師：じゃあ，水銀が広がるんだね？
46. 生徒8：熱のどんな変化も，その温度を変える。この温度計をその辺においといたら25度になる。氷の上においたらすぐに温度は下がっていく。だって氷からの熱は高くて水銀はそれに敏感で，だから下がる。
47. 生徒6：水銀のエネルギーは氷のエネルギーと等しいと思うし，それが水銀を下げたり上げたりするんだと思う。
48. 教師：今言ってくれたことをちょっと考えようか。（生徒8の内容を繰り返し）それであなたは今この場合氷の方が温度計よりも熱を多く持ってるっていったのね？この場合，熱の移動はあるかな？この熱交換の方向はどっちからどっちだろう？

由に語っている。教師は熱と温度の区別を明確にする役割を担っている。しかし会話 B 場面では教師がリードして熱交換という科学的な概念を生徒に伝えている。生徒同士の対話により概念変化が生じることもあれば，生徒だけでは文化的に形成された科学的概念には至らないので，教師が提示し伝えることもある。Scott, Mortimer & Aguiar（2006）は，前者を対話的談話（dialogic discourse），後者を権威的談話（authoritative discourse）と呼んでいる。授業の展開においては，単元の中で誰によってどのようにこの会話の質が転換し，概念が変化していくのかを捉え省察することが，授業という社会的相互作用を研究していく上では大切である。科学者が科学者コミュニティで科学のための道具を使って事象を探究するように，子どもたちもまた探究を通して，世界を意味づけ概念化し，学んでいくことが重要なのである。

演習問題

1. 自分の子どもの頃を振り返って，誤った知識や概念をもっていたことに気がついたことはないだろうか。どのようにして修正したかを思い出しそれを説明してみよう。
2. 熟達化すると物事の見方や知識が変化すると感じた経験を想起し，本章とつなげて考え，説明してみよう。

参考文献

稲垣佳世子・波多野誼余夫（2005）『子どもの概念発達と変化：素朴生物学をめぐって』共立出版.

麻柄啓一・工藤与志文・植松公威・進藤聡彦・立木徹（2006）『学習者の誤った知識をどう修正するか：ル・バー修正ストラテジーの研究』東北大学出版会.

麻柄啓一・進藤聡彦（2008）『社会科領域における学習者の不十分な認識とその修正：教育心理学からのアプローチ』東北大学出版会.
ブルーアー, J. T.（編著）松田文子・森敏昭（監訳）（1997）『授業が変わる：認知心理学と教育実践が手を結ぶとき』北大路書房.

引用文献

1) Bransford, J., Brown. A., & Cocking, R. R.（Eds.）（2000）*How people learn: Brain, mind, experiences and school.* National Research Council. 米国学術研究推進会議（編）森敏昭・秋田喜代美（監訳）（2002）『授業を変える：認知心理学のさらなる挑戦』北大路書房.
2) Chi, M. T. H., Feltovich, P. J. & Graser, R.（1981）Categorization and representation of physics problems by experts and novices. *Cognitive Science*, 5, 121-152.
3) Clement, J.（1993）Using bridging analogies and anchoring intuitions to deal with students' preconceptions in physics. *Journal of Research in Science Teaching*, 30（10）, 1241-1257.
4) Clement, J.（2008）The role of explanatory models in teaching for conceptual change. In Vosniadou, S.（Ed.）*International handbook of research on conceptual change*. NY: Routledge, pp.417-452.
5) Gentner, D.（1983）Structure-mapping: Theoretical framework for analogy. *Cognitive Science*, 7（2）, 155-170.
6) 今井むつみ（2003）「概念の学習：外界の認識から科学的発見まで」今井むつみ・野島久雄（著）『人が学ぶということ　認知学習論からの視点』北樹出版, pp.97-115.
7) Lehrer, R. & Schauble, L.（2006）. Cultivating model-based reasoning in science education. In K. Sawyer（Ed.）, *Cambridge handbook of the learning sciences*（pp.371-388）. Cambridge, MA: Cambridge University Press 寺本貴啓（訳）「科学教育におけるモデルベース推論の促進」森敏昭・秋田喜代美（編）（2009）『学習科学ハンドブック』培風館, pp.259-309.
8) 麻柄啓一・工藤与志文・植松公威・進藤聡彦・立木徹（2006）『学習者の誤った

知識をどう修正するか――ル・バー修正ストラテジーの研究』東北大学出版会.
9) Minstrell, J. (2001) The role of the teacher in making sense of classroom experiences and effecting better learning. In S. M. Carver & D. Klahr (Eds.) *Cognition and instruction; Twenty-five years of progress*. Mahwah, NJ; LEA. pp. 121-150.
10) Vosniadou, S., Vamvakoussi, X. & Skopeliti, I. (2008) The framework theory approach to the problem of conceptual change. In Vosniadou, S. (Ed.) *International handbook of research on conceptual change*. NY: Routledge, pp.3-34.
11) Scott, P., Mortimer, E. & Aguiar, O. (2006). The tension between authoritative and dialogic discourse: a fundamental characteristic of meaning making interactions in high school science lessons. *Science Education*, 90, 605-631.
12) 高垣マユミ（2000）「小学生は高さをどのようにとらえているのか：「日常的経験から得た高さ」と「平面図形における三角形の高さ」との関連」発達心理学研究, 11(2), 112-121

■コラム
「高さ」に関する素朴概念　（高垣, 2000）

　三角形の高さにおいて，教科書では三角形の内側に垂線を引いた事例で示しているために，垂線が図形の外側にくると三角形の高さを適切に判断できなくなる児童がいることが報告されている。そこで高垣（2000）は，小学1-6年生272名に以下のような日常物と三角形での高さをたずねたところ，子ども達は数学的に正しい⑤や⑥ではなく，①-④のような高さについての誤概念を生活経験をもとに形成していることを示している。そして数学的に正しい概念を教えたとしても，教授される前の概念に固執し続けることも示している。（次図参照）

カテゴリーの分類基準	報告例	理由づけの内容
①「高位置型」 高さは、高いところのある一点を示すと理解している。		「てっぺんだから」(1)／「とんがっているから」(1)／「(上部を指差して)高いところだから」(1)／
②「たて型」 頭の中で対象を垂直方向になるように移動させて高さを考える。	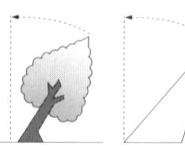	「せの高さと同じに考えた」(1)(2)(3)／「身長計でもまっすぐにした方がちゃんとせをはかれるから」(2)(3)／「木がまがってるから、まっすぐに立たせて考えた」(1)(2)(3)(4)／「ななめだと本当の高さじゃないからまっすぐにする」(2)(3)／「地面からてっぺんまでだから」(1)(2)(3)／「下から上までだから」(1)(2)(3)(4)(5)(6)／
③「辺依存型」 高さは、全長(ある点〈端〉から、ある点〈端〉までの距離)と考え、「長さ」と「高さ」を混同している。		「ものをはかるとき、はしからはしまではかるから」(2)(3)(4)／「山みたいにかんがえると、ここがまっすぐな道だから」(2)／「一番わかりやすいところだから」(2)(3)／「こっち(左辺)より、こっち(右辺)の方があんがいまっすぐだから」(2)(4)／「ここ(左辺)が一ばん長いから」(2)(3)(4)／「一番長いところを上から下までひく」(6)／「先から先まで直線をひく」(6)／
④「中心型」 高さは、対象の内部に存在するとし、対象の中心を通ると考える。	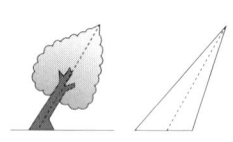	「身長をはかるときも足から頭までのまん中をはかるから」(2)(3)(4)／「地面のまん中からとんがりまでが一番高いから」(2)(3)／「木をはかる時まん中をはかるし、高さが木の外にでちゃうとおかしいから」(2)(3)／「ななめになっているから、線もななめにした」(3)(4)／「底辺から頂点までが高さだから」(6)／「一番低い所から、一番高い所が高さ」(5)
⑤「平行型」 基準線と頂点を通る平行線の存在を想定し、明示できる。その間の最短距離を高さと考える。		「ここ(頂点を通って底辺に平行な直線を引く)からここ(底辺)までが高さだから」(4)／「垂直のてっぺんが、地面と平行に線を引いたところにあるから」(5)／「底辺から直線で平行に高いところまではかったところが高さだから」(5)(6)／
⑥「ベクトル型」 頂点と基準線に着目して高さを考える。高さは、頂点から基準線に垂線をおろすようなベクトル(大きさ、方向性をもった量)で表される。	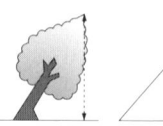 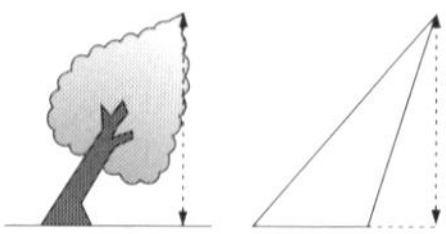	「これ(底辺)をここまでのばして(延長して)考えた」(4)／「底辺から垂直にひいた線が高さだから」(5)(6)／「ちょう点から垂直にひいた線が高さだから」(5)(6)／「中とはんぱな所に高さがあったら、面積が出せないから」(5)／「底辺の延長線上から垂直にのばした所に頂点がくるから」(6)／「辺にそって長さを出すんじゃなくて、地面からてっぺんまでの高さ」(6)

( )の数字は学年。

4 テキストからの学習

秋田喜代美

《学習のポイント》 活字を読み学ぶ過程はどのような認知過程だろうか。そして，その過程は，経験を積むことでいかに熟達するのか，また，読解の学習を指導支援するためには，何が大切かを順に考えていく。
《キーワード》 既有知識，推論，状況モデル，文章の理解と文章からの学習，読解方略，熟達，メタ認知，内容を志向した読解指導

1．文章理解と文章からの学習の過程

1） 既有知識の役割

　教科書を始め，さまざまな教材に記された書き言葉を通して，新たな知識や概念を習得したり，仲間の書いた考えを通して学んだりすることは，学校教育の中で重要な過程である。私たちの目にふれる活字テキストやインターネット上の情報には，文章から成る連続型テキスト（物語，解説，記述，議論など）もあれば，非連続型テキスト（図・グラフ，表，地図や書式）と呼ばれる図表等の表現形式もあり，これら様々な情報を統合的に読むことによって理解を深めていくことになる（OECD, 2004）。

　文章を読む過程では，新たに入ってくる情報だけではなく，既有知識が大きな役割を果たしている。次の文章を読んでみてほしい。

　　彼は練習が大切だとずっと思ってきた。努力だけでは成功できるわけではないし，天性の力も必要かもしれない。しかし，今の位置を保つには努力は必要不可欠である。彼はすっかり手になじんだものを取り出した。それは単なる道具では

なく，彼にとって分身のようなものだった。ゆるやかな曲線，しっかり張られた糸，これがデビューしてから，彼をずっと支えてきたのだ。(西林, 1994)

　この文章だけを読むと，「彼」「手になじんだもの」「道具」とは何かがよくわからないと感じるだろう。ここでは，「手になじんだもの」としてテニスやバドミントンなどを考える人もいれば，ギター，マンドリンなどを想像した人もいるだろう。この文章に「ウィンブルドン」という題を与えると，77％の大学生がラケットと読み，「ライブハウス」という題を与えれば60％がギターとして読んだと答えている（西林, 1994）。ここからは，活性化された知識によって，読み手が能動的に推論を行っていることがわかる。文章理解のためには，既有知識が重要な働きを行っているのである。

　しかし，また一方では，既有知識が一定方向へ解釈を歪めることもある。たとえば，大学で体育を専攻する学生と音楽を専攻する学生に多義語を含む文章を与えたところ，「play, score」という同一の語を音楽専攻の学生は「演奏する，楽譜」，体育専攻の学生は「ゲームをする，得点」と解釈したという（Anderson et al., 1977）。既有知識は内容理解への枠組みを与える。効率よく内容を理解し記憶することを助ける一方で，柔軟な解釈を妨げる危険性も含んでいるのである。

2）　推論の役割

　上記文章で「手になじんだもの」を代名詞「それ」が指示しているとわかるように，指示語や文間の接続関係も私たちは理解している。まとまりある表象を構成していくために，様々な種類の橋渡し推論を行っている。

　　彼から電話がかかってきた。（　）私は行かなかった。

　この2文間に「それで，だから」のような順接の接続詞を入れるか，

「しかし，けれども」のような逆接の接続詞を入れるかで，文の意味は変わる。またすべての文の間に接続詞が記されているわけではない。私たちは接続詞がない場合にも，推論をして理解しているのである。

　隣り合う文から接続詞や指示詞，同一語の反復などを手がかりにして意味を統合していく推論のルールを「ミクロルール」，さらに文章の各部分を結合し文章全体の意味を抽出するルールを「マクロルール」と呼ぶ。マクロルールには，一般化（各部分で書かれた事柄を上位概念によってまとめる），削除（抹消情報を削除する），結合（いくつかの行為や出来事を統括する），構成（全体をまとめる題をつける）という4種類のルールがある（Van Dijk & Kintsch, 1983）。

3）　モデル構成の過程

　文章を読む過程は，ミクロルール，マクロルールを用いて能動的に推論をしながら，心内にモデル構成していく過程である。図4-1に記された2文をどのように処理しているのだろうか。この情報を文字，単語として認知し，語の統語関係を理解し，「テキストベース」と呼ばれる内的表象をまず形成していく（Kintsch, 1994）。テキストベースは，逐語的な言語表象である。これに対し，血液が心臓や肺でどのように循環するかを理解し，この文で中隔とは心臓の間を仕切る膜であることを理解していてはじめて，文章の意味として，なぜ血液が黒ずんでいるのかを理解することができる。このようにテキストが示す状況を描写している内的表象を，「状況モデル」と呼ぶ。テキストベースは文章の言語情報を記憶している状況であり，文章内容の再生や再認，要約などの記憶課題が可能となる。これに対し，状況モデルでは文章内容が示す状況を理解し，問題解決などにテキストの内容を利用できる。つまり，読解には，表4-1のように「テキストの学習」と「テキストからの学習」がある

文：
　赤ちゃんが中隔欠損症をもつとき，血液は肺を通した二酸化炭素の除去を十分に行えない。そのため，血液は黒ずんで見える

テキストベース：

```
              そのとき                      そのため
       ┌─────────┴─────────┐         ┌────────┴────────┐
  もつ(赤ちゃん，中隔欠損症)   除去できない(血液，二酸化炭素)    黒ずむ(血液)
                          肺を通して  十分に
```

状況モデル：

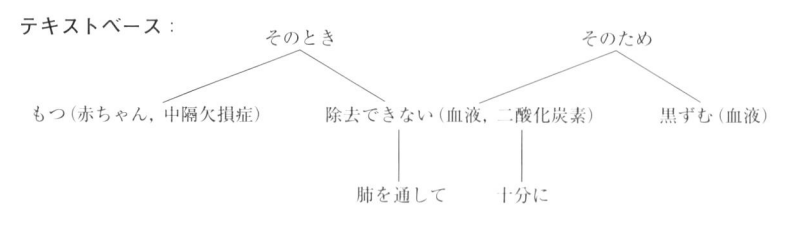

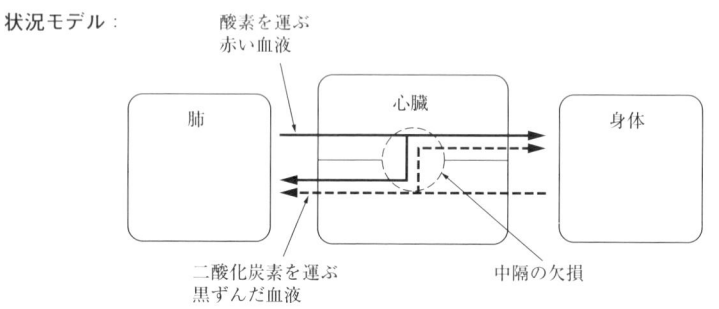

```
       酸素を運ぶ
       赤い血液
    ┌──────┐   ┌──────┐   ┌──────┐
    │      │──▶│ 心臓 │──▶│      │
    │  肺  │   │      │   │ 身体 │
    │      │◀──│      │◀──│      │
    └──────┘   └──────┘   └──────┘
       二酸化炭素を運ぶ      中隔の欠損
       黒ずんだ血液
```

図4-1　文とテキストベース，状況モデル（Kintsch, 1994 より）

表4-1　「テキストの学習」と「テキストからの学習」（深谷，2006）

	テキストの学習	テキストからの学習
心的表象	文章内容 (命題的テキストベース) 文章のエピソード記憶	既有知識に統合された文章内容 (状況モデル) 意味記憶
促進される認知課題	記憶（再生や再認），要約	問題解決，推論
読み手の知識 関連する特性	当該領域の知識量が少ない 読解スキル	当該領域の十分な知識をもつ 内容領域への興味・関心
選択されやすい方略	記憶方略	理解方略

表4-2 小4国語「かむことの力」 練馬区立大泉北小学校 浜野高秋学級授業記録より

裕美：「きたえられる」ということは，かむ力が強くなるということかな。
T　　：「きたえられる」ってなんでしょう。
悠太：もっと強くなるように頑張ること。
敦　　：トレーニングをして，筋肉が強くなるということ。
T　　：ここでは，なにが強くなるのですか。
C　　：あごの関節。　C：あごの骨。　C：あごの筋肉。　C：歯。　C：口の周りの筋肉。
T　　：そういう物が強くなるのですね。でも，どうやったら強くなるのですか。
孝雄：いっぱい，いっぱい働くと強くなる。
理佳：働けば働くほど鍛えられるから強くなる。
T　　：そういうことですね。
芳男：「そしゃくは，食べ物に直接触れる…うまく協力しないとできません。」て，「うまく協力」って何かなと思う。
俊祐：「協力」ってチームワーク。
一太：野球みたい。カキーン！
T　　：何がチームワークするの。
悠太：歯，あごの骨，あごの関節，あごを動かす筋肉，口のまわりの筋肉，ほお，した，くちびる。
【ここでTが，人体解剖の写真を使って，顔の部分を説明。】
T　　：例えば，キャッチボールでボールを投げて，相手がボールを取ろうとしなかったらどうなるかな。さて，口の中の色々な部分のことを考えてみよう。例えば，食べている時に，唇が閉じなかったらどうなるでしょう。
一太：食べ物が出ちゃう。
真央：だから，口の周りの色々な所がうまく協力しているということなのか。

（深谷，2006）。読み手の文章内容知識が豊かで読解目的が明確であり，かつ能動的に文章に関わる活動を読解中に行うことで，テキストの文字通りの理解から，状況モデルを形成したテキストからの学習へと移行できる。

表4-2は，説明文授業での教室談話例である。各自が知っている語の意味を出し合って，文章を読み解いていこうとしていることがわかる

だろう。また時には新たな情報（人体解剖の写真）を統合することで，状況モデルが形成でき，より深く理解していくことができている。国語科だけではなく，状況モデルが授業の中でのやり取りを通して各自の心の中に形成され，様々な教科でテキストからの学習が行われることが重要である。

2. 読解の熟達過程

1) 自動化と方略使用

読むことは，加齢により自然に上達するのではない。必要な知識と技能を習得していくことにより熟達する（Paris & Hamilton, 2009）。この過程は図4-2のように2つの下位過程から成っている（Snow et al., 2005）。1つは，文字や単語がスラスラと自動的に読めるようになり，注意を必要としなくなる語認知の過程である。かな文字や漢字の習得，第二言語習得初期には，この認知処理に負荷がかかるために，文の意味が取れないことが生じる。自動化のためには，文字や語彙の知識を増やすことや読む経験の蓄積が重要である。と同時に，知らない語があっても

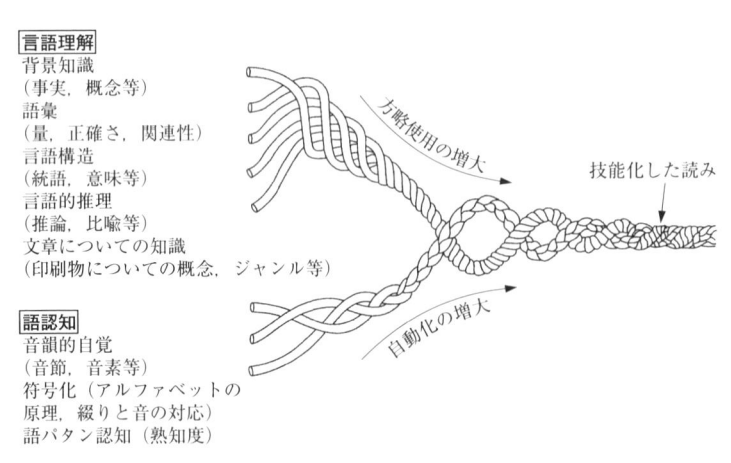

言語理解
背景知識
（事実，概念等）
語彙
（量，正確さ，関連性）
言語構造
（統語，意味等）
言語的推理
（推論，比喩等）
文章についての知識
（印刷物についての概念，ジャンル等）

語認知
音韻的自覚
（音節，音素等）
符号化（アルファベットの原理，綴りと音の対応）
語パタン認知（熟知度）

方略使用の増大
技能化した読み
自動化の増大

図4-2　熟達化した読み（Snow et al., 2005）

文脈を利用して推測ができる力も必要である。小学生を対象とした一連の研究からは，読みの得意な子と不得手な子では，単語の読みの速さや作業記憶容量だけではなく，未知の語彙や熟語を文脈から推測する力にも差があることがわかっている（Cain, Lemmon & Oakhill, 2004）。

　もう1つの下位過程は，言語理解のための知識に基づく処理過程である。説明文を読む時には著者の論理に沿って読むことや接続詞，段落，文章展開の構造的な知識の利用が必要になる。子どもが理解につまずいている時に，字や語彙がわかっていないことのみを想定しがちである。しかしむしろ，後者の処理過程，すなわち文章内容や文章構造に関する知識を用いた処理過程が適切におこなわれるよう支援することがもとめられるのである。

2）　読解モニタリングの過程

　また読んでいる過程を調整評価する「モニタリング」と呼ばれる過程が，読解のためには重要である。以下の文章を読んでみてもらいたい。

　　①このところH新聞は売り上げをのばしているが，それは特集があたったためだと言われている。②次の特集のテーマでは社長のひしょをとりあげる予定だ。③この一連の特集では，財界の話題を軽い読み物にまとめて好評を得ている。④サラリーマンが出勤前に目を通すのに，ちょうど良い記事だということであろう。⑤このテーマでは，夏の間涼しい別荘で，じっくり構想を練る社長に焦点を合わせようというのだ。（波多野・小嶋・斎藤，1990）

　多義語「ひしょ」を含む文章で，「秘書」と推論し読んだ人は⑤文の箇所で意味が通じないとモニタリングし，「避暑」という別の意味を思いつき，それ以前の解釈を変更修正することが必要になる。もちろん「避暑」と最初から読んだ人には修正の必要はない。このように，読み進める中で文章についての一貫した表象を構成しつつ，その一方その構成

した表象が適切かと自分の理解過程をモニタリング評価し，不適切と判断されれば，その時点で修復し前に戻って理解をし直すことで一貫した表象を再構成できるかどうかが，重要な点となる（Baker & Beal, 2009）。

　私たちは理解の評価を行うために，A 語彙の水準，B 統語の水準，C 意味の水準と，複数の水準で入力されてくる情報を，知識や構成した表象と照らし合わせてモニタリングし評価している。C 意味の水準でも，隣接する命題間のつながり（代名詞や指示詞，接続詞等による関連性の評価），構造的なつながり（文章のテーマ，話題と文の関連の評価），外的一貫性（既有知識との一貫性の評価），内的一貫性（文章内の論理的一貫性の評価），情報の明確さと完全性（必要な情報が明確に勝つすべて書かれているかを評価）等を，目的や状況に応じて評価している。これらの評価をすることで，文章から学び理解を深め，その文章に対する自分の意見や考えを構成できる。このモニタリングが，文章に対する自

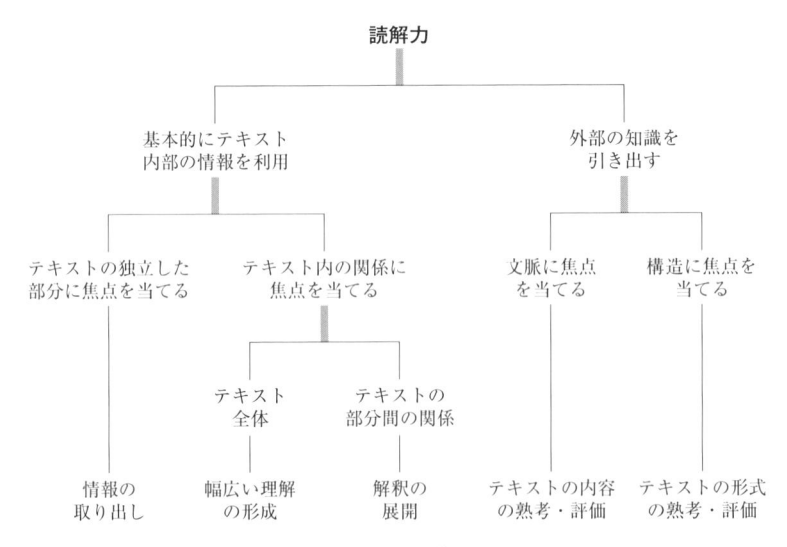

図 4-3　読解力の 5 つのプロセス（OECD, 2004）

分の考えを持って読む批判的な読み（クリティカル・リーディング）と呼ばれる読み方につながっていく。図4-3は，OECDが読解力を捉えるのに想定した5下位過程である（OECD, 2004）。情報を取り出し，解釈するだけではなく，熟考・評価の過程が強調されている。そのためにはこの各過程に応じた読解方略がとれるようになることがもとめられているのである。

3） 適応的熟達化

　読みの熟達者と初心者では，読む前，読む間，読んだ後に行う行動が違っていることが実証されてきている（Paris & Hamilton, 2009）。表4-3に示すように，理解保障方略，内容学習方略，理解深化方略という3タイプの方略が主に使用されている（犬塚，2002）。重要なことは，読解前，読解中，読解後に体系的に方略を利用できることだけでなく，方略を目的に応じて柔軟に使い分け，計画や実行，評価調整ができるようになることである。これは「適応的熟達化」と呼ばれる。目的や状況，制約に応じて，ふさわしい方略を使って読めるようになることが，生涯にわたる様々な場面での読みのために求められている（Pearson et al., 2008）。

3．読みの力を高める指導

1） 方略の指導と互恵的学習

　読解が苦手な子は方略を知らなかったり使用できないために，方略を明示的に指導することが有効であることが示されてきている。例えば，他者から質問をされて答えるより，自分で文章内容に関する質問を作る自己質問の方が効果があることが明らかにされている（秋田，1988）。読解力の高い子は方略を自ら使用できるので，特に読解力が低い子において方略指導の効果が示されている。図4-4のように，まず教師がモ

表4-3 読解方略カテゴリーとその内容項目 （犬塚，2002より整理引用）

A 理解保障方略

A1 意味明確化
　どういう意味かをはっきりさせながら読んだ，集中して読んだ，難しい文は自分の言葉でかみくだいて言い直しながら読んだ，各文は簡単にいうとどういうことかを考えながら読んだ，難しい言葉は自分の言葉で言い直した

A2 コントロール
　わからないところはゆっくりと読んだ，意味がわからないところや難しいところを繰り返し読んだ，わからなくなったら，どこからわからなくなったかを考え，そこから読み直した，一度読んだだけでは理解できないときは，もう1回読んで理解しようとした，時々読み進むのをやめて，それまでに読んだ内容を思い出した，どれぐらい難しいかを判断して読むスピードを調節した

B 内容学習方略

B1 要点把握
　コメントや内容をまとめたものを書き込んだ，大切なところを書きぬいた，内容をまとめるために簡単な表や図を書いた，段落ごとのまとめを書いた，大切なところに線を引いた，読みながら大切なところとそうでないところを区別した

B2 記憶
　大切な文は考えずにそのまま覚えようとした，難しい言葉や内容を理解しないで丸暗記した，覚えるために繰り返し読んだ，大切な言葉を覚えようとした

B3 質問生成
　読みながら内容が正しいかを考えた，知らない字や言葉を捜して読んだ，読み終わってから自分がどのくらいわかっているかチェックするような質問を自分にした，自分がどのくらいわかっているかをチェックするような質問を自分にしながら読んだ，先生ならどんな質問をするかを考えながら読んだ

C 理解深化方略

C1 構造注目
　意味段落に分けて考えた，接続詞に注目しながら読んだ，文章の組み立て構造を考えながら読んだ，題名を考えた，どことどこが対応しているかを考えながら読んだ，次にどういう内容が書かれているかを予想しながら読んだ，文脈から全体像を予測した

C2 既有知識活用
　新しい言葉を覚えるために具体的な状況を思い浮かべた，自分が今まで知っていることと比べながら読んだ，既に知っていることと読んでいる内容を結びつけようとしながら読んだ，具体的な例を挙げながら読んだ

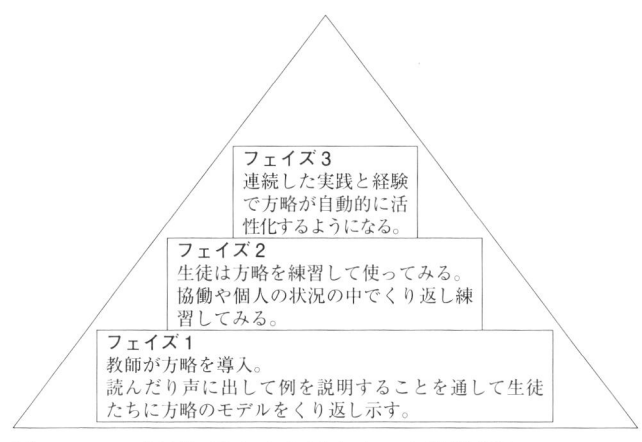

```
           フェイズ3
           連続した実践と経験
           で方略が自動的に活
           性化するようになる。
         フェイズ2
         生徒は方略を練習して使ってみる。
         協働や個人の状況の中でくり返し練
         習してみる。
       フェイズ1
       教師が方略を導入。
       読んだり声に出して例を説明することを通して生徒
       たちに方略のモデルをくり返し示す。
```

図4-4　メタ認知的な志向性をもった読解指導 (Israel, 2007)

デルを示した上で，生徒相互が利用してみることを通して，次第に自動化されていくという順序が含まれたメタ認知的志向をもつ読解指導が有効である (Israel, 2007)。

　Brown (1977) は科学的説明文を使用し，読解に困難を抱える小学校3年生に，予測する，質問する，明確にする，要約するの4方略を教師が説明後，生徒同士のペアで20日間様々な文章でこの方略使用の練習をする互恵的教授法が，単独で読み方略の練習をするより有効であり，この効果は1年を経ても安定していることを示している。読解についての様々な研究からは，特定の1方略だけではなく，多様な読解方略を子ども同士で協働して学びあうことの効果が示されてきている (Farstrup & Samuels, 2002)。

2）　概念理解を志向した読解指導と学習環境

　読解方略は，方略指導だけではなく，子どもが読みたいと思う必然性や興味がある内容のテキストのなかで行うことで有効になることが示され

(A) 多様なテキストの理解度 / (B) 方略の使用

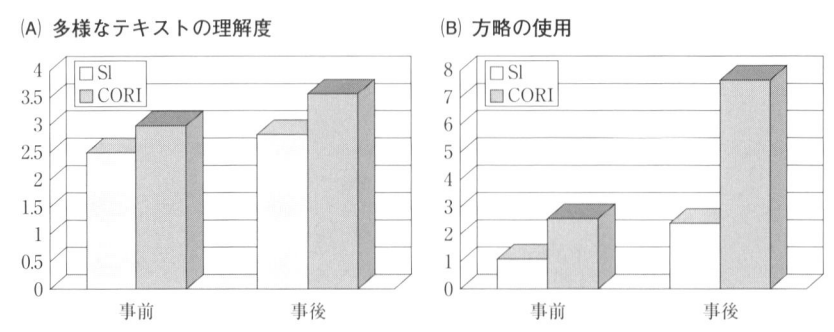

図 4-5　概念志向の読解指導（CORI）と方略教示指導（SI）の効果の比較
(Guthrie, 2004)

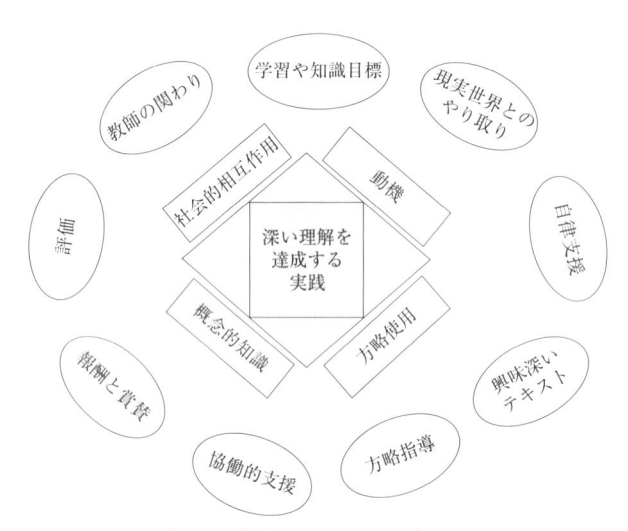

図 4-6　読解力育成のためのモデル (Guthrie, 2004)

ている。Guthrie（2004）は，260人の小学校3年生に日々100分間12週6種類の方略を教授した群（Strategy Instruction：SI群）と子どもが関心をもつ科学的内容の理解を中心にして読解指導をした群（Concept-

Oriented Reading Instruction：CORI群）を比較し，多様なテキストの理解でも方略の使用でもCORI群で効果があったこと（図4-5）から，方略を教えるだけではなく，実際に意味ある概念を指導していくことの重要性を示している。そして図4-6の楕円に示す9つの要素が深い理解を達成するのに相互に重要であるとしている。また中学2年生，高校3年生を読解で没頭経験をしたことのある群とない群に分けて調べると，いずれの学年でも没頭経験により読解力テスト得点に群間差があり，没頭経験が3年後の読解力を予測していることを示している（Guthrie et al., 2004）。ここからは没頭して読む読書経験が重要であり，読みたいと思える本の準備，また読んだ内容を他者にも伝えたいという他者との協働の場を設定していくことが，読解力を長期的に育成していくためには必要であることが示唆される。

　読むことは認知的過程であるが，意欲や興味等の感情に支えられて読解能力は伸びていく。これは，小中高校の様々な段階での実践でも実際に行われていることである。興味ある文章や他者との読みの交流の機会などを，どのように学習環境として準備していくのかが生涯学習のために，問われているといえるだろう（秋田，2008）。

演習問題

1. 新聞や本を読みながら，「文章が難しい，わかりにくい」と思った経験を思い出してみよう。その現象をとりあげ，どのような認知過程から難しいと感じたのかを説明してみよう。
2. 文章理解の認知過程をふまえると，英語等の外国語文章を読み進める時にも，どのようなことに注意して読むとよいと考えられるだろうか。具体的に考えてみよう。

参考文献

大村彰道（監修）秋田喜代美・久野雅樹（編）（2001）『文章理解の心理学：認知，発達，教育の広がりの中で』北大路書房.
秋田喜代美（2002）『読む心　書く心　文章の心理学入門』北大路書房.
秋田喜代美・石井順治（編）（2006）『ことばの教育と学力』明石書店.
西林克彦（2005）『わかったつもり　読解力がつかない本当の原因』光文学社新書.

引用文献

1) 秋田喜代美（1988）「質問作りが説明文の理解に及ぼす効果」教育心理学研究, 36（4），17-25.
2) 秋田喜代美（2008）「文章の理解におけるメタ認知」三宮真智子（編）『メタ認知：学習力を支える高次認知機能』北大路書房. pp.97-109
3) Anderson, R. C., Reynolds, R. E., Schallert, D. L. & Goets, E. T.（1977）Frameworks for comprehending discourse. *American Educational Research Journal*, 27, 142-164.
4) Baker, L. & Beall, L. C.（2009）Metacognitive processes and reading comprehension. In Israel, S. & Duffy, G.（Eds）*Handbook of research on reading comprehension*. New Tork, NY: Routledge pp.373-388.
5) Brown, A.（1997）. Transforming schools into communities of thinking and learning about serious matters. *American Psychologist*, 52（4），399-413.
6) Cain, K.m, Lemmon, K. & Oakhill, J.（2004）Individual Differences in the inference of word meanings from context: The influence of reading comprehension, vocabulary knowledge and memory capacity. *Journal of Educational Psychology*, 96（4），671-681.
7) Farstrup, A. & Samuels, J（Eds.）（2002）*What research has to say about reading instruction. 3rd*. New York, : International Reading Association.
8) 深谷優子（2006）「テキストの理解過程」秋田喜代美（編）『授業研究と談話分析』放送大学教育振興会, pp.97-108.

9) Guthrie, J. (2004) Classroom practices promoting engagement and achievement in comprehension. Paper presented at the International Association Reading Research (2004) conference. Reno: Nevada.
10) Guthrie, J., Wigfield, A., Perencevich, K. C., Taboada, A., Davis, M. H., Scafiddi, N. T. & Tonks, S. (2004) Increasing reading comprehension and engagement through concept-oriented reading instruction. *Journal of Educational Psychology*, 96 (3), 403-423.
11) 波多野誼余夫・小嶋慶子・斎藤洋典 (1990)「多義語句とそれを含むテキスト処理における理解の監視と修復」日本認知科学会テクニカルレポート No.17.
12) 犬塚美輪 (2002)「説明文における読解方略の構造」教育心理学研究, 50, 152-162.
13) Israel, S. E. (2007) *Using metacognitive assessments to create individualized reading instruction*, NewYork: IRA.
14) Kintsch, W. (1994) Text comprehension, memory and learning. *American Psychologist*, 49, 294-303.
15) 西林克彦 (1994)『間違いだらけの学習論 なぜ勉強が身につかないのか』新曜社.
16) OECD 国立教育政策研究所 (監訳) (2004)『PISA2003調査評価の仕組み』ぎょうせい.
17) Paris, S. & Hamilton, E. (2009) The development of children's reading comprehension. In Israel, S. & Duffy, G. (Eds.) *Handbook of research on reading comprehension*. New York: Routledge, pp.32-53.
18) Pearson, D. P., Cervetti, G. & Tilson, J. (2008) Reading for understanding. Darling-Hammond, L. et als. (Eds.) *Powerful learning: What we know about teaching for understanding*. CA: Jossey-Bass. pp.71-111.
19) Snow, C., Griffin, P. & Burns, S. (Eds.) (2005) *Knowledge to support the teaching of reading: Preparing teachers for a changing world*. CA: Jossey-Bass.
20) Van Dijk, T. A. & Kintsch, W. (1983) *Strategies of discourse comprehension*. New York: Academic Press.

5 | 問題解決の過程

藤江康彦

《**学習のポイント**》 授業ではさまざまな問題解決が求められる。「問題」にはどのような特徴があるのか、「解決」とはどのような過程であるのかを理解する。さらに、日常生活における問題解決と教科授業における問題解決、それぞれの特徴とこれらのちがいに気づく。そのうえで、授業における問題解決にむけた、学習者の学習動機を高める支援のあり方、他者との協働による問題解決など、実践上の課題についても検討する。
《**キーワード**》 よく定義された問題、アルゴリズム、ヒューリスティックス、計算、文章題、教室談話、認知カウンセリング、プロジェクト

1. 問題解決の過程とメカニズム

1）問題解決とは

　問題解決とは、解き方のわからない問題を解く過程を指す。我々の身のまわりは問題に満ちあふれているが、それが意識されないのは、どうやって解けばよいか、すでに知っているからである。心理学では一般に、「生活体が、何らかの目標を有しているが、その目標に到達しようとする試みが直接的にはうまくいかないという問題場面（初期状態）において、目標に到達する（目標状態）ための手段・方法を見出すこと」を問題解決という。初期状態と目標状態のギャップを埋めることといってもよい。例えば、縦の長さと横の長さがわかっている長方形の面積を求める問題では、「面積がわからない」という初期状態から「面積がわかっている」という目標状態へと移行するために、「たて×よこ」という公

式に数値を当てはめる手続きをとる。この問題解決では，初期状態，目標状態，ギャップの埋め方（操作子）が揃っている。このような問題を「よく定義された問題（well-defined problem）」という。例えば，将棋やパズルなどが相当する。しかし，私たちの生活において直面する問題の多くはそうではない。初期状態，目標状態，ギャップの埋め方（操作子）のいずれか，あるいはすべてが明確でない，「よく定義されていない問題（ill-defined problem）」のほうがむしろ多い。「晩ご飯のメニューは何がよいか」といったようなものもあれば「業績を上げる」，「大気汚染を食い止める」といったようなものもある。我々が，日常生活を適応的に送るためには，よく定義されていない問題を適切に解決することが求められる。従来の学校教育においては，よく定義された問題の解決方法については練習する機会が多く用意されているが，よく定義されていない問題についてはその機会が十分に用意されてはこなかった。しかし，総合的な学習の時間の導入においてその機会が用意されつつあるといえる。

2） アルゴリズムとヒューリスティックス

よく定義された問題の解決方法には，「アルゴリズム」と「ヒューリスティックス」の2つがある。

アルゴリズムとは，問題解決のための一連の規則的な手続きのことである。ある手順に従えばその問題が必ず解決される手続きといってもよい。例えば，moreplb という7つのアルファベットを並べかえて単語を作成するという問題を考えてみると，7文字の並べ方は全部で5040通りある（7！＝5040）。その5040通りの並べ方をすべて試してみて答えを見つける方法はアルゴリズムである。

しかし現実には，そのようにはしない。例えば，最初の2文字か3文

字だけの組み合わせを作ってみて（例えば，"pro"や"re"など），知っている単語にその2文字か3文字で始まるものがないかを思い出そうとするだろう（答えはproblem）。このような解決方法をヒューリスティックスという。すなわち，ヒューリスティックスとは，ある問題を解決する際に，必ず解決できるとは限らないが，うまくいけば解決に要する時間や手続きを減少させることができるような方法である。

ヒューリスティックスにはさまざまなものがある。目標となる最終状態から1ステップずつ前の状態をたどっていくことで問題を解決しようとする「後ろ向きの解決法」（幾何の証明問題などでしばしば用いられる）などは，その例である。

3）問題解決の過程

問題解決の過程について，ブランスフォードら（Bransfordら，1984）は，「IDEAL」という考え方を示している（表5-1）。ブランスフォードらのねらいは，専門家がもつような問題解決への分析的な視点を一般の人ももてるようにし，自らの問題解決過程を客観的に把握しコントロールする力をつけさせることにあった。

表5-1　IDEAL（Bransford & Stein, 1984）

I	Identifying problems	問題を発見する
D	Defining problems	問題を定義する
E	Exploring alternative approaches	さまざまな方略を探す
A	Acting on a plan	計画を実行する
L	Looking at the effects and learn	結果を検討する

- I：問題を発見する

　「問題」とは，現在の状況が望ましい状況と異なっている状態である。これは，先に見た問題解決の定義にも沿うものである。ブランスフォードらは，「初期状態」と「目標状態」のギャップが多くの場合意識されないことを指摘し，問題発見のステップを重要性を主張している。

- D：問題を定義する

　問題の定義のあり方で解決の方向性は変わる。例えば，「テストでよい成績をとる」という場合，現状をどうとらえるか，「よい成績」をどうとらえるか（満点か，8割達成か，前回よりも点数を上げるのか），等によってどうすれば目標状態を達成するかが変わるだろう。また，複雑な問題を再定義するということもある。例えば，「1から9までの数字を相手と交替でとっていき，3つの数の組み合わせで15を早くとったほうが勝ち」というゲームも，図5-1のような魔方陣に書き換えることで，簡単な三目並べ問題に変換できる（Norman, 1993；白水，2004）。

- E：さまざまな方略を探す

　さまざまな方略とは，ヒューリスティックスのことを指している。ブランスフォードらは複雑な問題を解きやすいように分割する「課題分割」，目標状態と初期状態の差を埋める手段を選ぶ「手段-目標」方略を挙げている。また，問題領域に固有な知識を用いることで，より強力な方略を適用できるとしている。

- AとL：計画を実行し結果を検討する

　解法を見いだしたら，実際にそれを実行し結果を検討する。ブランスフォードらは，最後まで問題を解いてから検討をする

6	7	2
1	5	9
8	3	4

図5-1　定義の仕方で解きやすさが変わる問題例
（白水，2004）

のではなく，途中まで実行した結果を検討することで間違いに気づいたり，うまいやり方に気づくことの重要性を指摘している。

2. 問題解決の目的，所産と文化的価値

1） 日常生活における問題解決

近年，生活や仕事の場面における人間の知的な営みを対象として進められてきた文化人類学や認知科学の研究において，日常生活における人間の問題解決の手続きやメカニズムの特徴が明らかになってきた。

例えば，レイヴ（Lave, 1988）は，スーパーの買い物客の様子を観察して，計算による問題解決の過程を明らかにしている（表5-2）。

表5-2　日常生活における問題解決（買い物の計算）(Lave, 1988を一部改変)

【事例1】スーパーでマカロニを買う

客「ええ，これ（P社），いつも私が買うものなの。これあれ（A社）よりも高くないのよ。」〈価格の比較〉

客「（徳用袋を買っても）……あいにく，家にはそんなものを入れておくスペースもないし。……A社のだったら大きなサイズのでもきっとずっとすると思うわ。」〈台所の収納力〉〈価格の比較〉

客「ああ（A社は）4ポンドですよ。で，私はどれを買ったんでしたっけ。2ポンド（P社）のでしたっけ。あら，じゃ随分得なのね。」〔計算①〕

客「でもこれは，ちっとも得にはならないのよ。ほらこっち（A社）のは3ポンドで1ドル79セントでしょう。だけど，あっち（P社）のは1ポンドで59セントですもの。」〔計算②〕

客「ごめんなさい，ちがったわ。これ（P社）は12オンスなのね。じゃ大きい方が得するわけね。」〔計算③〕

【事例2】バーベキューソース

客：（一番ほしいソースが陳列されていない。別の二種類の計算が面倒）
　「そう。だからどうするかっていうと，ここでは買うのを止めて，別な店に，もう1つの店に行ってそこでね。だってどうしてもこれ（ここにない，一番ほしいソース）使ってみたいんですもの。」（店を移動する）

（ ），〈 〉，〔 〕内は，筆者による補足。

レイヴによれば，買い物客は，スーパーで食料品を購入するにあたり味などの質的な規準によって商品を決めることが難しい際，商品選択に合理性を付与するための問題解決の手段として金額の計算を行っている。1つの品物の買い物において平均2.5回である。

　事例において，「問題」は，「どのマカロニをどの店で買うかの決定」であるが，それは，買い物客のジレンマに基づいている。その過程では，次のような問題解決の特徴がみられる（本山，1998）。すなわち，問題が購入行為の生成と同時進行で定義され解決されているということである。価格の計算をするという手段の選択と，商品情報のチェック，計算問題の作成，計算の実行，解答や方法の妥当性のチェック，問題の再定義といった行為が並行している。そして，問題は「この店でこれを買う」ことが決まったとき，あるいは「別の店に移る」という意思決定をしたときに終了する。

　買い物における問題解決は，その店の品揃えや配置，価格，好みなど，「スーパーで買い物をする」という状況に依存して行われている。お買い得を「知る」ことと計算を「行う」ことが結びついているのである。

2） 学校における問題解決：文章題の問題解決過程

　学校教育における「問題解決」は，日常生活における問題解決とは異なる。日常生活における問題が，解決者のジレンマから生じていたのに対して学校教育における問題は，解決されることを前提として，教師による現実世界の対象化によって切り出され，意図的に作られたものなのである（本山，1998）。もとより，学校教育の目標は問題解決を行うことそれ自体ではない。何らかの教育目標を達成するための手段として位置づいている。それゆえ，問題は，よく定義された問題として自ずから設定されるし，また解決過程自体はあらかじめ設定された答えを探り合

う言語的相互作用として成立する場合がしばしばある。

　学校における問題解決の例の1つめとして，文章題の問題解決を考えてみる。文章題における問題解決は，通常2つの過程からなる（多鹿，1996；鈴木，2007）（図5-2）。

　1つには，与えられた問題を理解する問題理解の過程である。2つには，理解した内容に基づいて問題解決を実行する解決実行の過程である。例えば，「ひろし君のクラスで虫歯のあった人は6人でした。ひろし君のクラス全体の人数は30人です。虫歯のあった人はクラス全体の何%ですか。」という問題の場合を考えてみよう。

　問題理解の過程では，一文ごとに文の意味を考えなければならない。「虫歯」，「クラス」といった語の意味を把握し，さらに，問題解決に必要な情報である，「6人」，「30人」，「何%」を抽出したり，問題によっては書かれていないことを推論する必要がある。そして，文章題に記述されている内容に関する知識を適用して文間の関係をまとめ上げ，文章

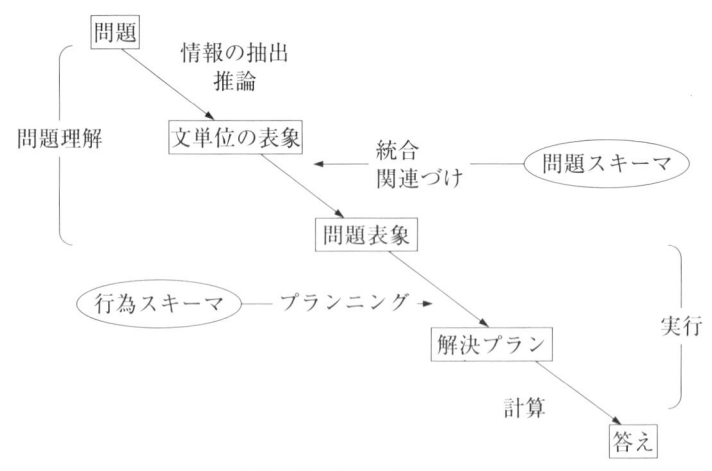

図5-2　文章題解決のプロセス（鈴木，2007）

内容に即した一貫した解釈を構成するのである。「(問題状況では)何がどうなってどういうことが生じ,(問題では)何が問われているのか」という問題状況の理解である。つまり,問題理解の過程は,既有知識に基づいて問題文の意味内容を理解する段階と,算数・数学に関する知識に基づいて個々に理解した意味内容をまとめ上げる段階からなる。問題文の理解段階では,文章読解に必要となる言語的知識と,算数・数学の問題の理解に必要な概念的・論理的知識(例えば,割合は比べる量を元にする量で割ることによって得られる)の両方の知識に基づいて問題文を理解しているといえる。構成された理解の表象をメンタル・モデルと呼ぶこともある。

　実行の過程では,文章題の理解段階で構成されたメンタル・モデルに基づいて立式し解答を得る。メンタル・モデルに基づいて立式するために,問題解決方略に関する知識のなかから立式に必要な方略が選択され,それでよいかどうかのモニターが行われる(例えば,比べる量が元にする量よりも小さくなる式でよいか)。このようにして立てられた式に演算規則を正しく適用し,問題の解答を得る。正しく演算するためには,計算の仕方や技能に関わる手続的な知識を適切に適用しなければならない。この場合も,得られた解答が適切であるかどうかをモニターする。

　問題が適切に解決されない場合には,問題理解の過程かあるいは解決実行の段階において不適切な処理が行われたためである。一般的に,問題解決の失敗は,問題理解の失敗に主たる原因があるといえる。なかでも,既有知識に基づいて当該の問題文の意味内容を理解することができないことが大きい(多鹿,1996)。

3) 学校における問題解決:他者との相互作用による問題解決

　問題解決の過程は,学習者個人の認知過程としてのみ進むわけではな

い。学習集団内における他者との直接的間接的な相互作用のなかで達成される場合もある。社会科における問題解決の例を見てみよう。小学5年社会科「日本の水産業」の授業において，「日本の漁獲量が世界第二位のわけ」を各自資料を見ながら考えている場面である（表5-3）。

矢野は，当初の仮説（網でいっぱい魚を獲る）を教科書で検証しよう

表5-3 社会科における問題解決の過程 (藤江，1999)

第2時「日本の漁獲量が世界第二位のわけ」16'03"-20'20"のトランスクリプト
教師は，「どうして日本はこんなによく［魚が］獲れるんだろう」と子どもたちに働きかけ(00'35")，「日本の漁かく高が世界で第二位のわけを考えよう」と板書した(01'14")。さらに，「教科書とか資料集や地図帳とかめくって探して」と，課題解決の方法を提示した(04'52")。

16'03"矢野：（教科書を閉じ）何も書いてないな。網で魚を獲るために。網でいっぱい魚を獲るために	［中略：この間，矢野は，原田，井原と話し合っている］
16'20"T：［「漁場」の説明］魚を獲る場所。魚が獲れる場所。だけどそこにいけば必ず魚が獲れるってもんでもないんだよ。	19'49"矢野：先生，猫が魚を食べるからでもいいの？
	19'53"矢野：先生，猫が魚を食べるからじゃダメなの？
16'26"矢野：天気。	19'57"原田：動物園のゾウが……
16'27"T：いろんな理由があるからね。	20'00"矢野：ペンギンに餌をあげるからじゃダメなの？
16'33"T：でもまあ，そのあたり行って探せばいいんだろう。	20'02"T：それはどこに。
	20'03"原田：アシカに……
16'45"矢野：寿司とかにしてるから。	20'05"T：その［資料集の］中から見てみて。
16'50"：［岡本に］どんなことが言いたいの？	20'10"矢野：じゃあ，これなら絶対にいいよ。網で魚をいっぱい獲ってるから。
17'02"矢野：先生，寿司とかにしてるからじゃダメなの？	20'20"T：ああ。なるほど。
17'04"T：［矢野に］それは，	［作業結果を共有する場面に切り替わり，矢野は挙手し，「網で魚をいっぱい獲ってるから」と発表する。その後，原田が挙手し，発表する］
17'06"T：［矢野に］魚を食べるための一つの理由だよね。それは，魚を食べる中の理由として，生で食べたり，焼いて食べたり……	
	29'18"原田：缶詰にしているから。
17'14"原田：あ，わかった。何かわかった。	29'20"T：缶詰にしているから。
17'22"矢野：魚は日本が好きだから。	29'21"Cn：（笑う）
17'26"園田：［矢野に］だから何だっていうんだ。	29'24"園田：缶詰にしているから多いのか？
17'28"T：魚集めて……	29'26"T：缶詰にしてるから多いのかって？
17'30"矢野：日本が好きだから。	29'29"原田：あ，猫がいっぱいいるから。
17'32"園田：［矢野に］日本が好きなら，日本の何が好きなの？	29'31"矢野：それさっき言ってたよ。
17'33"矢野：魚がね，魚がね。	
17'34"片山：［園田に］海じゃん。	

としたが行き詰まった（16′03″）。別の仮説を立てるが（16′26″，16′45″，17′02″，17′22″，17′30″，19′49″，19′53″），教師から否定的評価がなされると（17′06″，20′02″，20′05″），当初の仮説を再提示し（20′10″），肯定的評価を得た（20′20″）。その後，すでに否定された仮説に基づく原田（29′29″）の発話を揶揄した（29′31″）。矢野の発話は次のように解釈できる。彼の発話は自身の問題解決過程を反映している。彼は，当初は教科書や資料集から得た科学的概念を用いており，「まじめ」な発話で問題解決を行おうとしている。しかし，検証には至らず別の仮説をいくつか立てる。それらの検証は，「おかしみ」を示す発話を教師に投げかけ，その反応をみることで行っている。結果的に，次のような，授業の文脈に沿っているともいないともとれる両義的な発話が用いられている。「消費量の多さ」については「寿司」という具体的な食品名からせまり，「漁場」の概念につながる「魚にとっての生育環境の良さ」については魚の擬人化を行ってみる。あるいは，イワシの消費量として大きな割合を占める「飼料用の水揚げ」については「猫が食べる」という日常的な事例をあげる。そうした試みに教師から否定的評価がなされると，矢野は，教科書の情報に基づく「まじめ」な発話によって仮説を再提示し，自分が教師に否定された仮説に基づく原田の発話には同調しなかった。つまり，仮説の検証にあたっては「まじめ」な発話と「おかしみ」の発話を使い分け，この場合は教師を主たる発話対象とする発話スタイルをとって仮説を絞り込み，問題解決の遂行と結果の妥当性の獲得を行ったといえる（藤江，1999）。

　矢野の問題解決過程は，思いつきのような発話を教師に投げかけ，教師の返答に込められた暗黙的な評価行為，他児と教師とのやりとり，他児間の発話などをリソースとして行われていた。問題の答えが教室談話の文脈に埋め込まれているといえるだろう。このような問題解決は，言

語ゲーム（上野，1990）ともいえる。しかし，授業の目的の1つは，認識を学級で共有することであり，その意味では矢野の問題解決の過程は，学級全体の問題解決過程の進行や方向づけを担っていたといえるだろう。

3. 授業における問題解決の支援

1） 教科における問題解決支援

教科における個人の問題解決を支援する方途として，認知カウンセリングの取り組みがある（市川，1993；1998）。

認知カウンセリングとは，学習や理解といった認知的な問題をかかえる人に対する個別的な相談・支援を通じて解決のための援助を与えるもので，認知心理学と教育実践を結びつけていこうとする研究活動である。とりわけ，学習へのつまずきや意欲の低下を，学習者のもつ学習観や誤った学習方法にその原因があるととらえ，それらを変容させることによって，問題状況の改善を図るという特徴がある。

認知カウンセリングでは，個別面接の場面で，学習者に自分の概念や思考過程について語ってもらい，それを診断の糸口にする。具体的には，表5-4のような方法がとられている。

認知カウンセリングにおいては，自己学習力の獲得が目指されている。自ら問題解決を進めていくためには，学習技能や学習習慣が身についていること，学習することに対して肯定的な学習観をもっていること，などにくわえて，自己評価を適切にできるということも重要である。

認知カウンセリングの技法のうち，とりわけ，自己診断と教訓帰納が自己評価にあたる。自己診断によって，自らの認知の状況について知ることができ，教訓帰納を通して，これからどのようなことに気をつけていけばよいのか，を考えるようになる。そして，仮想的教示や診断的質

表5-4　認知カウンセリングの技法 (市川, 1993をもとに作成)

○**自己診断**
・「どこが／なにがわかっていないのか」、「なぜわからないのか」を学習者に言わせてみる。
・「なんとなくわからない」、「全体的にわからない」などの具体性に欠ける応答は認めず、問題点をはっきりさせることを促す。

○**仮想的教示**
・ある概念や技法を、「それを知らない人に教示するつもり」で説明させる。
・説明できなかったり、相手に伝わらないのは、自分が「本当はよくわかっていないから」であることに気づくことを促す。

○**診断的質問**
・「どこまでわかっているか」を試すための質問を用意する。
・「この質問にこう答える人は、このような誤解をしている」という「解答−誤概念」のレパートリーを増やすことを促す。

○**比喩的説明**
・概念の本質を比喩で説明させる。
・「うまい比喩」と「比喩から生じる誤解」についてのレパートリーを増やすことを促す。

○**図式的説明**
・概念間の関係を整理して図式化して表すことを求める。
・学習者の理解のありようは、描かれた図そのものではなく、その図をどのように解釈するかにあると考える。

○**教訓帰納**
・問題が解けたあとに、「なぜ、はじめは解けなかったのか」を問う。
・個別の問題についての誤答の理由を考えることから、さらに一般化した教訓をひきだすことを促す。
・正答できたかよりもむしろ、「教訓を引き出せたか」が学習の成果であると理解するよう、学習者に促す。

問を繰り返し行うことによって，次第に自分の理解状況を自ら診断するための力が身につくことが期待される。その点で，認知カウンセリングは問題解決の支援といえる。

さらに，認知カウンセリングは，学習者自身が「自分がどこがどうわからないのか」を自己診断すること自体を目標としている。例えば，文章題解決において文章題理解ができないのか，解決の実行ができないのかを自己診断できることは，文章題解決の進行を促す。また，認知カウンセリングでは，比喩的説明や図式的説明などをとおして，学習者自身が理解する方法を身につけていくことができる。理解の仕方がわかることで，「わからない」状態を脱することができれば，学習意欲の向上につながっていくといえるだろう。

2） プロジェクトベースの科学教育（WISE）

近年，学習科学の進展により，学校教育においても，現実社会の問題と深く結びついた「真正な」問題解決に従事することができるような学習環境のデザインが可能になりつつある。その例として，カリフォルニア大学バークレイ校のリン（Linn, M.）を代表とする取り組みである WISE（Web-based Inquiry Science Environment）に着目してみよう。

このプロジェクトでは，科学の内容が日常生活で役に立つのだということを，学習者に理解させることをねらいとしている。そのため，学習者が日常生活で見たり聞いたり体で感じたりしていることとその科学的な意味とを結びつけて自分で使えるまとめをつくらせること，学習者間の議論や専門家の意見に触れることを通して学ぶべきことをさらに見つけて深めさせていくこと，を方針としている。

WISEの取り組みの前提にあるのは，科学的現象について学習者が互いに矛盾する複数の概念（例えば，生活経験によるものと科学的知見に

よるもの）をもっており，それらは他者とのやりとりによって再概念化されうるという考え方で，知識統合と呼ばれている。

　中高生を対象とした実践（白水・三宅，2003）をみてみよう。DDTという殺虫剤がある。これは，副作用が強いので全世界的に製造禁止が検討されているが，開発途上国においてマラリアの蔓延を食い止めるのにもっとも安価で効率的な薬剤でもある。実践では，DDTを禁止すべきかどうかの検討を通して科学のもつ社会的な意義を示そうとしている。

　授業の冒頭で，生徒は，DDTを製造禁止にすべきか否かを問われると，圧倒的多数が副作用などを理由に禁止すべきという立場をとった。その後，生徒は，マラリアの感染による死者が年間300万人であることや感染方法，発生源についての知識を得る。そして，対処方法として「蚊を殺す」，「ワクチンを開発する」，「発生源を絶ったり感染を防ぐための社会的プログラムを実施する」という3つがあることを学んだ上で，自分たちはどう対処すべきかをコンピュータ上で議論する。

　次に，DDTの利点や欠点を科学的に解明していく。DDTは，マラリアへの対処能力は高いこと，食物連鎖の過程で生物濃縮がおこることなどが示される。生徒は，DDTをめぐる科学者，科学雑誌編集者，一般市民，教師などの議論の再現を，電子掲示板上で読むことができる。マラリアによる死者数がリアルタイムでわかるようにもなっている。また，論争の参考になるような文献や研究成果がWISEの開発者や教師などにより生徒に読みやすいように編集され，自由に閲覧できる。

　最後に生徒たちは，自分たちが学んだことや資料から得た情報をもとに，証拠と立場を関係づけて二次元配置して整理するSense Makerというシステムを用いて，自分たちの立場を明らかにした上で，可否について討論する。すると当初の，禁止一辺倒の意見とは異なり，「DDTを

使いつづけるべき」という意見の他に,「限定的使用」,「代替物の開発」といったような様々な根拠,価値観,要因を考慮した意見がでた。

　WISE では,生徒が,問題解決を通して,科学は日常生活や社会に役立つ「学ぶ意義のあるもの」であることを理解することが目指されており,次の4つのデザイン原則がある（Linn & Hsi, 2000）（表5-5）。

表5-5　WISE のデザイン原則（Linn & Hsi, 2000 をもとに作成）

> 1. **科学を取りつきやすいものにする**
>   生徒が自分の直観や経験で答えられるが,本当に正しいのか,どうしてそれでよいのかすぐにはわからない問いが用意されており,学習者が自然と探究に入っていくしかけになっている。
> 2. **考えを見えるようにする**
>   見たり書いたりする場面が多く設定されている。Sense Maker は個人の立場とその根拠を互いに確認したり,自分の意見を修正できる。自分の立場を根拠で支えること,根拠に基づいた議論をすること,を経験する。
> 3. **お互いから学ぶ**
>   生徒間の協調学習の機会が豊富に用意されている。二人一組での話し合いだけでなく学級全体での議論が活用されている。自分では気づかなかった意見に気づくとともに,別の立場からの意見に負けないようにと,証拠に基づいた深い議論が可能になっている。
> 4. **科学を一生学びつづける準備をする**
>   日常生活でも科学的知識が役立つことをあらためて確認させ,科学について学ぶことの意義を感じさせる。また,本物の科学者の議論に触れさせることで,「科学者にもすぐには解けない問題があるが,根拠をもとに,様々な要因に配慮しつつ慎重に判断するものである」という科学についてのメタ認知が身につく。

演習問題

1. 買い物や仕事など日常生活における，問題解決場面の記録を採取して，その過程を詳細に分析してみよう．
2. 授業における，問題解決の過程の記録を採取し，どのような特徴があるか，検討してみよう．

参考文献

安西祐一郎（1985）『問題解決の心理学』中央公論新社．
Lave, J.（1988）*Cognition in practice : mind, mathematics and culture in everyday life.* Cambridge：Cambridge University Press.（無藤隆・山下清美・中野茂・中村美代子（訳）（1995）『日常生活の認知行動：ひとは日常生活でどう計算し，実践するか』新曜社．）
鈴木宏昭・鈴木高士・村山功・杉本卓（1989）『教科理解の認知心理学』新曜社．

引用文献

1) Bransford, J. D. & Stetin, B. S.（1984）*The ideal problem solver.* New York：W. H. Freeman & Company.（古田勝久・古田久美子（訳）（1990）『頭の使い方がわかる本』HBJ出版．）
2) 藤江康彦（1999）「一斉授業における子どもの発話スタイル：小学5年の社会科授業における教室談話の質的分析」『発達心理学研究』10（2），pp.125-135．
3) 市川伸一（編著）（1993）『学習を支える認知カウンセリング：心理学と教育の新たな接点』ブレーン出版．
4) 市川伸一（編著）（1998）『認知カウンセリングからみた学習指導の相談と指導』ブレーン出版．
5) Lave, J.（1988）*Cognition in practice : mind, mathematics and culture in everyday life.* Cambridge：Cambridge University Press（1988）（無藤隆・山下清美・

中野茂・中村美代子（訳）（1995）『日常生活の認知行動：ひとは日常生活でどう計算し，実践するか』新曜社．）
6) Linn, M. C. & Hsi, S.（2000）*Computers, teachers, peers*：science learning partners. Mahwah, NJ.：Lawrence Erlbaum Associates, Inc.
7) 本山方子（1998）「学習を支える状況」無藤隆・市川伸一（編著）『学校教育の心理学』学文社, pp.136-155.
8) 白水始・三宅なほみ（2003）「科学的な考え方を日常化する」三宅なほみ・白水始『学習科学とテクノロジ』放送大学教育振興会, pp.81-95.
9) 白水始（2004）「問題解決と理解」波多野誼余夫・大浦容子・大島純（編著）『学習科学』放送大学教育振興会, pp.119-132.
10) 鈴木宏昭（2007）「問題解決の基本的図式」稲垣佳世子・鈴木宏昭・大浦容子（編著）『新訂 認知過程研究：知識の獲得とその利用』放送大学教育振興会, pp.70-83.
11) 鈴木宏昭（2007）「教科学習における問題解決と転移」稲垣佳世子・鈴木宏昭・大浦容子（編著）『新訂 認知過程研究：知識の獲得とその利用』放送大学教育振興会, pp.84-96.
12) 多鹿秀継（1996）『算数問題解決過程の認知心理学的研究』風間書房.
13) 上野直樹（1990）「数学のメタファーと学校の言語ゲーム」芳賀純・子安増生（編著）『メタファーの心理学』誠信書房, pp.127-158.

6 | 教室談話の特徴

藤江康彦

《学習のポイント》 授業における話しことばである教室談話が研究としてどのようにとらえられてきたか，教室談話に着目をすることで，子どもの学習についてどのようなことが明らかになるのか，近年では，教室談話のどのような点が着目されているのか，について理解する。
《キーワード》 教室，談話，対話，媒介，アプロプリエーション，声，多声，グラウンド・ルール

1. 教室談話とは

1） 教室談話の定義

「教室」ということばは，単なる物理的空間以上の意味を込めて用いられる。1つには，教科内容を学ぶ知的な場である。学習の現場の象徴としての意味が強い。2つには，複数の人間が社会的関係を形成し維持する場である。教師と生徒といった固定されたメンバーからなる閉ざされた社会的環境（「学級」など）としての意味が強い。3つには，制度的な場である。制度や規範，固有の価値体系や言語使用が成員に制約を与える「学校教育の制度的特殊性」の象徴としての意味が強い。

「談話」（discourse）とは，言語学では，「ある状況で実際に使われる言語表現」であり，「何らかのまとまりのある意味を伝える言語行動の断片」（メイナード，1997）である。

教育研究で「談話」ということばを用いる際には，「発話」という音声言語であることを前提とし，「今－ここ」での現実の社会的相互作用，

あるいは，相互作用で使用される文脈化されたことばを指す場合が多い（川嶋，1994）。また，活動において実際に人々が使用していることばや，ことばが生成される状況や文脈，集団のあり方までを対象にするという研究上のスタンスを示す（秋田，1998）。

　以上より，教室談話とは「『教室』という教育実践の場において現実に使用されている文脈化された話しことばによる相互作用」であると定義できる。「教室」とは学校教育の実践現場の象徴であり，物理的空間，授業や学級など複数の意味を包摂している。また，「現実に使用されている」ことばとは，いわゆる「発言」といった公的な発話だけではなく，つぶやきやふざけ，冗談など教室で生成されるあらゆる話しことばを含んでいる。さらに，「文脈化されたことば」とは，特定の授業や学級の状況において意味の確かさをもち，状況次第で意味が異なる可能性をもつことば，という意味である。

2）　教室談話研究の目的

　教室談話という切り口で教育実践をみることの目的はどこにあるのだろうか。1つには，子どもや教師の現実の発話を対象とし，発話が生成された授業進行や課題解決過程の文脈，活動の形態，学習者集団としての学級の文化や関係性までを視野に入れて，「今－ここ」で生成される言語的相互作用によって成立する授業のありようを明らかにすることである。学校教育の授業では，談話は量的にも質的にも重要な媒介物となっている。例えば，授業においては，始業の挨拶，発問，応答，指名，講義，討論，意見表明，質問，朗読など，様々な機能の発話が生成されることで授業は進行し成り立っている。授業「参加」において，教室談話にいかに参加するか，ということは生徒にも教師にも重大な問題である。

　2つには，個別の学級や授業を超えて，学校教育ならではの談話の構

成がみられることを示し，「教師−生徒」という社会的関係や，秩序に基づく制度的状況，学校でしか通用しない文化の存在を明らかにすることである。主に社会言語学や社会学の会話分析の立場では，「教室」は法廷や医療現場などと並んで特徴的な制度的状況であるととらえられている（好井，1999）。「教室」は日常生活と差異化され，社会的，制度的，文化的に特殊な場所である，ということが強調されたのである。

3） 教室談話研究の視点

　授業はコミュニケーションの過程である。教室談話研究は，教室における具体的な文脈や状況を含むコミュニケーションの状況をリソースとして，教室における学習の社会文化性，教室における社会的関係や政治性，学校教育のもつ制度的特質などを明らかにし，学校教育制度の下での子どもや教師の学習と発達の動的な過程を把握してきた。

　主なとらえ方は，表6-1に示した3つである。1つには，学校や教室という社会的文脈における子どもの学習活動のありようを解明しようとする立場である。学習者の理解や読解のありようが，他者との相互作用で実現されていく過程として描かれた（佐藤，1996；高垣，2009など）。2つには，学校教育の授業特有の談話構造やルールを明らかにし，「教室」という社会的制度的環境の特殊性を明らかにしようとする立場である。談話の組織化過程に「教室」特有の秩序の成立が見いだされること（稲垣，1989；秋葉，1997）が指摘された。また，子どもの学業不振が，家庭と「教室」との言語活動の非連続性によることなど（Heath，1982），教室の内部と教室外の社会との関係も指摘されてきた。3つには，認知や話しことばの研究の一領域として教室談話研究を位置づけ，「教室」場面を例に，人間の知的営みである談話が相互行為としてどう成り立っているのかを明らかにしようとする立場である。例えば，教室

表6-1 教室談話への多様なアプローチ

研究課題	研究上の課題	背景となる理論	教室談話のとらえ方	授業観
学習活動の社会文化性	学校や教室という社会的文脈における子どもの学習活動のありようを解明	ヴィゴツキー理論,社会的構成主義,社会文化的アプローチ,認知心理学	教室談話は個人の知的営為を学級に媒介し,個人間の葛藤を出現させ,調整を行い,合意形成を志向する過程。差異性を尊重しながらより整合性の高い認識へと向かう可能性を対話や相互作用に求める	参加者間の社会的相互作用や社会・文化的状況の諸変数に相互規定されながら行われる。差異のある考えをもっている者同士が言語というコミュニケーションの道具によって「合意形成」に向かう活動。
コミュニケーション規範	「教室」という社会的制度的環境の特殊性を解明	社会学,社会言語学,会話分析,エスノメソドロジー	教室談話は何らかの規範に基づいて生成されており,発話は単なる認知の内的表象ではなく,社会的な行為である	教師と生徒の社会的関係性に基づく社会的規範が生成され運用されている。参加者の行為は規範に規定されると同時に規範を資源として円滑に営まれる。
知的営為としての対話	人間の知的営みである談話が相互行為としてどう成り立つかを解明	言語学,対話論,認知科学,ヴィゴツキー理論,エスノグラフィー	教室談話は対話的特質をもち,話し手と聞き手の関係性や文化的文脈に基づく多様な「声」から成り立つ	数十人の潜在的な話し手と聞き手が出会い,いくつもの「声」が飛び交う場。

談話において「発話の型」の使い分け(茂呂,1997;岡本,1997;藤江,2000a)や,挙手をするか指名されるかといったような談話に発話を参入させる手続き(藤江,1999),タイミングやテンポ(Erickson,1996)を手がかりにして,参加者が相互に状況を判断し聞き手になったり話し手になったりしながら談話を進行させていくことで成立する過程自体を知的な営みとしてとらえるのである。

2. 教室談話と学習

1) 媒介された学びとアプロプリエーション

教室談話と子どもの学習との関係を考える上で示唆的なのが,ロシア

の心理学者ヴィゴツキー（Vygotsky, L. S.）の論である。ヴィゴツキーは，人間の発達において道具が重要な役割を果たすと考えた。活動の主体と対象との間が道具によって「媒介されている」ことが人間の特徴であるというのである（図1-3参照）。ここでいう道具とは，筆記具や食具のような道具に限らない。ヴィゴツキーが人間の学習や発達という点からとりわけ重視したのが「言語」で，ほかの道具と区別するために「心理的道具」とよんだ。心理的道具には，言語のほかに，記数法や計算の形式，記憶術，図表，地図などがある。心理的道具に媒介されて環境に立ち向かう人間の心理活動は，環境に変化を与える。それと同時に，人間は道具の使い方に慣れたり習熟したりして用い方を変えたり，自分自身の行動や思考を変化させ，それをより合理的なものとする。

　さらにヴィゴツキーは，このような心理機能は，人間に生得的に備わっているものではなく他者との相互作用のなかで発生することを強調した。すなわち，媒介物である言語や記号は，はじめは人間にとっては外的刺激の一種であり，コミュニケーションを通して他者から与えられる。それがやがて精神内に取り込まれて心的活動の構成要素となる。ヴィゴツキーの考えを受け継いだアメリカの心理学者ワーチ（Wertsch, 2002）は，このような，半ば他者のものであった心理的道具を使用しつつ新しい意味を付与してわがものとして用いるようになる学習のありようを，道具の使用に習熟する過程とは区別して「アプロプリエーション（領有）」とよんだ。表6-2の事例（Wertsch & Toma, 1995）では，マッチャンがミエやユウコの発話を引用しつつ自らの発話を構成している様子が見てとれる。ユウコの意見を用いながらミエの意見に反論するという自らのオリジナルな発話として主張を組み立てているマッチャンの発話にはユウコやミエの声が反映されているのである。

　ワーチ（Wertsch, 1995）は，人間の行為について考える際には「媒

表6-2　日本の小学校理科授業のアプロプリエーションの例
　　　　（Wertsch & Toma, 1995）

教師：
　(1)　はい，マッチャン。
マッチャン：
　(2)　えっと，ミエがさっき言った意見についてです。（黒板に向かって歩く）
　(3)　ユウコが前に言ったように，なんかこういうときに（シーソーの絵を描きながら），ユウコがこっち側に座って…うーん。
　(4)　ユウコの妹がここに座ったと考えたでしょ。
　(5)　それで彼女［ユウコ］は，ある程度のバランスをとれると言ったでしょ。
　(6)　もしそうなら，ミエが言ったように…えっと例えば，ユウコがここに座ってユウコの妹がここに座っても，または，ここでも，ここでも［シーソーの中心から異なった距離にある座るところを指さして］，ぜんぜん違いがないことになるのよ，あの［ミエの］意見では。
　(7)　だから，それ［ミエの意見］は違うと思います。

（丸括弧および角括弧ともに原著者による）

介-手段を-用いて-行為する-（諸）個人」を単位にすべきだと述べる。そして，媒介物としての道具の特徴や用いられ方に影響を与えるものとして，主体である人間の個人的要因だけではなく，文化的，歴史的，制度的要因にも目を向けるべきだと主張する。例えば，学校教育においては，科学的なことばや思考や探究といった学校教育制度に特有の様式でもって教科の内容を学ぶ。子どもは科学的なことばや探究の手続きを用いて教材に働きかける。このことは図1-3に示した三項関係で説明できる。さらにことばや手続きを用意したのは教師であるし，さらにその背景には科学的なことばや思考や探究の様式を用いて学ぶことをよしとする制度的な学校の文化がある。例えば，磯村（2007）が明らかにしているように，小学校低学年の教室において，教師が，子どもの発話に

際して「みんな」を宛先として発話するように，言語的非言語的に介入し子どもが修正をするという場面がしばしば見られる。これは，教室においては教師から発せられた問いかけに対して，発信元の教師に返すのではなく，学級のみんなに向けて発話する，つまり，一対多の対話を成立させるという参加のあり方を獲得することを促しているし，そのことが，一対多の参加構造という状況を生成している。また，教師による子どもの発話の復唱には，子どもの発話への暗黙的な評価や，授業を進行させるために教師が発話の主導権を掌握する機能があることが明らかになっている（藤江，2000b）。教室談話は，授業において，子どもの学習を支援することと共に，組織的な学習という文脈を生成させているのである。以上のような点で言語は「文化的道具」であるといえるであろう。このように，人間の活動は，文化的道具によって媒介されている。その文化的道具は特定の文化のなかで作り出されて用いられる。さらに文化的道具の意味は特定のコミュニティの成員の間で共有されている。人間の学習は，文化的道具に媒介されて対象との間に関係を築くこと，そして，自己と対象，そして文化的道具との三項関係のなかで心的な変容を遂げることであるといえるだろう。

2）多声的空間としての教室談話

では，学習主体としての個人の学習は，社会的文化的状況においてどのようにとらえることができるだろうか。ロシアの記号学者バフチンによって示された「声」という概念に着目したい。バフチンによれば，「声」とは，字義通りの音声言語だけはなく，発話を産出する発話主体の人格や意識を指しており，発話に表情や志向性を付与する。他方で，先にみたように，発話は本質的に他者のことばや考えを借用するところから成り立つし，発話は聞き手や次の話者などの他者を措定して産出される。

つまり，ワーチがバフチンを参照しつついうように，発話を産出する「声」は，主体の意思や志向，それを表現するアクセントのみならず，主体が発話する相手や場面の意思や志向，アクセントを反映している。1つの発話は，その中に発話が向けられた対象としての他者の「声」を存在させており，その意味で対話的であるといえる。例えば，授業中の子どもの発話は，その子ども自身の意思や志向に加えて，発話が向けられている他の子どもや教師の視点や意識としての声も取り込んでいる。

さらにバフチンは，小説とは，作者，語り手，登場人物などの多様なことばが「管弦楽」的に豊かに響き合うものであると論じている。このような，複数の声が飛び交う状況を示すのに「多声」ということばが使われている。教室談話においても，授業における言語使用や参加のありよう，意思の表出の多様性を「多声」的状態であるととらえることができるだろう。

教室談話研究においては，授業の参加者による課題解決の遂行や学級内での関係性への対応に応じて多声的であることが示されてきた。例えば，教室には教科の学習において教師が導入する「科学的概念のレジスター」と子どもの学校外での経験に根ざした「生活経験に基づくレジスター」（ワーチ，1995）や，教科書の内容を学ぶ「共通語」と自らの生活経験を思い返す「方言」がみられる（茂呂，1991）。このように言語的な多様性がみられる状況が暗示するのは，現実世界の表現に複数のあり方があること，ある特定の社会文化的状況とある種の会話や思考活動の形式が結びついていることである。科学的概念や共通語の使用には，制度的な教育において科学的な内容を習得させるという公教育の論理があり，生活経験や方言を退けている可能性がある。他方で，子どもの生活経験をうまく引き出すことで学習内容への認識の豊饒化や授業の活性化を図ることが可能かもしれない。子どもも自分なりの課題内容との関

わり方や課題解決の進め方に応じて，発話の内容やタイミングをはかったり，学級内の居場所作りのあり方に応じて，発話の相手や内容を選択している。それぞれの子どもの，授業への自己定位の仕方が，教室談話を多声的にしている。

　多声的空間として教室談話をとらえると何が明らかになるだろうか。1つには，個人の発話生成と集団としての談話の過程との相互性である。個々の子どもの発話行為は，社会文化的状況としての学習集団の談話の内容や展開の影響を受ける。同様に，子どもの個別的な発話行為の反復によって，談話の展開自体が変化したり，新たな談話のパターンが生まれ，状況自体が更新される。2つには，個人の学習活動に基づく発話の内容やタイミングの差異が，集団としての談話過程を活性化するという関係性である。例えば，討論場面において，話し合いの初期に問題提起的な発言をする子どももいれば，ほかの子どもの意見を整理し，焦点化の役割を担う子どももいる。また，話し合いの展開上重要なカギとなる発言を行う子どももいる。このように，個人としての学習活動の展開の過程で，どのように他者との相互作用を利用するかが，学級の話し合いのなかで果たす役割の差異としてあらわれる。学習活動における参加者間の発話行為の差異が，学級としての談話の進行を促進している可能性がある。このように多声的空間として教室談話をとらえることで，授業を，多様な価値，文化，慣習その中を生きる多様な人間の出会いや軋轢が生まれる言語空間としてとらえる可能性が開ける。

3） 授業より

　事例（表6-3）は，小学5年社会科「日本の水産業」の授業で，「養殖ハマチ出荷時の心配事を考える」という課題の解決場面である（藤江,1999）。園田，矢野という二人の男児の発話に着目してみたい。教師は,

表6-3 小学5年社会科「ハマチ養殖」発話記録（抜粋）

　子どもには，ハマチ養殖についてのワークシート「ハマチ養殖の秘密を発見しよう」が配布された。ハマチ養殖の仕事の各段階についての4つのイラストが，養殖の作業手順とは無関係に配置されていた。それぞれのイラストには説明文が付されていたが，どれもが未完成のものであった。子どもは，養殖の作業手順に従ってイラストに番号を付し，未完成の説明文を完成させるという課題に取り組んだ。そのうちの4番目のイラストの説明文は「……いよいよ出荷です。でも，心配なのは，　　　」と表示されており，子どもは，「心配なのは」に続く文を考えている。すなわち，「養殖ハマチの出荷に際して生産者が心配していることは何かを考える」という課題に取り組んでいる。

教　師	園　田	矢　野	そのほかの子ども
出荷で何が心配なんだろう？	腐る？		
腐る？			
食べられるかどうか。			片山：食べられるか。
何が？		痩せる。へへへ。	
		だ，あれあれ，ハマチ。へへへ。	
ハマチが？			
ハマチが食べられるかどうか。			
心配。何が心配なんだろうか。	魚が死んじゃってないか。		
ああ，死んじゃってないか？			共食いしちゃうかも。
[中略：教室下のプールで音楽が流れると，子どもたちはそちらを注目し，授業は中断する]			
食べられるかどうかっていうのはね，どういうことなの？	腐ってる。		
腐ってたら困る。			
腐ったら，食べられないことは？		なんか毒っつうか，食中毒っつうか。	
起こしてたら，どうなるの？		死ぬっつうか。	原田：死ぬ。
誰が？		オレ。食べた人が。	C：人間。

教　師	園　田	矢　野	そのほかの子ども
			原田：終わっちゃうの人生。
ってことは，この育てた人たちにとってはどうなるの？	つくった意味が。		
		あれ，犯罪っていうか。	
			C：だから，そのために調べるんじゃない。
つくった意味がない。そういう魚だったら。逆に，この魚たちはもってったらだめだってことが，わかったら。どうするわけ？どうしちゃう？出荷できるの，できないの？出荷っていうのはそれを獲って市場へ運ぶこと。できない。市場へ運べないってことは，その魚は？			
	育てた意味がない。		
育てた意味がない。どうして育てた意味がないの？			
		だって，捨てられちゃうんじゃないの。捨てられちゃうから。	
ここまで育てるために，費用がかかってる。儲けようと思うのに売れないんじゃあ。心配なのはそういうことなんですね。			
		心配なのは，えーっと。心配なのは。	
なんだろう。なんだろうな。魚が食べられるのか，売れるかどうかですね。			

凡例：子どもの名前は仮名。Cは発話者不明の子ども。下線部は両義的なタイプの発話。

ハマチ養殖の仕事について「働く人の姿に気づかせたい」と考えており，本時も生産者の立場からの課題解決を願っていた。

　それに対して，事例の後半部分で，矢野は「食べた人が食中毒を起こして死ぬと育てた人は犯罪者になる」と，消費者の立場から解決しようとしている。一連の発話内容は本時の課題解決の文脈に沿っているが，消費者の視点で「死ぬ」，「犯罪」など誇大で飛躍した表現を用いており「両義的」である。他方，園田は，発話頻度は少ないものの，「生産者にとっての心配なこと」を探ろうと，教師の発問にうまく追従するように発話をしている。矢野が両義的な発話を生成したのは，自身の生活経験や学習経験において直接的間接的に食中毒に接することがあったからかもしれないし，この場面の前半で「心配する」主体を曖昧にしたまま談話が展開しているからかもしれない。あるいは，知識や学習成果をあからさまに表出することで生じるほかの子どもとの軋轢を軽減する意図があったかもしれない。園田が教師の問いかけに沿って発話を生成したのは，教師の提示する課題を把握していたのかもしれないし，課題の把握に至らないまでも，教師の暗黙的な発話要求に忠実に応答した結果として，教師の論理展開に立つことになったのかもしれない。

　教師は，ハマチ養殖の仕事について「働く人の姿に気づかせたい」と考えていたが，「消費者の視点から」の矢野の発話をふざけとは断定してはいない。矢野の発話を繰り返したり，自らの発話に引用しながら「心配する」主体は誰かを問い返したり，園田の発話を利用しつつ談話を軌道修正している。矢野と対話を続けつつ教師のねらいに授業の展開を戻すタイミングを計っている。

　事例では，消費者の立場からの発話と生産者の立場からの発話という多声的な談話空間がみられた。いずれもそれぞれの男児が自分を授業に定位させるために生成した発話が結果的につくりだしたものといえる。

教師は，授業の展開において園田の発話を引用し矢野の発話を受容しつつ修正しようとした。これらのやりとりが，結果として学級全体に対する教師が願う課題解決への方向づけとなっている。子どもたちは，やりとりを通して課題解決の方向性に気づくとともに，生活レベルの認知を学習主題としての養殖漁業に拡張させているのである。

3. 教室談話研究の新たな展開

1） 協働的な認知過程の微視的研究

　主として科学教育の授業場面において，個人間における科学的概念の協働的な構築がどのようになされているのか，を微視的にとらえようとする研究においても，教室談話への着目がみられる。とりわけ，教師の求める答えを探り発話していくような，クローズドシステムとしての従来の談話構造に対して，学習者間の創造的・対話的な，オープンシステムとしての科学的談話の過程についての研究が進められている。

　高垣（2009）は，相互作用のある対話（Transactive Discussion：TD）の質的分析枠組み（Berkowitz & Gibbs, 1983）を用いて，小学4年生を対象に，理科の「作用反作用」概念学習における話し合い過程を分析している。その結果，「対話者間の相互に関連しない単一の理由を述べる」→「自己の主張や他者の主張を関連づけたり，精緻化したりする」→「自己の主張が他者の示した主張と相容れない理由を述べながら，反証する」→「互いの主張を理解し，共有基盤の観点から説明し直す」という相互作用のスタイルの変化を経て，知識の協働的構成がなされたという。

2） コミュニケーションルールの獲得

　授業観察に基づいて，教師や子どもが意識的無意識的に習得し用いている会話のグラウンド・ルールを明らかにしようという研究である。グ

ラウンド・ルールとは「相互の主張や発話内容，発話の意図を正確に理解するために，厳密な言語学的知識に加えて会話の参加者が保持していることが必要となる，暗黙の語用論的知識」(Edwards & Mercer, 1987) のことである。例えば，松尾ら (2008) は，小学6年生の学級において「自分なりの考えを大切にする」，「自分の立場にこだわる」，「話し合いの中で考えをつくる・変える」というグラウンド・ルールがみられることを明らかにしている。そして，子どもへのインタビューから，グラウンド・ルールの意味づけが変化しうる，つまり授業における協働的な学習を促すグラウンド・ルールの習得を導く授業の特徴として「視点の違いをもとにした学びの深まり」，「思考を展開する主体の変化」を指摘している。子どもは授業における学習深化のための話し合いのルールを授業の展開の中で身につけることが示されている。また，比留間ら (2008) は，公立小学校において，学習者が協働的に問題解決を進めるためのグラウンド・ルールを教師とともに作成し，授業に導入するという教育的介入研究を進めている。

　教室談話研究は，その特徴を明らかにすることから，子どもの学習環境のあり方を明らかにし，構築していくことに資するものとなりつつあるといえよう。

演習問題

1. 自分が今まで参加してきた授業場面をふりかえって，どのような点で多声的空間であったといえるか，考えてみよう。
2. 授業など何らかの学習場面における談話の過程を観察・記録し談話を通して参加者がどのようなことを学んでいるのかを解釈してみよう。

参考文献

茂呂雄二（編）（1997）『対話と知：談話の認知科学入門』新曜社

N. K. Densin, & Y. S. Lincorn（Eds.）（2006）平山満義（監訳）『質的研究ハンドブック』第1巻〜第3巻，北大路書房．

秋田喜代美・藤江康彦（編）（2007）『はじめての質的研究法：教育・学習編』東京図書．

引用文献

1) 秋葉昌樹（1997）「順番のスムーズな形成を妨げる左手：学校保健室での〈養護教諭-生徒〉相互行為における対応の順番」山崎敬一・西阪仰（編）『語る身体・見る身体』ハーベスト社，pp.214-234．

2) 秋田喜代美（1998）「談話」日本児童研究所（編）『児童心理学の進歩：1998年版』金子書房，pp.53-77．

3) Berkowitz, M. W., & Gibbs, J. C.（1983）Measuring the developmental features of moral discussion. *Merrill-Palmer Quarterly*, 29, 399-410.

4) Edwards, D., & Mercer, N.（1987）*Common knowledge : the development of understanding in the classroom*. London：Methuen/Routledge.

5) Erickson, F.（1996）Going for the zone : the social and cognitive ecology of teacher-student interaction in classroom conversations. In D. Hicks（Ed.）, *Discourse, learning, and schooling*. New York：Cambridge University Press. pp.29-62.

6) 藤江康彦（1999）「一斉授業における子どもの発話スタイル：小学5年の社会科授業における教室談話の質的分析」『発達心理学研究』10，125-135．

7) 藤江康彦（2000a）「一斉授業における教師の「復唱」の機能：小学5年の社会科授業における教室談話の分析」『日本教育工学会論文誌日本教育工学雑誌』23，201-212．

8) 藤江康彦（2000b）「一斉授業の話し合い場面における子どもの両義的な発話の機能：小学5年の社会科授業における教室談話の分析」『教育心理学研究』48，

21-31.

9) Heath, S. B. (1982) Questioning at home and at school：a comparative study. In G. Spindler (Ed.), *Doing the ethnography of schooling : educational anthropology in action.* New York：Holt, Rinehart & Winston. pp.102-129.

10) 比留間太白・伊藤大輔（2008）「日本の学校文化において創造的協働活動を創出するための活動システムの開発」関西大学人間活動理論研究センター『CHAT Technical reports』7，63-74.

11) 稲垣恭子（1989）「教師－生徒の相互行為と教室秩序の構成：「生徒コード」をてがかりとして」『教育社会学研究』第45集，123-135.

12) 磯村陸子（2007）「教室談話を介した学習の変容過程の記述分析」『はじめての質的研究法：教育・学習編』東京図書，pp.163-182.

13) 川嶋太津夫（1994）「ディスコース研究のディスコース：ディスコース研究の可能性を求めて」『教育社会学研究』第54集，61-82.

14) 松尾剛・丸野俊一（2008）「主体的に考え，学び合う授業実践の体験を通して，子どもはグラウンド・ルールの意味についてどのような認識の変化を示すか」『教育心理学研究』56 (1)，104-115.

15) メイナード・K・泉子（1997）『談話分析の可能性：理論・方法・日本語の表現性』くろしお出版.

16) 茂呂雄二（1997）「発話の型：教室談話のジャンル」茂呂雄二（編）『対話と知：談話の認知科学入門』新曜社，pp.47-75.

17) 茂呂雄二（1991）「教室談話の構造」『日本語学』10 (10)，明治書院，4-12.

18) 岡本能里子（1997）「教室談話における文体シフトの指標的機能：丁寧体と普通体の使い分け」『日本語学』16 (3)，明治書院，39-51.

19) 佐藤公治（1996）『認知心理学からみた読みの世界：対話と協同的学習をめざして』北大路書房.

20) 高垣マユミ（2009）『認知的／社会的文脈を統合した学習環境のデザイン』風間書房.

21) Wertsch, J. V. & Toma, C. (1995) Discourse and learning in the classroom：a sociocultural approach. In L. F. Steffe & G. Gale (Eds.) *Constructivism in education,* NJ：Lawrence Erlbaum Associates. 159-174.

22) Wertsch, J. V.（著）田島信元・佐藤公治・茂呂雄二・上村佳世子（訳）（1995）

『心の声:媒介された行為への社会文化的アプローチ』福村出版.
23) Wertsch, J. V.(著)佐藤公治・黒須俊夫・上村佳世子・田島信元・石橋由美(訳)(2002)『行為としての心』北大路書房.
24) 好井裕明(1999)「制度的状況の会話分析」好井裕明・山田富秋・西阪仰(編)『会話分析への招待』世界思想社,pp.36-70.

7 リテラシーの習得と談話コミュニティの形成

秋田喜代美

《学習のポイント》 教科にはその教科の内容固有の思考様式や記号表現概念がある。子どもたちはそれをどのような過程を通して学んでいくのだろうか。またこの過程に影響を与えるのはどのような要因だろうか。本章では，数学リテラシーを中心にして，教科の内容知識だけではなく，この思考様式や語り口を学んでいく。

《キーワード》 リテラシー，談話コミュニティ，教師の実践的知識，教科書，インスクリプション，立ち戻り

1. 学力としてのリテラシー

「3R's 読み書き算術」と言われるように，学校は子どもたちにリテラシーを教育する機能を担っている。ユネスコの学習権利宣言（1985）によれば，「学習権とは，読み書きの権利であり，問い続け，深く考える権利であり，想像し，創造する権利であり，自分自身の世界を読みとり，歴史をつづる権利であり，あらゆる教育の手だてを得る権利であり，個人的・集団的力量を発達させる権利である」と述べられ，学ぶ権利の中核に読み書きが位置づけられている。そして，「リテラシーとは読み書き能力だけではなく，大人になって経済生活に十全に参加するための職業的，技術的な知識を含む概念」と定義されている。つまり，文字の読み書きだけに限定するのではなく，人が自立して社会生活を営んでいくための必要最小限の国民的教養ととらえることができるだろう。数学リ

テラシー，科学リテラシー，社会リテラシー，メディアリテラシーというように，リテラシーという言葉は学問固有の記号を読み書きできるだけではなく，近年ではより幅広い意味あいを持って使われるようになってきている。経済協力開発機構（OECD）の「生徒の学習到達度調査」（PISA）では，数学的リテラシーという言葉を「数学が世界で果たす役割を見つけ，理解し，現在および将来の個人の生活，職業生活，友人や家族や親族との社会生活，建設的で関心を持った思慮深い市民としての生活において，確実な数学的根拠に基づき判断を行い，数学に携わる能力」と定義している（国立教育政策研究所，2004）。学校教育はさまざまな教科を通して各教科リテラシーを育てているということができる。

2. 談話コミュニティの形成

では数学リテラシーには，どのような能力が含まれるだろうか。OECDでは，学校教育と生活経験を通じ生徒が数学を行う過程を図7-1に示し，数学化（数学を行う）サイクルと呼んでいる。問題を解くだけではなく，現実の問題を数学的に捉える過程などの5下位過程を含む循環的なサイクルが数学を行うことには含まれている。同様に，全米数学協会（NCTM）は数学能力を8つにわけ，「思考と推論」「論証」「コミュニケーション」「モデル化」「問題設定と解決」「表現」「記号言語・公式言語，技術的言語・演算を使用すること」「支援手段と道具の使用」を挙げている。そして「コミュニケーション」を評価する視点として，「コミュニケーションを通して，数学の考えを話す，書く，やってみせる，視覚的に描くことによって表現する」「描かれた，話された，視覚的形式で表現された数学の考えを理解し，解釈し，評価する」「数学用語，記号を使う，考えを表現し組み立てる，関係，模範的場面を記述する」の3点を挙げている（能田・清水・吉川，1997）。学校数学は

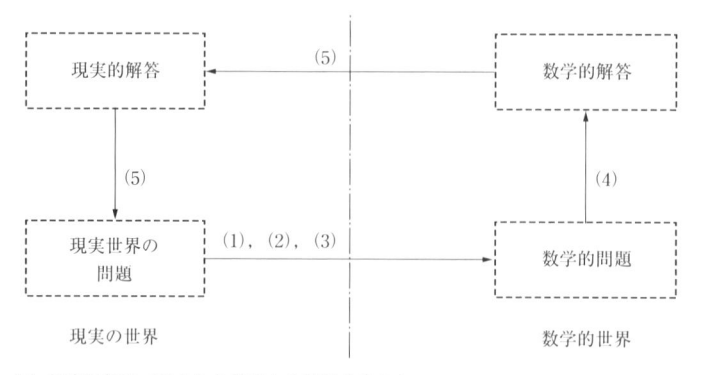

```
  ┌──────────┐      (5)       ┌──────────┐
  │ 現実的解答 │ ◄──────────── │ 数学的解答 │
  └──────────┘                └──────────┘
       │                            ▲
       │(5)                     (4) │
       ▼                            │
  ┌──────────┐                ┌──────────┐
  │ 現実世界の│  (1),(2),(3)   │ 数学的問題│
  │   問題   │ ─────────────► │          │
  └──────────┘                └──────────┘
   現実の世界                    数学的世界
```

(1) 現実に位置づけられた問題から開始すること。
(2) 数学的概念に即して問題を構成し，関連する数学を特定すること。
(3) 仮説の設定，一般化，定式化などのプロセスを通じて，次第に現実を整理すること。それにより，状況の数学的特徴を高め，現実世界の問題をその状況を忠実に表現する数学の問題へと変化することができる。
(4) 数学の問題を解くこと。
(5) 数学的な解答を現実の状況に照らして解釈すること。これには解答に含まれる限界を明らかにすることも含む。

図7-1　数学化サイクル（PISA, 2003；国立教育政策研究所，2004）

所与の数学の問題を解く授業と捉えられがちである。だが，数学を行うのに必要な能力は，数学の手続き知識や概念知識のみではなく，その知識を活用して思考や推論をしたり数学的な談話をする心の習慣をつけることであり，数学理解や行動の手段を獲得することと考えられている。図7-2は全米数学協会（NCTM）の基準を表現したアメリカのジョージア州で考えられた数学学習の3次元モデルである。この図をみると，数学的な活動を通して，数学の様々な概念や内容に関する理解がもとめられていることが読み取れるだろう。

　TIMSS（国際数学・理科教育動向調査）の国際比較数学授業ビデオ調査（Hiebert et al., 1999）の分析結果によれば，中学2年生の数学授業では7カ国いずれの国においても，平均すると教師は生徒の8倍の発

話量を話しているという結果が出ている。しかしリテラシーの習得を考えると，基礎知識を習得した後では，生徒相互がその知識を活用しながらコミュニケーションし，理解をさらに深めていく授業の構成が必要であることは明らかである。アメリカ教育省が 2008 年に出した『成功への基礎』という国家の数学改善の方向性に関する報告書でも，仲間や教師とのやりとりという社会的，感情的サポートが数学の遂行に重要である点が指摘されている（National Mathematics Advisory Panel, 2008）。数学的思考は数学者が数学者コミュニティで行っているように，教師間のコミュニティでまず議論された単元や授業の指導計画が，授業では学習環境に支えられて教師や仲間との数学的な語り口を通して培われる（Lampert & Blunk, 1988）。各教室では，教師と生徒達の間の参加者相互の関係によって，特定内容の学習を核にして学級固有の談話スタイルが形成されてゆき，学級という学びあう談話コミュニティが形成される。そしてその学級固有の談話スタイルを基盤にしながら，各教科独自の思考や推理のスタイルという考え方や表現の仕方を習得し，教科リテ

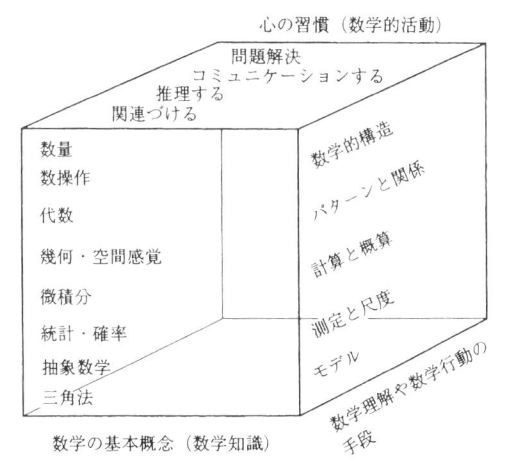

図7-2　学びの3次元モデル（Georgia Framework, 2006）

ラシーを習得していく。教師は同僚教師や地域の指導主事，先輩教師達と共に授業の教材等を学び合い，そしてその教材内容や学習環境をデザインして授業を実施する。そして授業においては，生徒と教師が環境や教材内容との間に相互にコミュニケーションを生み出していく。したがって，授業において数学的思考や推理をひきだすコミュニケーションのあり方とその思考が引き出せる課題や環境を準備することが必要になり，そのための教師の実践的知識の深さとコミュニケーションを組織する方法が問われてくる。

3. 談話コミュニティを方向付ける教師の実践的知識と教科書

数学リテラシーを指導するための数学的知識は，図7-3のように表すことができる（Ball, Thames & Phelps, 2008；Ball. 2009）。左側は，教師が数学をできる，わかるという知識であるのに対して，右側は生徒がその内容をどのように理解しているのかを推測できる知識であり，その内容をどのように指導していったらよく理解できるかという知識であり，それらはカリキュラムのデザインによって方向付けられるものであ

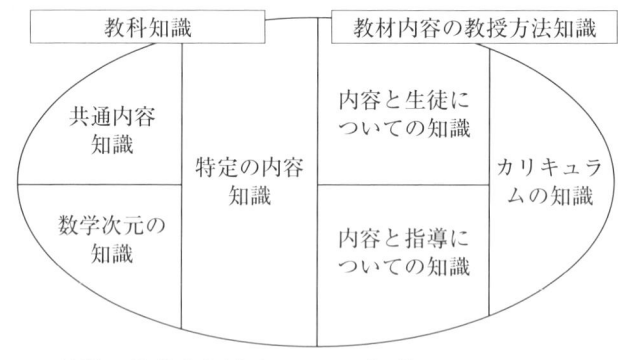

図7-3 算数・数学を指導するための知識 (Ball, Thames & Phelps, 2008)

る。たとえば 2÷2/3 という問いが出されたとしよう。2÷2/3＝2/1÷2/3＝6/3÷2/3＝3/1＝3 という解決をある子どもがしたとする。「この式では何が起きているのか」が他児にもわかるように相互に説明しあい，「なぜ分母分子を逆さにしてかければよいのか」「このやり方はすべての分数の問題においてうまく機能するのか」「図であらわせばどのように表し解釈できるか」を，具体物，半具象物，数直線図などの数学固有の表現など，図7-4のような様々な表現様式から考えていくことができることが求められる。

　Ma (1999) は，中国とアメリカの小学校教師に，たとえば図7-5のような生徒の誤りに対してどのような知識を用いてその誤りを説明し，またその生徒に対する指導を具体的にどのようにするかというような面接を行うことで，図7-3の図で言えば，左側にあたる教師自身の知識と右側の指導法の知識の関係を明らかにしようとしている。誤りの原因として多数桁の計算の手順が違うことにのみ言及する教師は，生徒への説明においてもやり方の説明だけをすると答えるのに対して，桁概念や分配法則の理解という数学概念で誤りを分析して言及できる教師は，指導

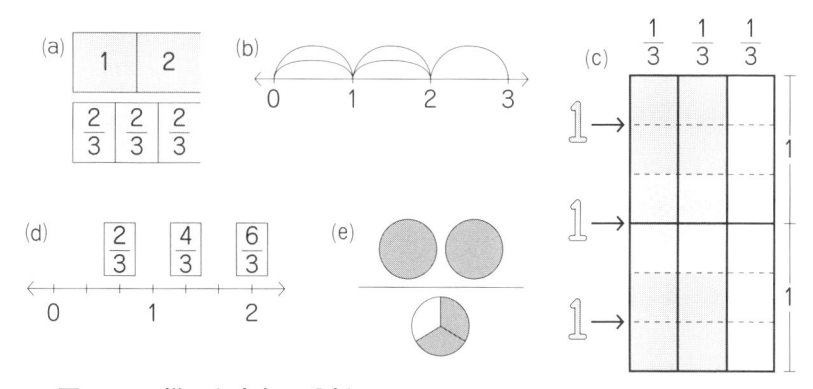

図7-4　様々な表象の分析
　　　　2÷2/3 を表していると解釈できるのはどれか：表象を分析する

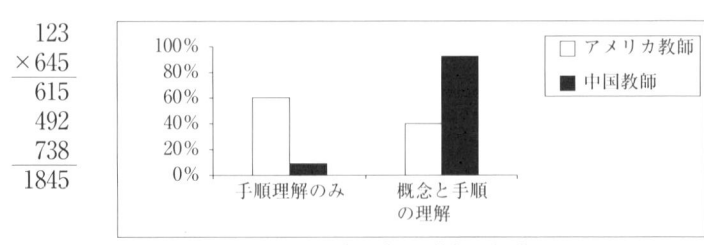

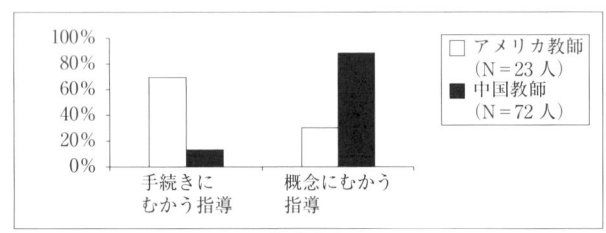

```
  123
× 645
─────
  615
  492
  738
─────
 1845
```

図7-5 生徒の誤答の説明と指導方略のアメリカと中国の比較 (Ma, 1999)

においても生徒の誤りを生かし，概念理解を精緻化し深めていく指導法が提案できること，二国間で調べるとアメリカにおいて前者が多く，中国で後者が多いというような，教師の実践的知識の相違が生徒側の数学能力に影響を与えているのではないかということをアメリカと中国の比較文化研究から示している。

また Ma（1999）や National Mathematics Advisory Panel（2008）は生徒の学力の背景には，教師個々人の実践的知識だけではなく，カリキュラム構成や教科書編成のあり方が媒介している点も指摘している。東アジアの国々は国際学力テスト TIMSS や PISA では数学学力テスト特点の上位国であるが，各国の数学観によって，教科書のあり方も異なっている。河野（2009）は小数乗法の同一単元について日本とシンガポールの複数社の教科書を比較し，日本では複数解法を提示したり説明や検討を要求する設問が記載され，図的な表現は数量関係を示すモデル

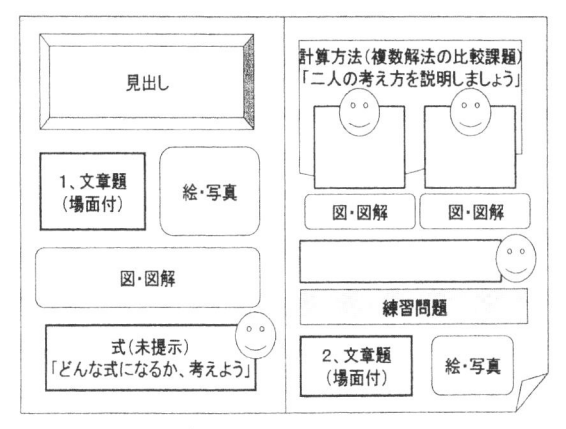

教科書レイアウト例：日本

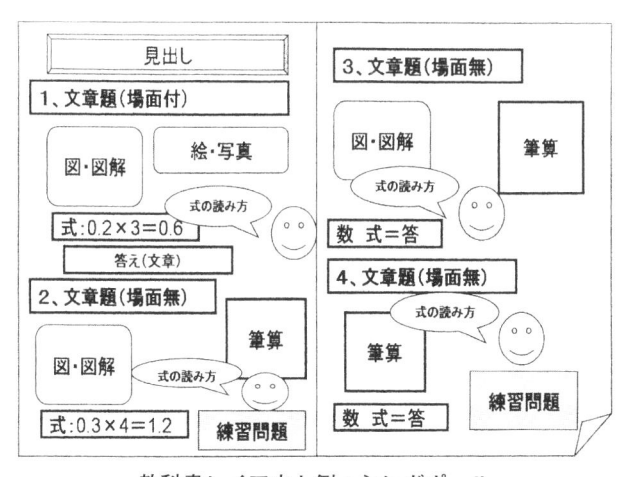

教科書レイアウト例：シンガポール

図7-6 小学校算数教科書レイアウト例の日本とシンガポールの構成の相違（河野, 2009）

となって使われていること，一方シンガポールでは文章題の出題には数式，筆算，モデル図，英語文章での答えが定型的に記載され使用される図的表現も簡潔である点を指摘している。図7-6のようなレイアウトが各々の国での典型的な配列になっている。シンガポールでは，モデルとなる図式表現や解法が提示され，それらを効率的に学ぶことを繰り返す形式であるのに対し，日本では複数の解法を通して話し合いながら意味の理解を深める構成になっているといえる。学校での教科のコミュニケーションやそのために使用される教材は，社会文化により歴史的に規定されてきている。学級，学校，国や社会の文化により，同一内容を導くコミュニケーションやインスクリプション（書き言葉や図式での記録表現様式）もまた異なっている。この点を自覚的に捉えることが新たな授業の可能性を開くといえるだろう。

4. 思考を促す教室コミュニケーション

教室においては，学校算数としてフォーマルな教科のリテラシーについて教師が適切に教えることと，生徒が日常生活経験の中で生み出してきているインフォーマルな算数の中から練り上げ考えていく部分の両面が，能動的に相互に学び合いながら授業を形成するために求められる。したがって，このバランスを内容や生徒の実態に応じていかにとって授業を展開するかが問題になる。図7-7は，教室のコミュニケーションの2つの大きなありかたを示している（Barnes, 1976）。伝えることが優位になれば，教師の仕事は生徒の答えの評価者となり，生徒はきちんとした答え（最終稿）を言うことを重視する。この場合には，学校のみで通用する学校知という文脈では適切に使用されるが，生活へのつながりやより高次な探索は生じにくい。一方，相互に生徒の考え方を解釈しあって自分たちで知識を構築していく過程と授業を捉えるならば，教師

```
        ┌──────────────┐     <教室のコミュニケーションシステム>      ┌──────────┐
        │知識に対する教師の│                                        │奨励される│
        │見方          │                                        │学習      │
        └──────────────┘                                        └──────────┘
                          教師の役割      生徒の役割
公共の学問原理    ⇔    伝達       ⇔   プレゼンテーション ⇔  分断された
                     （評価優位）     （最終稿）           （学校知）
      ⇕                ⇕              ⇕                    ⇕
解釈する学習者の  ⇔   意味の交渉   ⇔   協働           ⇔   日常生活と関連した能力
共同での意味構成     （応答優位）     （探索的）           （行為の知）
```

図7-7　教室における知識・コミュニケーション・学習の関連性
(Barnes, 1976)

はこの意味の交渉を組織し，生徒が協働しあう中で応答する役割を担うことになる。この場合には，生徒は仲間の考えを聞き合いながら自分の考えを作り出していくために，たどたどしく探索的な言葉を使用することになる。それは日常生活と関連したり，教科内容をより高次に探究することにもつながることがある。この2つのコミュニケーション様式は二項対立ではない。子どもの思考を促すという視点から教室談話をみると，いくつかの段階に分けることもできる（Fuson, Kalchman & Bransford, 2005）。第一は，教師が発問し，一人の生徒が答える，その回答の成否に焦点があてられて，教師が説明や質問をし，授業を進めるというT-C（教師―生徒）連鎖によって形成される談話である。この場合には，生徒は自分で問題を解く時には思考するが，後はあっているかどうかだけになる。第二は，指名した生徒の答えの背景にある思考や解き方を教師が吟味して話すようなT-C談話である。ここでは教師の説明によって，生徒は他生徒の解法を言葉では理解できる。けれども，自分の解き方と関連付けて考えるよりも，受け入れる形になりやすい。第三は，生徒たちが発言を通して，できるだけ多様な考え方を相互に語り合い，教師はそれらを整理し，生徒が吟味できるよう組織化していく談

話である。1つの課題を一方法で解くだけではなく，解法の吟味過程によって，解法過程を再度理解し直したり，比較吟味することができる。そして第四は，生徒が自分の考えを正当化したり，相互に質問したり援助することによって，授業が進められていく談話である。このためには，生徒たち自身が数学の授業で話し合うのはどのような時で何を話し合えばよいかを理解している必要がでてくる。

表7-1は，小学校算数授業で子ども達が相互に意見を述べながら理解を深めている場面を示したものである。またこのような話し合いは，個々人がその問題についての知識や解法をある程度わかっていることによって，初めて可能となる。基本的知識がない段階で問題を解き，話し合うように求められても，有効に機能しない。数学での話し合いが効果的に機能するのは，生徒が熟慮することを必要とし，生徒自身が考えてみようとする課題である。教師が出した問題を生徒が自分の考える課題として受け入れたり，提出された問題から自分の考えるべき課題が出てきた時に，生徒たちは発言の必要性を感じ始める。

そして生産的な会話を行うためには，会話が連鎖し精緻化されることが必要である。Cobb（2002）は，計算の仕方や手順，スキルを中心に語る手続きの談話と，内容に関する証拠や理由，裏づけを語る概念の談話では，後者の談話が数学の理解をより深めていくことを指摘している。a 復唱して「つまりあなたの言っていることはこういうことかな？」と教師が繰り返したり，b「彼の言ったことを自分の言葉で言ってみてくれる？」と生徒に復唱してもらったり，c 他者の発言と関連づけ推理するように，「つまり，あなたは＊さんに賛成なの？反対なの？そのわけをきかせて」と言ったり，d さらにその内容について，皆に参加して精緻化するように「つけたしする人いない？」といった促しをしたり，e 考えるために待ち時間を活用して「もうちょっと，そのことについて

考えてみてくれる？」などの言葉をかける会話が，生徒の思考を深めるのに生産的な思考のための手立てであると言われている（Chapin, O'Connor, & Anderson, 2003）。この他者の発言を再度とりあげて語るリボイシングと言われる行為の中には，復唱，言いかえ，要約，精緻化，翻訳，引用，正当化等の行為が含まれている。これは，話し言葉だけでは

表7-1 算数割り算単元導入授業「9個を3人に分ける」の授業談話
(小3　遠藤隆宏先生学級)　(郡山市立芳山小学校第22回教育研究発表会研究紀要，2005)
Tは教師，児童名は仮名に修正

T	じゃあね，みんなが「いい分け方」って言ったこの方法（等分割の分け方）だけど，いいと思った理由が言える人は立ってごらん。
C	（半数が立ちあがり，半数は悩んでいる）ううん，どう言ったらいいのかなあ，なんて言えばいいのかな。言いたいことはあるんだけど…
T	どう言葉にしていいかわからないんだね。じゃあ，いま立っている友達はどんな理由を話すのか聞いてみようか。
哲也	この分け方はみんな3個できれいにそろっているでしょう。3と3と3でちゃんとまとまっているからわかりやすいと思う。
健二	哲也君と一緒でみんな3だからわかりやすい。
真由美	たとえば，この分け方だと1個だけもらう子がかわいそうでしょ。この分け方はみな同じ数だからかわいそうじゃないよ。
直人	なるほどそうか，いまのすごくわかった。
浩美	真由美ちゃんと同じように，この分け方（異分割）はずるいんだ。この分け方（等分割）はみなが3個ずつだからずるくない。
聡史	健二君と同じで，みな平等でないとよくない。3×3の分け方はみな平等なんだ。
紀子	浩美ちゃんや聡史君と同じ考えで，同じ数で分けないとだめだと思う。私の兄弟だと同じに分けないとけんかになっちゃう。
大輔	たとえばなんだけど，この分け方（異分割）は数えないと何個かわからないけれど，3個の分け方はそろっているから数えなくても同じだってわかるから簡単だよ。

ない。板書などの書き言葉でも，教師はこのリボイシング機能を適宜使用している。

　Nathan and Knuth（2003）は，子どもがどのように教室談話に参加するかを教師の信念が決めることを，中堅教師の2年間の変化を追って検討している。この事例研究では，子どもの発言をそのまま復唱したり言いかえをしていた教師が，関数の単元の教材研究をより深めることによって，数学的に重要な内容や言語に注目したリボイシングをするよう変化していったことを示している。教師の支援には，子どもたちの関係をつなぎ参加を促す「社会的な足場かけ」と，特定の教科内容，教材理解へとつなぐ「分析的な足場かけ」がある。生徒同士のやりとりをつなぐのみではなく，領域知識を生かせるように教材と子どもの発言をつなぐ分析的な足場かけが重要なのである。

　クラス全体で，小グループで，ペアでと様々な形での会話のやり取りを通して，生徒は他者から考えを取り込んだり，自分の考えを吟味評価したり，他者の思考を引きあいにしながらより深く理解し直していく。McClain & Cobb（1998）は，集団で課題を共有し具体的状況のイメージを図式化や言語化して共有したり説明したりしあうことで，わかっていると思っていた内容の理解を深め，わかり直す過程を「立ち戻り（folding back）」という語で説明している。会話やさまざまな図式表現を通して，行きつ戻りつし立ち戻りながら，理解を深めていく。教室談話はその立ち戻りにも有効に機能しているのである。談話は日々交わされていくがゆえに，その様式は教科の学習観や学習の質に大きな影響を与えているといえるだろう。

演習問題

1. 自分が受けた授業の中で特に印象深かった授業を思い出し，その中での教師の言葉や教室でのコミュニケーションがどのようなものであったか，その特徴を記述してみよう。
2. あなたが教わった授業では教師は授業中どのように教科書を使用していただろうか。それは何故だと思うかをこの章の内容に基づきながら考えてみよう。

参考文献

Stevenson, J. & Stigler, J.（著）北村晴朗，木村進（訳）（1993）『小学生の学力をめぐる国際比較研究―日本・米国・台湾の子どもと親と教師』金子書房.

高垣マユミ（編）（2005）『授業デザインの最前線―理論と実践をつなぐ知のコラボレーション』北大路書房.

河野義章（編）（2009）『授業研究法入門 わかる授業の科学的探究』図書文化社.

引用文献

1) Ball. D.（2009）Making mathematics learnable in school：What is the work of teaching mathematics? Paper presented at Redesigning pedagogy International Conference, Singaore：NIE.
2) Ball, D. L., Thames, H. M. & Phelps, G.（2008）Content knowledge for teaching：What makes it special? *Journal of Teacher Education*, 59（5），389-407.
3) Barnes, D.（1976）*From communication to curriculum*. Harmondsworth：Penguin Books.
4) Chapin, S. H., O'Connnor, C. & Anderson, N. C.（2003）*Classroom discussions : Using math talk to help students learn Grade1-6*. Sausalito, CA：Math Solusions Publications.

5) Cobb, P. (2002) Reasoning with tools and inscriptions. *The Journal of the Learning Sciences,* 11 (2&3), 187-215.
6) 福島県郡山市立芳山小学校 (2005)「個が育つコミュニケーションをはぐくむ：感受・思考・表現」第22回芳山教育研究発表会研究紀要.
7) Fuson, K., L. Kalschman, M. & Bransford, J. (2005) Mathematical understanding : An introduction. Donovan, S. & Bransford, J. (Eds.) *How students learn : History, mathematics and science in the classroom.* The National Academy Press. pp.217-256.
8) Georgia Framework (2006) Georgia framework for learning mathematics and science. http://www.coe.uga.edu/framework/
9) Hiebert, J. et al. (1999) *Teaching mathematics in seven countries : Results from the TIMSS 1999 Video study.* National center for education statistics, 2003-013.
10) 河野麻沙美 (2009)「算数授業における図的表現が媒介する協同的な学習過程の検討―社会数学的規範形成とインスクリプションによる知識構築」東京大学大学院教育学研究科博士学位申請論文.
11) 国立教育政策研究所 (監訳) (2004)『PISA2003調査 評価の枠組み：OECD生徒の学習到達度調査』ぎょうせい (OECD 2003 *The PISA 2003 assessment framework : Mathematicss, reading, science and problem solving knowledge and skills.* Paris : OECD)
12) Lampert, M. & Blunk, M. (Eds.) (1998) *Talking mathematics in school : Studies of teaching and learning.* NY : Cambridge University Press.
13) Lampert, M. (2001) *Teaching the problems and problems of teaching.* Yale University Press.
14) Ma, L. (1999) *Knowing and teaching elementary mathematics : Teachers' understanding of fundamental mathematics in China and United States.* Mahwah, NJ. : Lawrence Erlbaum Association.
15) McClain, K. & Cobb, P. (1998) The role of imagery and discourse in supporting student's mathematical development. Lampert, M. & Blunk, M. (Eds.) *Talking mathematics in school : Studies of teaching and learning.* NY : Cambridge University Press. pp.56-81.

16) Nathan, M. J. & Knuth, E. (2003). A study of whole classroom mathematical discourse and teacher change. *Cognition and Instruction*, 21, 175-207.
17) National mathematics advisory panel. (2008) Foundation for success.: The final report of the national mathematics advisory panel. US Department of Education.
18) 能田伸彦・清水静海・吉川成夫（監訳）(1997)『21世紀への学校数学の創造：米国NCTMによる「学校数学におけるカリキュラムと評価のスタンダード」』筑波出版会.

8 協働学習の過程

秋田喜代美

《学習のポイント》 授業において生徒同士が相互に協働で学びあうことの機能や学習過程に影響を与える要因として，どのようなことが考えられるだろうか．また協働で学ぶ場をデザインするためにはどのようなことに留意したらよいのだろうか．これらの点を順に考えていく

《キーワード》 バズ学習，ジグソー学習，互恵的教授，理解進化，モニタリング，援助要請，徒党意識

1. 協働学習の展開

1) 日本での展開

「3人よれば文殊の智恵」という言葉がある．複数の人で考えることの重要性は言われてきている．また競いあうより助け合うことが公教育としての学校教育では大事にされている．この意味で，生徒同士で小集団で考える学習スタイルの機能や効果は，国内外を含め検討されてきている．

日本の学校では，明治時代から軍隊の編成を模した指示伝達の様式として，班活動が教育に導入されていた．そして大正時代には大正新教育運動のオピニオンリーダーであり，デューイに学んだ及川平治が『分断式動的教育法』(1972) を主張し，神戸大学附属明石小学校でそのカリキュラムが組まれ，教師達に熱狂的な賛同を得広まっていった．これは子どもたちに能動的な活動を子どもの個人間差に注意を払い，適切な学習環境を作ることを意図したものであった．そして戦後も民主化の流れの中で小集団活動や班活動は取り入れられていった．これらのグルー

プ活動は，生徒間での理解をより深めるだけではなく，自分の考えを作り出す，学習参加意識を高める，人間関係を築くといった意味を教師達は見出してきている。そして学習場面だけではなく，学校生活のさまざまな活動の中で学級経営や人間関係作り，役割分担による責任感育成の意味あいも強くもったものとして捉えられてきた（Sugie, 1995）。

そして塩田・横田（1981）によって，小集団が短時間自由にガヤガヤ話し合う「バズ学習」と呼ばれる方法が唱えられ，短時間でも参加者全員が発言の機会をもつことで，一斉授業の学習の欠点の克服が目ざされてきた（図8-1）。

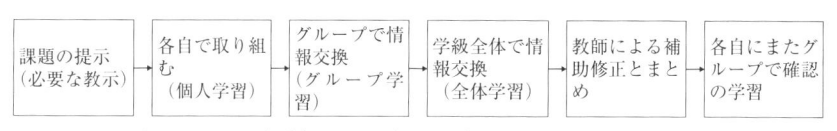

課題の提示（必要な教示） → 各自で取り組む（個人学習） → グループで情報交換（グループ学習） → 学級全体で情報交換（全体学習） → 教師による補助修正とまとめ → 各自にまたグループで確認の学習

図8-1　バズ学習の一般的な授業展開 (塩田他, 1981)

2）協働学習の形態と原理

アメリカを始めとする諸外国でもさまざまな方法が開発されてきている。「ジグソー学習」と呼ばれる方法も典型的な方法である（図8-2）。

ジグソーセッション　　　　　カウンターパートセッション

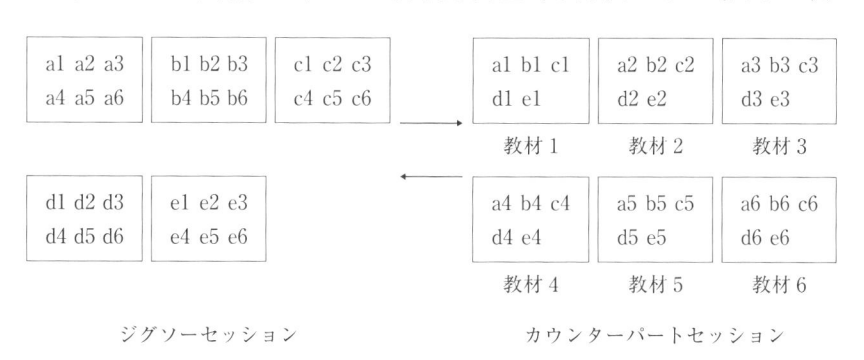

図8-2　ジグソー学習法の展開 (蘭, 1983)

まず学級をいくつかの集団に分け，教材をその構成員数で分割し，次に各集団から一人ずつを集めて新たな小集団（ジグソー集団）を編成し，その各集団で分割された教材を一人ずつ担当する者が集まって協働で学習し（カウンターパートセッション），その後に元の集団にもどって自分が学んだ教材について他メンバーに伝え合うことで教材全体を学習する（ジグソーセッション）という方法である（蘭，1983）。

他にも，ジョンソンによる「協同学習法」（Johnson & Johnson, 1994）やケーガンによる「ケーガンストラクチャー」（Kagan, 1994）など，特徴をもった小グループ形態が提案されてきている。これらに共通するのは，グループという形態をとって話し合いをさせるだけではなく，メン

表8-1 協働学習における教師の役割（ジョンソン，ジョンソン & ホルト，1998）

1　指導目標を具体化する（学業の目標，協働技能の目標）
2　グループの大きさを決める（教材，課題，時間）
3　生徒をグループに割り当てる（同質・異質，自己選択か否か，期間）
4　教室内の配置
5　生徒の相互依存関係を促す教材の工夫（教材，情報交換，チーム対抗）
6　役割を割り当てて相互依存関係を促す
7　学習課題を説明する
8　目標面での相互協力関係を作り出す（グループでの遂行，グループへの評価）
9　個人の責任を求める体制を作る
10　グループ間の協働を促す
11　達成の基準を説明する
12　望ましい行動を具体的に示す
13　生徒の行動を観察・点検する
14　課題に関する援助を与える
15　協働のための技能指導を途中に入れる
16　授業を終結させる
17　生徒の学習を質的・量的に評価する
18　グループがどれほどうまく機能したかを査定する
19　アカデミックな論争を仕組む

バー間の相互交流の質を問題にし，メンバー一人ひとりが積極的にグループに寄与する場面を作ることの必要性を指摘している点である。たとえばジョンソンらは「互恵的な相互依存性・積極的相互作用・グループ目標と個人の責任の明確化・小集団技能の奨励と訓練・活動の評価」を原理とし，教師の役割として表8-1を示している。またKagan（1994）も「互恵的な相互依存性，積極的相互作用，参加の平等，活動の同時性」の4原理を挙げている。

2. 協働学習の機能と過程

1） 協働学習の機能

協働学習の利点を心理的過程に即して考えるならば，第一には，説明や質問を行うことで自分の不明確な点が明らかになり，より深く理解できるようになる理解深化という点である。また第二には，集団全体としてより豊かな知識ベースを持つことができるので，限られた時間内で思考が節約でき，アクセス可能，利用可能な知識が増える点である。第三には，相手の反応等の社会的手がかりによって，自己の認知過程や思考のモニタリング（評価調整）ができる点である。そして第四には，やりとりをすることで参加への動機が高められ，同じ意見や活動を共有することによって，グループ（徒党）意識が高まること等が挙げられる。

まず動機づけとしてのグループ意識の働きを考えてみよう（表8-2）

表8-2　話し合い終了後の説明の正確さの程度 (Hatano & Inagaki, 1991)

	人数	説明の正確さ	標準偏差
多数派－積極発言	18	2.22	0.85
多数派－聞き役	33	1.58	1.05
少数派－積極発言	7	2.29	0.88
少数派－聞き役	7	2.00	1.10

(Hatano & Inagaki, 1991)。これは仮説実験授業と呼ばれる授業方法を用いて，小学校理科の授業で「ばねと力」の単元でおもりとばねの長さについての選択肢を選ばせて質疑を行う授業を行った後に，その内容についてどの程度児童が理解できていたかを調べたものである。授業中の生徒の発言の 51.7％が意見の対立する人への発言であったという。また授業後にその理由説明の正確さを見ると，少数派では積極的に発言した生徒だけではなく，聞き役においても説明の正確さに変わりはない結果が得られている。これは，少数派は聞き役であっても，徒党意識を持って同じ意見や他の意見を聞いていたからと解釈される。

　また協働での理解深化機能とモニタリング機能について，Brown (1997) は，「互恵的教授法（reciprocal teaching）」と呼ばれる活動の効果を明らかにしている。小学校 3 年生の読解に困難を抱える子どもをペアにして，テキストを読んだ後に質問する，言いかえる，要約，質問するという活動をなぜいつどのようにすればよいのかを大人が説明して 20 日間練習を続ける互恵的教授明示群，互恵的教授明示群と同じ活動を行うがなぜどのようにやればよいかは大人から説明を受けない互恵的教授暗黙群，前 2 群と同じテキストを一人で読む練習群，テキストを読む活動はせず，事前テストと事後テストというテスト 2 回だけを他 3 群と同様に受ける統制群の 4 群での効果を調べている。その結果が図 8-3 である。互恵的教授法の効果は練習前半の時期では顕著な違いはない。だが，前半 10 日過ぎから互恵的教授群は練習群に比べて明らかに効果があり，またこの練習を終えてから 1 年後でも互恵的教授の効果があったことを示している。しかし原理を言語的に説明したかどうかという明示群と暗黙群での差はこの結果ではみられていない。テキストを一人で読むだけでなく，ペアの相手に伝える，質問をされて答えることで理解がより明確になる。伝えるために具体例等を出してみることによっ

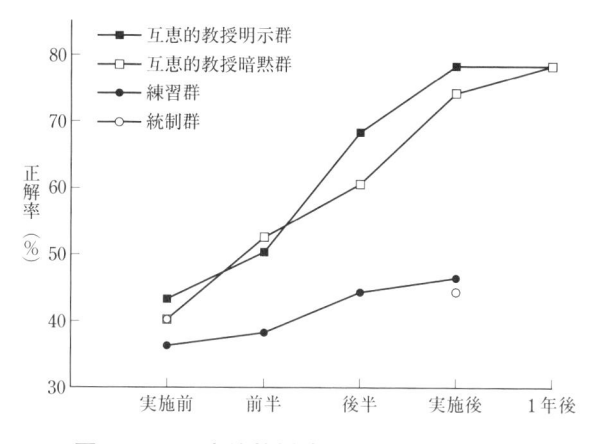

図 8-3　互恵的教授法の効果 (Brown, 1997)

て，抽象的に理解していたことと具体的な例がつながり，理解が深まることも生じる。けれども，教えたり説明した側の子だけに効果があったのではない。教えられる側の子が教える子にヒントを求めたり，一緒に解いてもらったりして相手の行動や話を見聞きする過程で，教えられる側の子も，適切な援助をうけ理解を深めることができるのである。したがって，相互に学びの効果があるという意味で，互恵的学習なのである。

しかしこの場合に重要なのは，わからない時に相手に援助を求められる雰囲気や関係作りと質問できる能力である。Webb & Mastergeorge（2003）は，中学1年生4学級で小グループ活動を3週間実施し，小グループ活動でのコミュニケーションを観察し，学習効果を検討している。この研究結果によると，問題解決を尋ねられた時にわかっている子が問題の答だけを教えた場合は，質問して教わった側はその後に類似問題を解いても解くことができず，教わっただけでは問題解決を習得しないことを明らかにしている。質問した子どもが納得するまで，解決過程の説明援助をわかる人から受け続けること，受けられるよう求めていく意思や

行動が必要である点を示している。また解き方を教わってその時には解けるようになっても，それだけでは効果は持続しない，類似問題で利用してみることで効果が持続するという結果も得ている。これらの結果からは，解法を理解するまで質問などの援助を求め続ける援助要請が大切であること，また説明を受けたままでは効果が無く，もう一度その解法を自分で利用してみることが有効であることを示している。他から援助を受けられない子は，納得できるまで質問したりその知識を活用してみたりする経験がないために，意思や技能も持ち得ない。援助者側だけではなく，援助要請にはコツがあり，その技術を身につけることが必要である。適切な援助を得るためには，相互に学びあい，援助しあうこと，わからないことはわからないといって教わることや教わってから自分でもやってみることが重要な要因となる。

　Chan (2000) は，ダーウィンの進化論を学校では未習の高校生に，動物の進化について事前にテストをした後，そのテスト結果でほぼ等しい3群に分け各々ペアで話しあう説明構築活動のあり方を検討している。説明をする際に3条件群にわりあて，各々異なる3種類の実験手がかりを与える研究を行っている。気づき段階で進化の領域に関連して自分が理解していないことを確認し説明する「問題中心説明条件」，自分の考えを説明し考えの論拠を示す「論証条件」，知っていることを思い出してできるだけ多く話し合う「知識活性化条件」の3条件群である。その後アヒルの水かきという特定の状況についての転移課題でも，同様に3群は，答えを述べ合う知識活性化群，答えの論拠を示す論証群，問題状況について理解していないことを説明する問題説明中心群と，異なった活動をする。そしてその後説明内容の要約をしてもらった後，進化についてすでに科学的に認められている言明を与えて協議させ，事後テストとして知識適用問題，知識転移問題，強制選択問題の評定が行わ

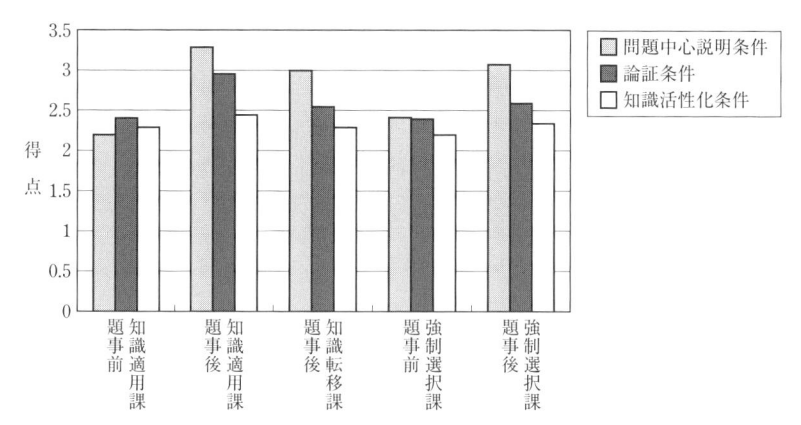

図8-4　事前事後テストでの概念変化得点（Chan, 2000）

れた。

　その結果が図8-4である。問題中心説明条件群が事後テストで知識適用課題でも知識転移問題でも得点が高い結果となっている。この結果からは，2人で説明したり話し合う時に，何を知っているかを話しあうのではなく，どこがよく理解できていないのか，どこが問題か，どこを知りたいのかを相互に明確にしていく言語化により，自分の思考を外化する過程が，理解を深めるのに重要であることが示唆される。

2）協働学習が機能しない場合

　しかし，ペアや小グループでの活動がいつも理解を促すわけではない。Barron（2003）は，48人の小学校6年生を同性3人グループに分けて，算数の活動としてJasper Woodberyという人物が旅をする中で困難な課題にぶつかると言うビデオを視聴させている。そして，小グループで，そのビデオの課題について話し合って問題解決をした後，単独でも同じ問題を解いてもらい，さらに転移課題も実施してその結果を分析をしている。そして最終的に自分でもうまく解決できるようになった

群とできなかった群でのグループ内でのやりとりとして，解法が出された時の他の成員の応答を分析している（表8-3）。成功グループでは，正しい提案をした話者に対して受容やさらに議論をする役割をグループの他成員が担っている比率が明らかに多い（表8-4）。それに対し，うまくいかなかった群では適切な提案をしても拒否したり無視している比率が高く，会話の一貫性も低いことを示している。生産的なやりとりが成員間で行われるための指導が必要になるのである。

　出口（2004）は質問をすることの大切さや聞き手に対して説得力を持つ意見の言い方，自分の意見に対して他の人から反対意見を言ってもらうことの大切さ，相手を傷つけないで発言する方法，自分の疑問点の他人への伝え方，学習中にもめごとがおこった時の解決の仕方についての説明などの「討議に関する指導」と，内容がわからない人に教えてあげることの大切さ，各メンバーが役割を分担すること，協力の大切さ，全員が参加できるようにメンバーが気を配ること，自分の考えを述べることの大切さなど「参加・協力に関する指導」の2種類の内容の指導が，協働学習において必要であることを示している。

　またEllis（2000）は0.24と0.178のような小数の大きさ判断の課題で，1人のみで解くと42%の正解であったのに対し，2人で解くと75%の正解であったことから，2人の方が1人よりも影響しあうことで誤った方略を克服し，より多くの問題に正答できることを示している。しかし2人で解いた時には正答であっても，その後しばらくしてから事後テストを行うと，解けなくなっている子もいることを指摘している。納得できなかった子や説明しても相手が同意してくれないと，その方略を使わなくなることが生じたとしている。本結果は協働学習の第二の利点として，2節1）のところで示したように，協働学習では多様な考え方を短期間に提出でき，相互の見方が影響しあうことを示す一方で，その時点

表8-3　正しい提案への応答の分類基準 (Barron, 2003をもとに一部抽出)

カテゴリー	定義	例
受容	提案内容に関して同意を示す行為を行う。単純な同意から関連した根拠や新たな提案，質問を向けるような詳しい説明までを含む。またワークブックなどにこの提案を書きとめるなどの応答も含む。	「オーケー」「そうだね。というのは，これがそのしるしの間の距離だからだよね。」「そう。つまりどれだけかかるかということを計算しなければならないということだね。」「24マイル，ということは日没前に帰り着くということだ。」
議論	提案を認める応答だが，直接受容したり理由なく無視するのではない。代案や例を挙げる，評価を示すような言い換えもこのカテゴリーに分類。	「あなたはそれでわかったの？」「なぜ掛け算したわけ？」「ちょっと待って。」「何をあなたは言おうとしたの。」「それについて考えさせて。」「しかし，その船はどれだけ速くいけるだろうか。」「それは3時間かかるんじゃない？」
拒否あるいは無視（関与なし）	理由なく提案を拒否したり，関連した応答が6ターン以内になかったり，聞いているという生徒の非言語的シグナルもない。	「私たちはそれを今しているんじゃないよ。」「そんなばかな。それ間違っているよ。」「私は今別にすることがある。」

表8-4　成功群と不成功群における正しい提案への応答タイプ別比率 (Barron, 2003)

	応答タイプ		
	受容	議論	拒否あるいは無視
成功群	0.48	0.22	0.3
不成功群	0.15	0.09	0.76

の変化がその後にも定着するとは限らないこと，定着していくには相互の応答的な反応や説明を通してのより精緻な理解が重要であることを示している。

3. 協働学習のデザイン

1） 協働学習に影響を与える要因

　図8-5は小集団での学習過程にどのような要因が影響を与えるかを示している。グループ活動の結果に対する評価が，その中の個人を単位にされるのか，あるいはグループを単位にされるかは，生徒の行動を決めていく重要な要因である。小集団の規模や編成方法も影響する。またグループでのやりとりが促されるようにするには，役割や質疑の仕方など，グループ学習の進め方を生徒が学ばなければならず，その技能や知識を教えたり育てたりする必要がある。そして教師も小集団での活動が円滑に進まない時には，足場をかけ，相互に対等で聞き合うといったグループでの規範を伝えていくなど，グループがグループ学習として機能するような援助が必要となる。集団での相互作用を通して個々人の学習過程が促され，その結果として教室で課題が解決できたり，概念が獲得されたり，達成感や一体感等が培われていくのである。

2） 教師の役割

　授業の多くは，協働学習だけで成立するのではなく，教師の説明や教師との質疑応答による一斉型の学習形態と共に利用される。この一斉授業でのあり方が，小集団学習のあり方に影響を与えることも明らかにされている。Webb, Nemer & Ing（2006）はグループ学習での談話をみると，生徒の多くは教師をモデルにし，教師が期待するような形のコミュニケーションを行っていることを指摘している。中1数学2クラス

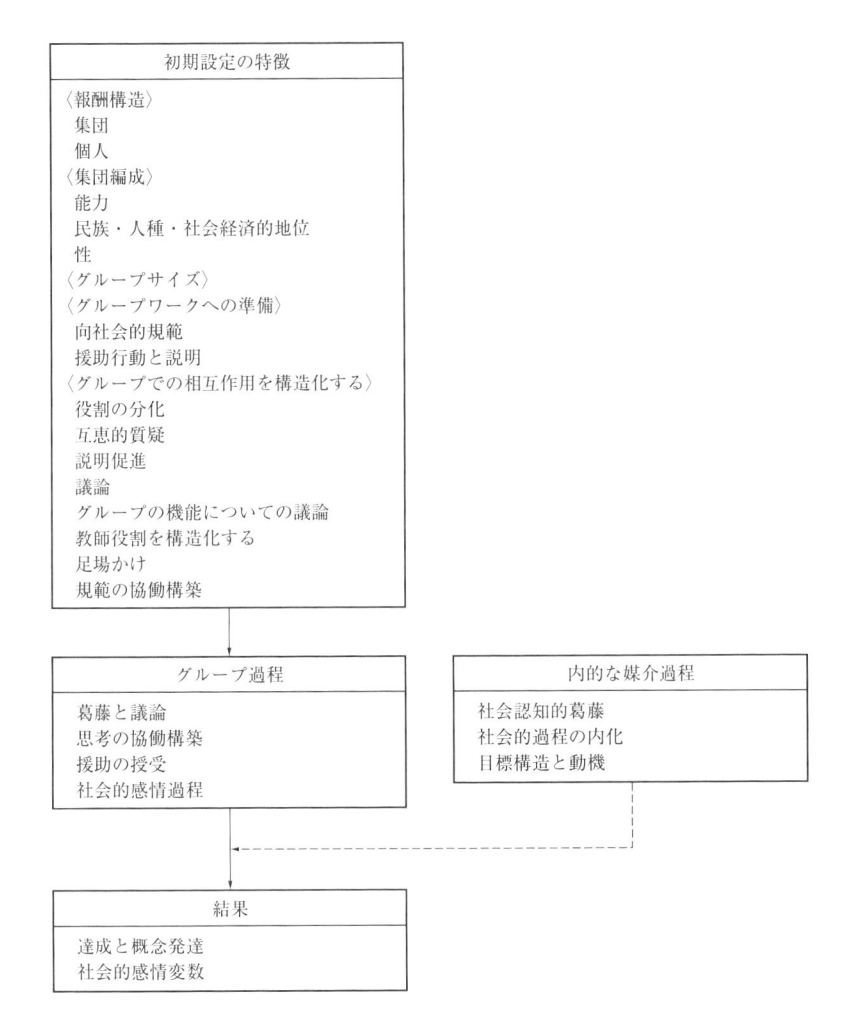

```
┌─────────────────────────────────┐
│         初期設定の特徴          │
├─────────────────────────────────┤
│ 〈報酬構造〉                     │
│   集団                           │
│   個人                           │
│ 〈集団編成〉                     │
│   能力                           │
│   民族・人種・社会経済的地位     │
│   性                             │
│ 〈グループサイズ〉               │
│ 〈グループワークへの準備〉       │
│   向社会的規範                   │
│   援助行動と説明                 │
│ 〈グループでの相互作用を構造化する〉│
│   役割の分化                     │
│   互恵的質疑                     │
│   説明促進                       │
│   議論                           │
│   グループの機能についての議論   │
│   教師役割を構造化する           │
│   足場かけ                       │
│   規範の協働構築                 │
└─────────────────────────────────┘
```

```
┌──────────────────┐      ┌──────────────────┐
│   グループ過程   │      │   内的な媒介過程 │
├──────────────────┤      ├──────────────────┤
│ 葛藤と議論       │      │ 社会認知的葛藤   │
│ 思考の協働構築   │      │ 社会的過程の内化 │
│ 援助の授受       │      │ 目標構造と動機   │
│ 社会的感情過程   │      │                  │
└──────────────────┘      └──────────────────┘
```

```
┌──────────────────┐
│       結果       │
├──────────────────┤
│ 達成と概念発達   │
│ 社会的感情変数   │
└──────────────────┘
```

図 8-5　教室でのグループ学習の過程（Webb & Palinscar, 1996）

での一斉授業での教室談話での教師の発話の分析とそのクラス内で行われる 21 の小グループでの生徒のやり取りでの会話の特徴との関連からこの点を明らかにしている。小集団で課題の答えをチェックしあう時に正しい答えを指示し，写しチェックするだけでより精緻な質問がなされたり，仲間に質問して援助を求める時にも，一般的なたずね方で，何がわかっていないかについてのより具体的手がかりを示すようなたずね方には，なっていなかったと言う。それがその教室のその時期の教師の一斉授業での会話を反映していたと言う。つまり，援助要請や援助を与える際の具体的な方法のモデルを，教師が一斉授業の中で示すことが，生徒達が相互にそれを使ってみるためにも必要なのである。

　また小集団活動を入れる時期やどのような活動で行うかを教師が見極める必要がある。基礎として必要な技術や知識を習得させる段階では，内容をよく理解している教師のように，生徒より能力の高い人が教えたり，援助し足場をかけた方が効果的である。これに対し，多面的な考え方のある概念について議論することで思考を深める場合は，年齢の近い者同士の方が有効である。より知識や技能のある熟達した人と話すと，その話をそのまま受け入れがちであり，自分で考えなくなったり自分の考えを言語化し明示化する機会がなくなることになる（Rogoff, 1997）。生徒相互の方がより精緻な足場がかけられて理解が促されるのである。授業内容や生徒の知識や技能に応じて，個別学習，小集団学習，一斉学習等のありかたを考えていくことが必要である。

　IT の発展によって，学級の中だけではなく，学級間や専門家の人など，教室を越えて様々な人が協働しあうコミュニケーションネットワークという学習環境の構築も可能である。協働で学びあうコミュニケーションとコミュニティのための学習環境をどのようにデザインするかが，これからの時代には不可欠な視座となると言えるだろう。

演習問題

1. 3人以上で相談することで，解決や話し合いがうまく進んだ場面を思い出し，なぜうまくいったのかという心理過程を具体的に説明してみよう。
2. 協働学習ができるためには，どのような行動ができることが必要だといえるだろうか。自分のことばで本章の内容をもとに挙げてみよう。

参考文献

杉江修治（1999）『バズ学習の研究－協同原理に基づく学習指導の理論と実践』風間書房.

ジョンソン，D.・ジョンソン，R.・ホルベック著　杉江修治・石田裕久・伊藤康児・伊藤篤（訳）（1998）『学習の輪－アメリカの協同学習入門』二瓶社.

ジョンソン，D.・ジョンソン，R.・スミス（著）関田一彦（監訳）（2001）『学生参加型の大学授業：協同学習への実践ガイド』玉川大学出版部.

引用文献

1) 蘭　千壽（1983）「児童の学業成績および学習態度に及ぼすJigsaw学習方式の効果」教育心理学研究, 31, 102-112.
2) Barron, B. (2003). When smart groups fail. *The Journal of the Learning Sciences*, 12, 307-359.
3) Brown, A. (1997) Transforming schools into communities of thinking and learning about serious matters. *American Psychologist*, 52 (4), 399-413.
4) Chan, C. K. K.（2000）「協同による科学学習における問題を中心に据えた探索」植田一博・岡田猛（編）『協同の知をさぐる：創造的コラボレーションの認知科

学』共立出版, pp.108-133.
5) 出口拓彦（2004）「コミュニケーション力を育てるグループ学習」秋田喜代美（編）『コミュニケーション力を育てるグループ学習』教育開発研究所, pp.56-61.
6) Ellis, S.（2000）「方略の生成と採用に関する協同の効果」植田一博・岡田猛（編）『協同の知をさぐる：創造的コラボレーションの認知科学』共立出版, pp.33-35.
7) Hatano, G. & Inagaki, K.（1991）. Sharing cognition through a collective comprehension activity. In R. L. Resnick, J. Levine, & S. Teasley（Eds.）, *Perspecives on socially shared cognition* Washington, D. C：American Psychological Association. pp.331-348.
8) Johnson, D. & Johnson, R.（1994）Learning together. In Sharon, S.（Ed.）*Handbook of cooperative learning methods*. London：Praeger.
9) ジョンソン, D. W., ジョンソン, R. T. & ホルベック, E. J.（著）杉江修治・石田裕久・伊藤康児・伊藤篤（訳）（1998）『学習の輪：アメリカの協同学習入門』二瓶社.
10) Kagan, S（1994）*Cooperative learning*. San Juan Capistrano, Calif.
11) 長濱文与　安永悟　関田一彦　甲原定房（2009）「協同作業認識尺度の開発」教育心理学研究, 57（1）, 24-37.
12) Nelson, L. M.（1999）Collaborative problem solving. Reigeluth, C.（Ed.）*Instructional-design theories and models：A new paradigm of instructional theory*. Vol.2 Lawrence Erlbaum. pp.256-267.
13) 及川平治（著）中野光（編）（1972）『分断式動的教育法』明治図書.
14) Rogoff, B.（1997）Cognition as a collaborative process. In Damon, W., Kuhn, D. & Siegler, R.（Eds.）*Handbook of child psychology：Cognition, Perception and Langugage*. John Wiley & Sons Inc.
15) Sugie, S.（1995）Cooperative learning in Japan. In Shwalb, B. J. & Shwalb, D. W.（Eds.）*International journal of educational research：Cooperative learning in cultural context*. 23（3）, pp.213-225.
16) 塩田芳久・横田証真（編）（1981）『バズ学習による授業改善：単元単位のバズ学習指導に関するアクションリサーチ』黎明書房.
17) Webb, N. M. & Mastergeorge, A. M.（2003）The development of student' helping behavior and learning in peer-directed small groups. *Cognition and In-*

struction, 21 (4), 361-428.
18) Webb, N. & Palincsar, A. S. (1996) Group-process in the classroom. In Berliner, D. & Calfee, R. C. (Eds.) *Handbook of educational psychology*. MacMillan. pp.841-873.
19) Webb, N. M., Nemer, K. M. & Ing, M. (2006). Small-group reflections : Parallels between teacher discourse and student behavior in peer-directed groups. *Journal of the Learning Sciences*, 15 (1), 63-119.

■コラム

協同作業への学習者の認識　（長濱他, 2009）

　長濱他（2009）は，協同作業に対してどのような認識をもっているのかを大学生をもとに調査している。その結果として，表8-5のように協同効用，個人志向，互恵懸念という3つの要因を示している。そして実際に大学で協同学習を導入した授業を行うことで，協同効用を見出していくことが，表8-6からも見出されている。一斉授業だけではなく，協同学習には協同のスキルが必要である。それらを経験によって積み重ねることで，一斉では得られないよさを学生自身が見出しているといえるだろう。

表 8-5 協同作業認識尺度の構成 (長濱他, 2009)

項目番号	項目内容

F1：協同効用因子 ($M=4.23$, $SD=0.48$)
- 31　たくさんの仕事でも，みんなと一緒にやれば出来る気がする。
- 30　協同することで，優秀な人はより優秀な成績を得ることができる。
- 9　みんなで色々な意見を出し合うことは有益である。
- 29　個性は多様な人間関係の中で磨かれていく。
- 19　グループ活動ならば，他の人の意見を聞くことができるので自分の知識も増える。
- 7　協同はチームメートへの信頼が基本だ。
- 4　一人でやるよりも協同したほうが良い成果を得られる。
- 2　グループのために自分の力（才能や技能）を使うのは楽しい。
- 12　能力が高くない人たちでも団結すれば良い成果を出せる。

F2：個人志向因子 ($M=3.04$, $SD=0.61$)
- 6　周りに気遣いしながらやるより一人でやる方が，やり甲斐がある。
- 1　みんなで一緒に作業すると，自分の思うようにできない。
- 25　失敗した時に連帯責任を問われるくらいなら，一人でやる方が良い。
- 21　人に指図されて仕事はしたくない。
- 18　みんなで話し合っていると時間がかかる。
- 5　グループでやると必ず手抜きをする人がいる。

F3：互恵懸念因子 ($M=1.76$, $SD=0.65$)
- 27　協同は仕事の出来ない人たちのためにある。
- 24　優秀な人たちがわざわざ協伺する必要はない。
- 34　弱い者は群れて助け合うが，強い者にはその必要はない。

表 8-6　大学授業での協働学習経験による協働作業に対する認識の変化（学生 84 名）(長濱他, 2009)

協同作業認識尺度		詞査時期		t 値
		1 回目（第 1 講）	2 回目（第 6 講）	
協同効用	M	4.19	4.37	3.76**
	(SD)	(0.41)	(0.42)	
個人志向	M	2.93	2.83	1.76*
	(SD)	(0.51)	(0.59)	
互恵懸念	M	2.03	1.99	0.53
	(SD)	(0.62)	(0.73)	

(**：$p<0.001$, *：$p<0.05$)

9 協働学習支援の学習環境

藤江康彦

《**学習のポイント**》 協働とはどのような事象か，協働が学習をどのように変えるかについて理解する。また，協働学習の支援の手だてとして開発された学習環境やメディアとしてどのようなものがあるのかを知り，その可能性について検討する。
《**キーワード**》 学習の社会性，参加，学び手の共同体，IT，CSCL

1. 協働学習という考え方

1）「きょうどう」とは

　複数の人間が相互作用を通して学びあうことを「協働学習（collaborative learning）」という。この「きょうどう」という語には，「共同」，「協同」という漢字も充てられている。しかし，小集団内で課題を分担して作業を行う「共同」（co-operation：同じ対象に働きかける）と小集団として何かを共有していく「協働」（collaboration：ともに働く）は別のものと考えられている（秋田，2000）。また，「協同」は，集団内で成員同士が同時に目標を達成するような相互行動であるとされる（藤澤，2008；Johnsonら，1984）。

　協働は，作業の均一な配分とか成員の均質性を前提とするのではなく，成員間の異質性，活動の多様性を前提とし，異質な他者との相互作用によって成立する活動のありようを指すのである。教室でいえば，ひとりひとり固有の学習経験や生活経験を背負って集ってくる子どもたち

の，多様な授業参加を前提として認識を共有していくような活動のあり方を指す。

2） 学習の社会性，参加としての学習

「協働」学習の背景には，近年の，学習を社会的なもの文化的なものとみなす学習観がある。学習を個人の頭の中の営みであるとみなしてきたそれまでの学習観とは異なるものである。

1970 年代に隆盛であった人工知能研究が行き詰まりをみせた 1980 年代，人間の知能をコンピュータで再現できなかった要因の 1 つとして考えられたのは，あらゆる知的行動は，個人の頭の中ではなく，道具や機械のみで満たされた環境でもなく，具体的な関係性にある協力者や対話者のいる複雑な社会的環境において実現されるのだということである。

その伏線としては，例えば，アメリカで開発された知能テストで，小学生と同等と診断された西アフリカの成人が別の形式のテストやテストを離れた場面で高度に知的なふるまいをみせた（Cole & Scribner, 1974）ことによる，人間の思考様式の文化的固有性への気づきがあるが，その下敷きとなっているのはソビエト心理学，とりわけヴィゴツキーのアイデアであった。

ヴィゴツキーの有名な理論に，最近接発達領域というものがある。最近接発達領域（zone of proximal development）とは，子どもが自力で問題解決できる現時点での発達水準と，他者からの援助や協力によって解決可能となる，より高度な潜在的発達水準の間の範囲のことである。教育の役割は，この領域に働きかけることで現時点での発達水準を引き上げるとともに潜在的な発達水準を拡げることであるというのである。

さらに近年のヴィゴツキー理論の再検討で，足場づくり（scaffolding）などを通した年長者との相互作用，協調作業などを通した仲間との相互

作用の過程が重視されるようになった。子どもは一方向的に教育を受けるのではなく相互作用を通して自ら最近接発達領域を形成し拡張していくとみなされたのである。

　学習を社会的なものとみる立場では，学校外における仕事の現場も対象となった。例えば，軍艦の航行術（Hutchins, 1995），オフィスのシステム（Suchman, 1987），西アフリカの仕立屋（Lave ら，1991）などである。これらの研究は，知識は個人の頭の中にではなく社会的に分散しているという考え方や，学習とは実践共同体への参加の過程であるという考え方が生まれた。

　例えば，学習を社会的実践の一部ととらえる正統的周辺参加（legitimate peripheral participation）論が J. レイヴらによって提唱されている（Lave & Wenger, 1991）。正統的周辺参加論では学習を参加過程，すなわち学習主体が実践共同体においてなんらかの役割を担い，共同行為の生成と維持に関与する過程とみなす。学習主体は参加形態を周辺的なものからより深く十全的にしていく過程で，その共同体での活動に必要な知識や技能を身につけ，熟達し，実践への理解を深めていくと同時に，その集団の成員であるというアイデンティティを深め，またメンバーシップを獲得していく。

　また，コリンズ（Colins, 2006）は，社会的相互作用を通した学習や発達を具体化する試みの1つとして，認知的徒弟制（cognitive apprenticeship）の視点を学習に導入することを提起している。徒弟制とは，学習が実践の文脈に依存し状況に埋め込まれており，専門家集団への文化適応の性質をもつということを意味するメタファーである。認知的徒弟制の視点からは，学習とは社会的相互作用と知識の社会的構成を通じて進められ，その過程で学習者は真正の実践へと文化適応していくことが強調される。協働学習の重要性の主張に基づき，例えば，生徒を数学

的探究へと参加させることで，数学者文化の考え方に気づくことを支援したり，理科の授業を科学者共同体における探究をモデルとして展開することの可能性を提起している。

3） 協働学習における知識構築

人間は，経験をもとに，経験を重ねながら，どのような状況でも用いることができる抽象的で一般化された知識であるスキーマを形成していく。多様な他者との相互作用を前提とした協働学習においては，複数の人間のスキーマに接することで，個人のスキーマが量的に増加するというだけではなく，経験の多様性に基づいて質的にも多様なスキーマの形成が期待できる。

さらに数名で1つの問題解決をする過程では，他者の問題解決の過程を観察することができる。視点や思考のあり方の違いのために，ある程度客観的にとらえることができる。個人の側からすれば，他者からより適切と認められるか，そうでなければどこが不適切なのか，といった自らの思考過程を精査する契機も生まれる。このように，協働学習における知識構築は，成員間の多様性がゆえに，個人内の知識構築とは異なるあり方をみせるし，より効率的で高い成果を生み出すことになる。

2. 協働学習を支援する環境

1） コミュニティの形成

小集団を編成すればたちまちに協働学習が成立するわけではない。協働学習を通して，何を理解させるのか，どのように学習者を育てたいのか，といった理念や方針を教える側が意識しなくてはならない。

ブラウンら（Brown & Campione, 1994）は，学校は，生徒が「学ぶことを学ぶ」共同体，すなわち「学び手の共同体」であるべきだと主張

する。生徒は「見習い学習者」で，学び手の共同体での活動を経て「知的初心者」となる。知的初心者とは，未知の領域において必要な背景的知識がなくても，どうやってそれを獲得すればよいかを知っている学習者のことである。

　学び手の共同体では「分散専門知識」と「意図的学習」が重視される。生徒は自分の得意分野や関心領域を追究することが推奨されるので，専門的な知識は分散して存在するようになる。その共有にむけて意図的学習の環境が重要になる。意図的学習環境においては，生徒自身が能動的な研究者や指導者，モニターの役割を果たすとともに教師はそのモデルやガイドとしての役割を果たす。学習内容は，幅広く断片的に知識を覚えることよりも，深く一貫性をもちながら理解することが推奨される。

　ブラウンらは学習形態としては，第8章で紹介した「互恵的教授法」と「ジグソー学習」とを組み合わせて用いた。例えば，生徒たちは，動物の生態や環境について，「生物の個体数の変化」，「食物連鎖」，「動物の防御機構」などのテーマから1つを選ぶ。テーマはさらに5つのサブトピックに分割される（例えば，「生物の個体数の変化」は，絶滅，絶滅の危機，人工授精，保護，都市化）。教師や熟達者による導入授業の後，5つの研究グループが形成され，それぞれサブトピックを1つずつ担当する。研究グループでは互恵的教授法によって資料を読み，各々がサブトピックについての熟達者となる。

　次いで，各研究グループからジグソー学習の方法により一人ずつを集めて学習グループが編成される。学習グループではメンバーそれぞれが各サブトピックの熟達者である。そこで互恵的教授法によってテーマ全体の内容を理解したり，発展問題に取り組む。

　研究グループの研究が進んでくると，生徒たちは自発的に学習グループを組織し互恵的教授法のセッションを導入するようになる。自分たち

の研究グループでの研究でどこが不十分かを互恵的教授法を通してモニターする機会として活用するのである。

これらの活動の基盤として，①グループでの知識共有にむけた個人の責任と共同責任という雰囲気，②共同体内外のメンバー間の尊敬，③建設的な討論を可能にする談話コミュニティの確立，④生徒が研究グループと学習グループ間を容易に移行できるような活動様式の定型化，といった学級風土が確立され維持される必要がある。これらを醸成していくことも重要である。

2) コンピュータによる支援

近年，コンピュータを用いて協働学習を支援しようとする取り組みがなされている。コンピュータによって支援される協働学習は，CSCL (Computer Supported Collaborative Learning) とよばれる。チャットやビデオ会議システムといった同時あるいは即時のやりとりによって進める「同期型」，Web 掲示板やメーリングリストなどやりとりに時間差が生じても成立する「非同期型」がある。

コンピュータの利用は，どのような点で学習を促すのだろうか。第一に，コンピュータを介したやりとりやコンピュータとのやりとりの過程で受ける他者やコンピュータからの反応などによって，学習を進めながら自らの学習状態をモニタリングすることができる。第二に，情報が視覚的に提示されるため，抽象的な概念やモデルの理解や操作を具体的に行うことができる。第三に，学習者は自らの思考過程を具体的な視覚情報として可視化したり，操作したりすることができ，学習者間で知識や理解を共有することが可能になる。第四に，他者の書き込みや活動履歴，その場での反応が可視化されるため，直接的間接的なモデリングが可能になる。第五に，インターネットを利用することで，多種多様な情報資

源へとアクセスでき，個人の知識の容量を超えた豊かな知識ベースをもつことができる。第六に，多様な人々との時間や場所の制約を超えた双方向のやりとりが可能となり，現実世界の問題や大人の社会での取り組みに部分的にでも参加し，より真正の学習経験を積むことが可能になる。

　以上をふまえると，CSCLには学習環境として次のような特徴がある。第一に，学習者はシステムから提示された情報を一方向的に受け取ったり，直截的に反応して学習するのではなく，学習者相互の知識や理解についての説明や質問，教え合い，それらを基盤とする協働的課題解決，他者の学習活動のモデリングを通した学習を進めていく。第二に，それゆえ，学習の成否は対面的な言語的非言語的コミュニケーションを通した協働にかかっている。コンピュータはオンラインでのコミュニケーションを用いた情報通信手段としてだけではなく，モデルを用いたシミュレーションや作品製作の協働的な達成やその共有，情報検索などのツールとしても用いられる。学習の成否はコミュニティ形成のあり方にかかっている。第三に，現実の世界において科学的探究をしたり社会生活を送っている人たちも交えた学習のコミュニティを形成することが可能である。同時に，学校外の他者との関わりについての指導，悪意のある外部からの侵入に対する危機管理に留意することが必要である。第四に，アクセス可能な情報が質的量的に増加することで学習は拡散する。学習の成立にむけて，教師の側が理念や明確な目標をもった指導を行うこと，形成的評価を行いつつ学習者の活動を方向づけ支援することが求められる。第五に，それゆえ，教師にとっては，教室での指導と同等かそれ以上の準備や教材研究が必要になる。通常の教材をコンピュータ利用に供用可能なものとしたり，場合によっては世界中からのアクセスに耐えうるものとすることも必要である。

3. 協働学習を支援するメディア

1) 教育における IT 利用の展開

　コンピュータが広く社会で利用されるようになったのは，1960年代以降である。教育の世界においても，このころから CAI（Computer Assisted Instruction：コンピュータに支援された学習）という発想のもと，例えば，プログラム学習の原理などに基づき主に個別学習を支援するシステムの開発が進められた。当初は，あらかじめ設定された順序や条件に従って学習者が順番に進めていく固定シーケンス型のシステムが主流であったが，次第に，学習者の反応に応じた対話型・学習者対応型のシステムが開発された。1980年代後半から，個人向けコンピュータの普及と，とりわけ音声や映像の処理能力の高度化に伴いマルチメディア教材の開発と利用が進んだ。同時に，CSCL という発想にたつシステムや教材の開発が進められた（図9-1）。

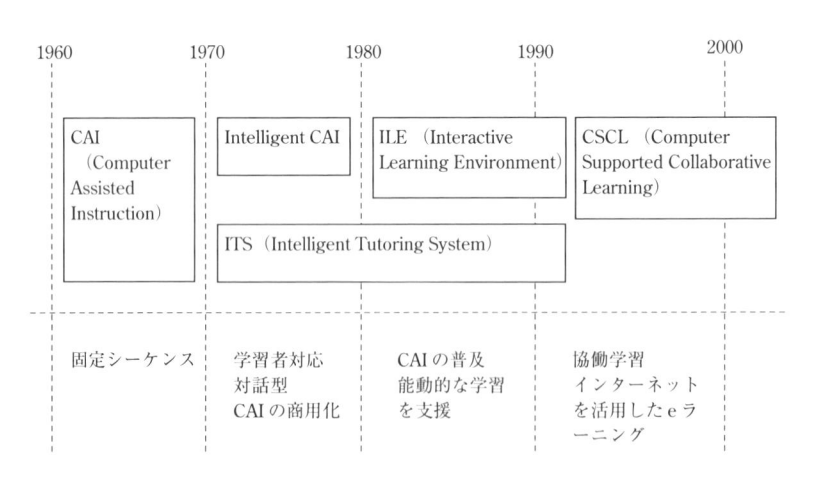

図9-1　IT による学習支援の発展（深谷．2006を一部改変）

近年の情報通信技術の著しい発展により，物理的に固定された教室の中で学習者が教師と対面してやりとりするといった学校の観念は変わりつつある。インターネットを利用すれば，教室の学習者と教室外の科学者や専門家，海外の人々との双方向のやりとりが可能となり，学校や地域の垣根を越えた，多様な学習者との協働を支援する学習環境が整いつつある。現実の世界で科学的探究をしたり社会生活を送っている人々も交えた学習者共同体の形成が可能である。学習者にとっての学びの場が教室から拡がり，現実世界の問題や大人の社会での取り組みに部分的にでも参加して，より真正の学習経験を積むことが可能となる。

　なお，教育場面で用いられるIT技術の変容は，その時々の学習観のトレンドと密接な関係がある。初期のCAIは，行動主義心理学の学習観を基盤とするプログラム学習を設計原理としていた。その後の対話型CAIやITSやILEは，認知心理学，人工知能研究の発展と相乗的な関係にある。さらに近年のCSCLは，分散認知，社会的構成主義といった学習観に基づく改良が進められている。

2） マイクロワールドの利用：ジャスパー・プロジェクト

　ジャスパー・プロジェクトとは，アメリカ・テネシー州のヴァンダービルト大学「認知とテクノロジー」研究グループと認知心理学者のブランスフォード（Bransford, D.）および現場教師らにより取り組まれた，小学校高学年から中学生における算数・数学の問題解決能力を育成するプロジェクトである（Cognition and Technology Group at Vanderbilt, 1997）。ドラマ仕立てにしたビデオを多用した教材群を用いることが特徴で，主人公のジャスパー・ウッドベリーが日常生活のなかで出合う様々な冒険を描いている。例えば，「ボートで日没時間までに川を下るために出発時間を計算する」，「傷ついたワシを救助するために最短移動

```
【ビデオ視聴】
　15分前後からなる。物語の途上には，その後の問題解決に必要なデータなどが埋め込まれている。物語は登場人物の一人が直面した問題を学習者に投げかけるところで終わる。
【問題解決】
視聴後，学習者は登場人物に代わり問題解決を行う。展開は以下の通り。
〈個　人〉「問題」の発見（定式化）
〈学　級〉問題の共有
〈小集団〉解決策の話し合い
　　　　　「問題」の解決にむけた情報探索（必要に応じてビデオを見返すことも可能）
　　　　　解決策の策定
　　　　　学級全体に提案
〈学　級〉各小集団の案を相互に比較し最適な解決方法を策定
【計算】
問題解決に向けた計算や操作の実行。
```

図9-2　ジャスパー・プロジェクトにおける活動の展開

経路を計算する」，「遊び場の青写真をつくるために遊具の面積や容積を計算する」などである。

　活動の展開は，図9-2のとおりである。ジャスパー・プロジェクトによる学習には次のような意味がある。1つには，「問題を解くこと」の再定義である。いずれの教材も複雑な問題状況を投げかけるが解決方法の指示は全くない。学習者は，具体的な状況から問題を切り出し，解決の方針を立てるところからはじめる。教科学習で解決すべき問題が当初から「問題」として存在していることとは対照的である。また，問題解決の最終段階では計算結果をあらためて現実の問題状況に照らして「解」の確認を行う。計算を記号操作で終わらせるのではなく，現実の世界で意味づけをするのである。2つには，転移の促進である。プロジェクトにおいては，問題解決の後に，ビデオで提示された問題からある条

件だけを変えた問題や下位の課題に類似する問題が数多く用意されている。3つには，問題解決のための道具を自分たちでつくるという点である。プロジェクトの応用問題には，問題解決の手続き効率化につながるよう，道具を工夫するような課題も用意されている。

ジャスパー・プロジェクトは，より現実の問題解決場面に近い状況や文脈を教室に作り出すことをねらっている。学校で得た知識や技能が学校外では通用しないという問題に対して，学校と学校外との乖離を防ぐために，現実の世界を「マイクロワールド」として切り出すことで，教室に現実の問題状況により近い文脈を持ち込んだのである。学習環境のなかで知識を獲得し活用することを可能にする教授法は，「文脈に投錨された授業（Anchored instruction）」と呼ばれる。

プロジェクトと従来型の授業とで学習成果の違いを調べてみると，数学の「基礎概念の手続きの知識」に関する理解についてはほとんど変わらなかった。「文章題を解く力」，「問題解決に向けて計画を立てる力」，「算数・数学に対する態度」では，プロジェクトで学習した子どものほうがよい成果を上げている。

他方，日常における文脈への投錨は現実世界の社会的な関係においてなされ，学校での学習に現実的な文脈を付与して疑似的なビデオ刺激に投錨することはありえない，との批判もある。

3） インターネットの利用

●ナレッジフォーラム（Knowledge Forum）の実践

「ナレッジフォーラム」は，スカルダマリアとベライター（Scardamalia, M. & Bereiter, C., 1996）が開発した，参加者が書き込めるデータベースを基本とする CSCL システムである。学習者が自分の考えや学習の過程で得た情報をデータベースにノートとして記録したり，そのノートにコ

メントをつけたり，ノート同士を結びつけて一覧できる機能が備わっている。学習者は知識を積み上げたり，他者と共同で知識をつくっているということを意識できる。また，ノートへの書き出しを支援する「見出しの一覧」など，何を書くか考えながらノートに書くための手助けが用意されている。学習者は書く作業を意識的に学習と結びつけることができる（三宅・白水，2003）。

例えば，日本の小学5年生の「遺伝子組み換え食品」をテーマにした取り組みでは，「遺伝子組み換えとは？」，「なぜ開発されているのか？」，「自分たちの身の回りにもあるのか？」といった問題について，子どもたちは3〜4名からなるグループを編成して自らの調べたい方法で追究した。グループ活動では，グループ内コミュニケーション，同じ追究テーマの中での情報の共有を促すグループ間コミュニケーション，異なる追究テーマのグループ間コミュニケーションの3つのコミュニケーションの機会が子どもに与えられた。ここでは，子どもたちの独自の追究方法や活動ペースとグループ間コミュニケーションとを両立させるために，子どもたちの意見は，ネット上の掲示板である遺伝子組み換えの討論会議室に集約された。子どもたちは自分たちの意見をそれぞれの側に書き込むことが許され，教室のメンバー全員の意見を参照しながら，授業の最終段階では実際に会議を開催して自分たちはどのように何を判断すればよいのかを検討していった。子どもたちは多様な考えを俯瞰的に眺めたり，異なるテーマに取り組んでいる他者に自分たちの意見を適切に伝えることを意識することができた（大島，2007）。

●**全米地理子どもネットワークの実践**

この取り組みは，研究者グループが開発したカリキュラムに沿って，学習者は様々な事象の計測を行い，インターネットを通じてほかの学習者や科学者とデータを共有するものである。

例えば，酸性雨に関する授業では，学習者はまず関連する知識を学び，自作の降雨収集器を用いて降雨を収集して酸性度を計測した。さらに，教師の助けを借りてデータの解釈と考察を行い，週末にはグループごとに中央コンピュータに数値データを送った。中央コンピュータに送られたデータは専門家の研究者たちが分析をして，子どもたちにフィードバックされる。

カリキュラムを開発した Tinker（Tinker, 1991）によれば，子どもたちは，自分たちの活動が実験結果そのものに大きな影響を与えることを認識できるので，科学者のような知的興奮を感じ，参加意欲も高まる。また，自分たちのデータを参考にして，科学者たちがなんらかの科学的発見をする可能性があるという点に，データを採取して送信するといった単純な作業にも大きな意味があること，それゆえ，そこに活動の真正性を感じる。科学者との協働的な活動が，自分たちの行っていることには意味があるのだ，ということを子どもが感じるような環境を作りだしている（Bruckman, 2006）。

演習問題

1. 小集団学習場面のやりとりを記録し，分析して，参加者間でどのような役割分担がみられるか，集団としての知識構築の過程はどのようであるかを検討してみよう。
2. コンピュータやインターネットを用いた学習教材や学習システムを，どのような学習観に基づいて設計されているかを追究してみよう。

参考文献

三宅なほみ・白水始（2003）「掲示板による協調学習」三宅なほみ・白水始『学習科学とテクノロジ』放送大学教育振興会.

森敏昭・秋田喜代美（監訳）（2009）『学習科学ハンドブック』培風館.

引用文献

1) 秋田喜代美（2000）『子どもをはぐくむ授業づくり：知の創造へ』岩波書店.
2) Brown, A. L. & Campione, J. C. (1994) Guided discovery in a community of learners. In K. McGilly (Eds.), *Classroom lessons: integrating cognitive theory and classroom practice*. Cambridge, MA: MIT Press/Bradford Books.
3) Bruckman, A. (2006) Learning in Online Communities. In R. K. Sawyer (Eds.), *The Cambridge Handbook of the Learning Sciences*, pp.461-474. New York: Cambridge University Press.（鈴木明夫（訳）（2009）「インターネットを介した新しい学習コミュニティの創造」森敏昭・秋田喜代美（監訳）『学習科学ハンドブック』培風館, pp.369-378.）
4) Cole, M. & Scribner, S. (1974) *Culture and thought: a psychological introduction*. Hoboken, N. J.: John Wiley & Sons, Inc.（若井邦夫（訳）（1982）『文化と思考：認知心理学的考察』サイエンス社.）
5) Cognition and Technology Group at Vanderbilt. (1997) *The Jasper project: lessons in curriculum, instruction, assessment, and professional development*. Hillsdale, NJ: Erlbaum.
6) Collins, A. (2006). Cognitive apprenticeship. In R. K. Sawyer (Eds.), *The Cambridge Handbook of the Learning Sciences*. New York: Cambridge University Press, pp.47-60.（吉田裕典（訳）（2009）「認知的徒弟制」森敏昭・秋田喜代美（監訳）『学習科学ハンドブック』培風館, pp.41-52.）
7) Hutchins, E. (1993) Learning to navigate. In Chaiklin, S. & Lave, J. (ed.), *Understanding practice: perspectives on activity and context*. New York: Cambridge University Press.

8) Suchman, L. A.（1987）*Plans and situated actions: the problem of human-machine communication*. New York: Cambridge Unicversity press.（佐伯胖（監訳）・上野直樹・水川喜文・鈴木栄幸（訳）(1999)『プランと状況的行為：人間-機械コミュニケーションの可能性』産業図書.）
9) 藤澤伸介（2008）「協同学習：助け合いで学ぶ」中澤潤（編著）『よくわかる教育心理学』ミネルヴァ書房，pp.96-97.
10) 深谷優子（2006）「メディアを活用した授業」秋田喜代美（編著）『改訂版　授業研究と談話分析』放送大学教育振興会，pp.151-160.
11) Johnson, D. W., Johnson, R. T. & Holubec, E. J.（1984）Circles of learning: cooperation in classroom Interaction Book Company.（杉江修治・石田裕久・伊藤康児・伊藤篤（訳）(1998)『学習の輪：アメリカの協同学習入門』二瓶社.）
12) Johnson, D. W. & Johnson, R. T.（2004）*Assessing students in groups: promoting group responsibility and individual accountability*. Thousand Oaks CA: Corwin Press.
13) Lave, J. & Wenger, E.（1991）*Situated learning: legitimate peripheral participation*. Cambridge: Cambridge University press.（佐伯胖（訳）(1993)『状況に埋め込まれた学習：正統的周辺参加』）産業図書.）
14) 大島純（2007）「学習環境形成のデザイン実験」秋田喜代美・藤江康彦（編著）『事例から学ぶはじめての質的研究法：教育・学習編』東京図書，pp.214-242.
15) Scardamalia, M. & Bereiter, C.（1996）Computer support for knowledge-building communities. In T. Koschmann, (Eds.), *CSCL: Theory and practice of an emerging practice*, Mahwah, NJ.: Laurence Erbaum Associates Inc., pp.249-268.
16) Tinker, R. F.（1991）Science for kids: the promise of technology. Paper presented at the AAAS Forum: Technology for Teaching and Learning.

10 授業における学習評価

藤江康彦

《**学習のポイント**》 授業における学習評価の目的や方法について，評定としてではなく学習支援の観点から理解する。とりわけ「形成的評価」と「到達度評価」を中心に取り上げ，そのあり方と手だてについて学ぶ。また，近年の真正の評価の観点に立つ「パフォーマンス評価」，「ポートフォリオ評価」についても検討していく。
《**キーワード**》 形成的評価，到達度評価，真正の評価，パフォーマンス評価，ポートフォリオ評価

1. 授業における学習評価の目的

1） 教育における「評価」の特徴

　人間の評価活動には「価値判断としての評価」と「問題解決としての評価」の2つがあり，教師は「問題解決としての評価」を日常的に行っている（鹿毛，2000）。教育評価という観点からみれば，評価活動は教育活動の成果や学習者の能力の判断と価値づけにとどまるのではなく，教室で学習者が示す学びの姿をとらえ，その姿に応じた対応を考え実践するところまでを含んでいる。学習評価の目的は学習支援にむけた教育実践の改善にあるといえる。

2） 教育における評価の機能

　学習評価をその実施時期や機能という点から分類すると，「診断的評価」，「形成的評価」，「総括的評価」の3つに分けることができる（表

10-1)。

表10-1　学習評価の実施時期と機能

名称	実施時期	機能
診断的評価	教育活動の開始前	学習の前提となるレディネス（当該内容について学習を進めるための準備状態）が備わっているかどうかを把握し判断する。学習集団の組織，学習指導計画の立案，補充指導（学習の前提となる事項の指導）に役立てることを目的として行われる。
形成的評価	教育活動の途上（1時間の授業ごと，単元の節目など）	目標に応じた成果が得られているかを適宜把握し，判断する。指導の軌道修正や個々の学習者への指導の指針の設定，学習環境の改善など，以降の活動に活用することを目的として行われる。
総括的評価	一定の教育活動の後（単元，学期，学年など）	その活動を全体としてふりかえることを目的として行われる。

　これら3つの評価のうち，教育実践において重要だとされているのは，形成的評価である。OECDでは，世界各国における実践事例をもとに，形成的評価の6つの要素を提起している（OECD/CERI, 2005）（表10-2）。

表10-2　形成的評価の要素

1. 相互作用を促進する教室文化の確立とアセスメントツールの使用
2. 学習ゴールの確立とそれらのゴールに向けた個々の生徒の学力進歩の追跡
3. 多様な生徒のニーズを満たす様々な指導方法の活用
4. 生徒の理解を把握・予想（アセス）することへの様々なアプローチの使用
5. 生徒の学力達成状況へのフィードバックと確認されたニーズに応じて授業を合わせること
6. 学習プロセスへの生徒の積極的な関与

　これらの6項目からは，形成的評価のあり方として，学習者の多様な学びの姿をとらえ，個に応じた対応を進めていくこと，学習者も形成的

評価のプロセスに参加すること，教師と学習者が評価プロセスを共有することを通して，反省的な学習の文化，評価の文化を教室に構築すること，が示唆される。

3） 教育実践の改善に向けた形成的評価のフィードバック

形成的評価に基づく教育実践の改善に向けては，フィードバック機能がより重視される。フィードバックには，指導者へのフィードバックと学習者へのフィードバックとがある。

指導者へのフィードバックでは，評価情報を，以降の授業やカリキュラムの改善に生かすことが目指される。授業における学習者の行為や表情などから学習状況や理解度を把握し，次の働きかけの決定や次時の授業づくりに生かす場合もあれば，目標分析に基づく形成的テストを実施し，その結果に応じて補充指導を行う場合もある。形成的評価のフィードバックに基づく教育的決定のタイプには，①再学習（もう一度やり直す），②補充学習（個々の学習者について不十分な箇所を補充的に指導する），③学習調整（教授学習活動のテンポや方向を調整する），④学習分岐（学習者をグループ分けし，それぞれに異なった課題を与える）がある（梶田，2002）。①と②において，目標到達が十分であるとされた学習者に対しては深化学習が用意される。また，学習の単位を，1時間の授業にするか，単元にするか，学期・学年にするかによってフィードバックを受けた指導のあり方も異なる（表10-3）。

学習者へのフィードバックは，評価情報を学習者が自らの学習の改善に役立てることができるように示すことが目指される。その重要性は，近年とりわけ指摘されるようになった。学習者へのフィードバックは，教師が，学習者にとっての「思考の支援者」（Pollard, 1990）となることや「メタ認知的役割」（ギップス，2001）を果たすことであるともいわ

表 10-3　形成的評価の時間展望と機能モデル（梶田，2002）

機能モデル	I 授業	II 単元	III 学期・学年
A_1 再学習	○	○	
A_2 再学習＋深化学習	○	○	
B_1 補充学習		○	
B_2 補充学習＋深化学習		○	○
C 学習調整	○		○
D 学習分岐		○	○

れている。すなわち，学習者へのフィードバックは，単に達成や成果についての正否を提示するのではない。教師はまず，学習者に教師が求める学習の水準や目標を明確に示したうえで，その到達度をまず示さなくてはならない。その上で，その学習者自身の学習の状況，既有知識や学習経験と関連づけて，より具体的な改善策を提示していく必要がある。学習者へのフィードバックにおいて，教師の設定した目標体系が学習者の目標体系に転化し，外的な評価が学習者の自己評価に内面化することが目指される（梶田，2002）。そのことが，学習者の自ら学ぶ力を高め，自己制御学習を支援していくのである。

　授業を単位として行われる形成的評価は，授業中に，学習者が生成する発話や教室での相互作用を手がかりに，学習者の学習の状況や理解度を把握する。その上で，学習者への対応を行ったり，その後の授業展開の軌道修正（テンポや展開方向，焦点付けなどの修正）を図るなど，即興的な意思決定を行っていく。そのように考えれば，授業の過程は，いわば形成的評価の繰り返しである。授業レベルでの評価活動においては，授業における学習者の学習の「みとり」が重要である。「みとり」とは，学習者の姿を丁寧にみていくなかで，学習者の行為や学習のさなかに生じた出来事を即時的にとらえ，継続的に記録し解釈していくことである。学習者理解のあり方や鑑識眼が厳しく問われる高度な評価方法である。

2. 到達度評価

　形成的評価をマクロサイクルで考える際には，指導と評価の一体化に加え，「目標と指導と評価の一体化」（加藤，2003）が目指されるべきであろう。目標と指導と評価の一体化を目指す評価のあり方として到達度評価を取り上げてみたい。

1）到達度評価とは

　2002年度から改訂された指導要録において，それまでの「相対評価」にかわって「到達度評価」が採用された。到達度評価とは，評価者からは独立に，客観的な目標や到達基準（criterion）をたて，学習者が「何（目標）」を「どの程度（到達基準）」達成したかを把握する評価方法である。

　ここで，評価基準という点から，評価方法について整理してみよう（表10-4）。

表10-4　評価基準から見た評価の類型

評価基準	学習者の外部			学習者の内部
	評価者の外的・客観的基準	評価者の内的基準	集団内の他者	
到達目標	有			無
評価類型	絶対評価		相対評価	個人内評価
	到達度評価 （目標準拠評価）	認定評価		

　これまでの指導要録において用いられてきた相対評価は，集団内の他者と比較して優劣を判断するものである。評価基準は集団標準（norm）とよばれる。一定の手続きに基づいて実施でき，その過程で評価者の主観が入りにくいという点，優劣をつけやすい点が特徴である。

絶対評価とは教育の目標や内容との関連で学習成果をとらえる評価方法である。絶対評価は2つに分けることができる。1つは「認定評価」で，評価者がもつ内的基準に照らして評価がなされる。評価者の絶対性を根拠にし，評価者の主観的，恣意的な判断によってしまう場合が多い。そしてもう1つが，上述の到達度評価である。

さらに，評価基準を学習者の内部におく「個人内評価」という評価方法がある。学習者個人の以前の状態との比較や，学習者個人の複数の特性同士の比較がなされる。

これらの評価のなかで，とりわけ指導要録において到達度評価が用いられる理由について，教育課程審議会答申（2000年12月）においては，「一人ひとりの進歩の状況や目標実現状況を的確に把握し，学習指導の改善に生かす」ことや「個に応じた指導や学級集団の多様な編成において指導に生きる評価を行う」ことなどが挙げられている（梶田，2004）。「指導と評価と目標の一体化」をマクロレベルで実現するものといえるだろう。

他方，到達度評価に対しては，思考・判断や関心・意欲・態度の評価が容易ではないこと，目標の具体化や具体的な評価基準の設定を教師個人で行うことは困難であること，到達度の設定によってかえって自由な伸長を妨げること，教師の負担が多いこと，といった難点も指摘されている（橋本・応用教育研究所，2003）。

2） 目標とは

到達度評価は「目標に準拠した評価」ともいわれる。到達度評価が適切に行われ，学習者の学力保障に資するかどうかは教育目標の設定にかかっているといってもよいだろう。

授業や単元といった教育活動を計画し，組織するにあたり，教師は

「ねらい」(これだけのことはなんとかわからせたい，できるようにさせたい，体験させたい) や「ねがい」(このようなことが学習者自身のなかに形成されていってほしい，深まっていってほしい，実現していってほしい)(梶田，2002) を念頭においているはずである。ねらいは「到達目標」ともいわれ (梶田，2003)，さらに「達成目標」，「方向目標（向上目標）」，「体験目標」の3つに分けられる (表10-5)。

表10-5 到達目標の類型

	説明	例
達成目標	特定の知識や能力を完全に獲得することが求められる目標。目標が達成された場合に期待される状態が明確に記述できる。主に，知識・理解や技能に関する目標がこれに該当する。	「分数のわり算ができる」(多くの場合「～できる」といった行動目標のかたちで表される)
方向目標（向上目標）	ある方向へ向かっての向上や深まりが求められる目標。より伸長することが求められるがその到達点は明確にできない。関心・意欲・態度や思考力・判断力，創造性に関する目標がこれに該当する。	「意欲的に取り組む」「論理的に説明する」
体験目標	ある体験をすること，ある体験が生起すること自体を「ねらい」とするような目標である。子どもの変容自体は目指されない目標で，長期的な視野に立ち，体験の積み重ねが，態度や考え方，感じ方などの変容をもたらすと考えられている。	「修学旅行に参加する」

3) 評価規準と評価基準

　新しい学力観や到達度評価の導入によって，「評価規準 (criterion)」に基づいて評価を行うことが求められるようになっている。評価規準とは，教育の目標として，目指すべき学習の状況といった価値を含んだ内容である。教科の学習において，どのような能力や態度を育てるか，どのような知識や技能を身につけさせるかについて，「関心・意欲・態度」

「思考・判断」「技能・表現」「知識・理解」の4観点ごとに目標が記述される（表10-6）。

表10-6　評価規準の具体例：小学5年「A　数と計算」
（国立教育政策研究所，2002　より抜粋）

算数への 関心・意欲・態度	数学的な考え方 （思考・判断）	数量や図形について の表現・処理	数量や図形について の知識・理解
・（小数×整数）や（小数÷整数）の計算の意味や計算の仕方を，（整数×整数），（整数÷整数）に関連付けて考えようとする。	・（小数×整数）や（小数÷整数）の計算の意味や計算の仕方を，（整数×整数），（整数÷整数）を基にして考える。	・（小数×整数）や（小数÷整数）の計算ができる。	・（小数×整数）や（小数÷整数）の計算の意味や計算の仕方を理解している。

　評価規準は学校，学級ごとに設定するものである。単元や教科のねらいをふまえながら，学習の到達度を適切に把握できることはもちろんのこと，指導と対応していること（目標と指導と評価の一体化），学習者や学校の実態に則すこと，教師の過重な負担にならないこと，学習者や保護者にも分かりやすいこと，に留意する必要がある。

　評価規準は，教師にとっても学習者にとってもテストの得点や作品や表現などの学習の状況を到達度評価する際の「照合のわく」（高浦，2004）となる。ただし，評価規準は，あくまで質的なものであり，その目標に到達したかどうかの判断は，評価者によって異なる可能性がある。そこで用いられるのが「評価基準」である。「評価基準（standard）」は，評価規準で示された目標を，学習者がどの程度達成したかを量的な尺度によって把握し判断する目安となるものである。実際には，どのような状態であれば達成したかを具体的に判断するための分割点（cutting point）が設定される（例えば，「小数のわり算が70％できる」）。記述のかたちで「十分満足できる」，「おおむね満足できる」，「不満である」と判断されることもある。評価規準と評価基準の両方が揃ってはじめて到

達度評価が可能になるといえるだろう。

4） 評価のよりどころとしてのルーブリック

ただし，評価基準は，「技能・表現」や「知識・理解」については作成しやすいが，「関心・意欲・態度」や「思考・判断」については難しい（小島，2003；田中，2003）。

「関心・意欲・態度」や「思考・判断」といったより高次の知的機能に関する目標の評価においては「ルーブリック（rubric）」の活用に期待が寄せられている（田中，2003など）。ルーブリックとは，評価指標や評価指針，評価基準表ともよばれ，学習者の達成の度合いを具体的に記述していくものである。また，先述したように分割点が設定されるのではなく，学習者の認識活動の質的な転換点をもとに段階を設定され，具体的な学習者のパフォーマンス（作品，表現）のかたちで評価指標が記

表10-7　ルーブリックのフォーマットと小学1年の国語科におけるルーブリックの例

（国立教育政策研究所，2002を一部改変）

学習活動	評価観点	学習活動における具体的な評価規準	評価資料	評価基準		
				A (3)	B (2)	C (1)
1. …	関心・意欲・態度①		学習カード①			
2. … ①…	思考・判断②		話し合い場面の観察			
			学習カード②			
②…						

学習活動	評価観点	学習活動における具体的な評価規準	評価資料	評価基準		
				A (3)	B (2)	C (1)
③全校に発表するため練習する。	話す・聞く①	読んだ本のおもしろかったところや楽しかったところを話している。	振り返りカード②	発表の3つの観点（大きな声，ゆっくり，相手を見て）とも〈とてもよい〉と自己評価している。	発表の観点のうち，1～2つを〈とてもよい〉と自己評価している。	発表の観点のうち，3つとも〈とてもよい〉の自己評価がない。

述されているものである（田中，2003など）。ルーブリックのフォーマット例と小学1年国語科におけるルーブリックの例を表10-7に示した（国立教育政策研究所，2002）。

　ルーブリックの作成においては，目標に応じて当該の単元あるいは内容のまとまりごとに評価規準を設定し，ついでその評価規準の達成を判断するための評価基準を設定することになる。その後，実際の授業の計画，教材，発問のあり方などとの整合性を図る。さらに，実際に学習者が産出した成果物に基づき，修正が行われる場合もある。

　また，ルーブリックに記述されるのは，当該の学習に関するパフォーマンスや作品の典型的なあらわれである。そのため，ルーブリックが事前に公開されれば，学習者は学習活動をすすめていくうえでの指針，自己評価を行ううえでの観点とすることができる。その意味で，ルーブリックは，教師が学習者の到達度を把握するための枠組みであるだけはなく，学習者自身が当該の活動の目標を理解したうえで，現在の自分の学習状況を確認し今後の学習の方向性を見いだし，より高い次元を目指すことにも供されうる。

3．学習評価の新たな展開

1）協働的活動における評価

　学校における協働的な学習活動は他者との相互作用や関係性形成を基盤とした課題解決として行われることが多い。ジョンソンら（Johnson. et. al., 2004）は，そのことが評価活動の幅を広げると述べている。協働的な学習活動の特徴を学習評価という点からみると，主として次のような特徴がある。すなわち，①他者への説明の必要が生じることから，言語的やりとりのなかに学習者より高次な認知過程が顕在化する。②メンバー間で認知的葛藤が生じ，その調整や創造的課題解決の過程が示され

る。③「読み書き」だけではなく口頭での説明や図表の提示など多様な様式によって認知過程を把握することが可能となる。④ソーシャルスキルや市民的資質，価値や態度，仕事への熱心さがより明らかになる。⑤教師評価だけではなく，相互評価や自己評価の機会も増加し，その手だても，客観的テストに加え論述テストや観察，インタビュー，ソーシャルスキルの演示などにわたる（表10-8）。これらのことが，評価の機会や手がかりを広げたり，評価の偏りを軽減したりすることにつながり，評価をより意味のあるものにするというのである。

表10-8 個人を対象とした評価と集団を対象とした評価 (Johnsonら，2004)

指標	個人を対象とした評価	集団を対象とした評価
評価をする人	教師	教師，仲間，自己
評価される成果	認知的成果	認知的成果，コンピテンス，人格的成果，社会的成果，市民的成果，態度，価値，仕事への熱心さ
フィードバックをする人	教師	教師，仲間，自己
評価の頻度	教師の時間による制約を受ける	教師の時間による制約と生徒の時間による制約を受ける
モダリティ	単一	多様
社会的比較（自他の比較による正確な自己評価）	機会が限られている	継続的に行うことができる
評価器具，手続き	客観テスト	客観テスト，論述テスト，作文，観察，面接，ソーシャルスキルの演示
仲間の影響	明確ではない　達成とは無関係	達成に影響を及ぼす

ジョンソンらの指摘は学習評価におけるグループ学習の利点を主張するものであるが，次のことが示唆される。すなわち，協働的な学習活動における評価では，メンバー間の相互作用に着目していくこと，課題解決やその手続きだけではなく，活動をすすめていくために必要とする態度や技能も含めて観点とすること，多様な方法によって評価を行うこと，相互評価や自己評価を用いていくことである。

2） パフォーマンス評価

　1980年代後半より，評価の真正性が問われるようになった（田中，2008）。それは「大人が仕事場や市民生活，個人的な生活の場で試されているその文脈を模写する」（Wiggins, 1998）評価のあり方であり，「真正の評価」と呼ばれる。

　「真正の評価」の代表的な評価にパフォーマンス評価とポートフォリオ評価がある。

　パフォーマンスとは「自分の考え方や感じ方といった内面の精神状況を身振りや動作や絵画や言語などの媒体を通じて外面に表出すること，またはそのように表出されたもの」（田中，2008）である。さきに述べた「真正の評価」の観点に立てば，パフォーマンス評価は「ある特定の文脈のもとで，様々な知識や技能などを用いて行われる人のふるまいや作品を，直接的に評価する方法」（松下，2007）といえるのである。

　例えば，図10-1に示したようなPISAの数学的リテラシー（OECD, 2004）が，身についているかどうかを把握するにあたり，①現実的問題を数学的問題に定式化し，②数学的問題を解決し，③数学的解答を現実的解答へともどしていく，という過程が可視化されるような課題を設定するのである。課題は，表10-9に示すような特徴を有するものである。

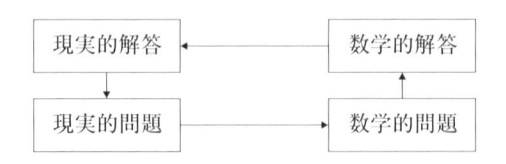

図10-1　数学的リテラシー（OECD, 2004）

表10-9　パフォーマンス・タスク（課題）の特徴
（Burke, 2006；田中，2008より転載）

1　生徒はそのタスクを選ぶ際にはいくつかの選択肢を持っている。〔表現方法の選択は生徒が判断するということ〕
2　そのタスクは，中心となる知識内容の精選と特定のプロセスの使用を要求する。〔タスクは内容と能力によって構成される教育目標に規定されるということ〕
3　そのタスクは，明確な採点システムを持っている。〔とくにルーブリックの開発が伴っているということ〕
4　そのタスクは，教師よりも広い聴衆，すなわち教室の外にあってその仕事に価値を見いだす人々のために設計されている。〔まさしく，真正のタスクであるということ〕
5　そのタスクは，それが測定すべきことをうまく測定できるように工夫されている。〔妥当性のある評価方法が開発されているということ〕

註）〔　〕内は，訳者による。

　パフォーマンス課題は，例えば，表10-10に示すようなものであり，先に示したようなルーブリックを作成して評価を行う。真正の評価の観点から，新たな評価のあり方や学力観を示唆するものである。しかし同時に，ルーブリック開発や評価方法の点で教師の負担が過重であるということ，授業過程との関連性や連動性の保障という点で課題が残る。

表10-10　パフォーマンス課題の例

> 　子ども会でハイキングに行ったところ，ある地点でコースが二手に分かれていました。さつきコースが全長3kmで，けやきコースは全長5kmです。どちらのコースをとってもレストハウスへ行けます。そこで2つのグループに分かれて，レストハウスで合流することにしました。ゆう子さんのグループは，さつきコースにしました。あきお君のグループはけやきコースにしました。
> 　10時に二手に分かれて，ゆう子さんのグループがレストハウスについたのは11時でした。その時，あきお君たちのグループはまだ到着していませんでした。「距離が長いから当然だね。あきお君たちが着くまでどのくらいかかるのかはかってみよう。」ということで，時間をはかっていたら，30分後にあきお君たちのグループがレストハウスに到着しました。ゆう子さんはあきお君に「どこかで休憩していたの？」と聞きました。あきお君は「休憩なんかしてないよ。ずっと歩いていたんだよ。」と答えました。どちらのグループも休憩したりせず，一定の速さで歩いていました。
> 　そこで，みんなはどちらのグループのほうが速く歩いたのか知りたくなりました。あなたは，どちらが速く歩いたと思いますか。考えたこととその理由を書いてください。

（松下ほか，2004 より転載）

3）ポートフォリオ評価

　ポートフォリオとは，学習の過程において学習者が制作した作品や集めた写真や記事，書きつづったメモや作文などあらゆる成果物の集積である。ポートフォリオを用いた評価とは，これらのなかから学習者の達成や発達を示すものを選択し，その価値を仲間や教師とともに認め合うとともにその学習者への次なる働きかけやカリキュラムの改善に役立てるのである。テストとは異なり，学習者が真に当該の概念を理解したり，獲得した知識や技能を活用できるかを質的に判断する「真正の評価」（authentic assessment）である（シャクリーら，2001）。また，ポート

フォリオ評価においては，学習者と教師や仲間とによる検討会（conference）が重視される。評価活動に学習者も参加することで，教師と学習者の共同作業と位置づけるのである。そのことで，教師と学習者が対話的に評価をすすめることが可能となるとともに学習者の自己評価能力の向上にも資する。

　学習者の実態に即した実践を行うことは教育活動の原則であり，教師であれば誰もがそうでありたいと願う。そのためには，学習者の学ぶ姿やその成果を適切に把握しなくてはならない。教育において，評価とはまさにこの営みを指す。

演習問題

1. 自分がこれまで受けてきた授業をふりかえって，形成的評価と思われるような教師の教授行為や評価行為があったか考えてみよう。
2. 多様な学校や教育委員会が作成したルーブリックを収集して，教育目標に照らして，適切な評価ツールとなっているかを検討してみよう。

参考文献

Gipps, C. V.（著）鈴木秀幸（訳）（2001）『新しい評価を求めて：テスト教育の終焉』論創社．
梶田叡一（2002）『教育評価（第2版補訂版）』有斐閣．
田中耕治（2008）『教育評価』岩波書店．
辰野千壽・北尾倫彦・石田恒好（編著）（2006）『教育評価事典』図書文化．

引用文献

1) Burke, K. B. (2006) *From standards to rubrics in six steps : tools for assessing student learning, K-8.* Thousand Oaks CA : Corwin Press.
2) Gipps, C. V.（著）鈴木秀幸（訳）（2001）『新しい評価を求めて：テスト教育の終焉』論創社．
3) 橋本重治・（財）応用教育研究所（2003）『2003年改訂版 教育評価法概説』図書文化．
4) Johnson, W. D. & Johnson, R. T. (2004) *Assessing students in groups : promoting group responsibility and individual accountability.* Thousand Oaks CA : Corwin Press.
5) 鹿毛雅治（2000）「学びの場で経験される評価：豊かな学びが生まれるために」長尾彰夫・浜田寿美男（編著）『教育評価を考える：抜本的改革への提言』ミネルヴァ書房．
6) 梶田叡一（2002）『教育評価（第2版補訂版）』有斐閣．
7) 梶田叡一（2003）『三訂版 教育評価：学びと育ちの確かめ』放送大学教育振興会．
8) 梶田叡一（2004）『絶対評価〈目標準拠評価〉とは何か』小学館．
9) 小島宏（2003）『授業のなかの評価』教育出版．
10) 国立教育政策研究所（2002）『評価規準の作成，評価方法の工夫改善のための参考資料：評価規準。評価方法等の研究開発（報告）小学校』．
11) 松下佳代・耳塚寛明・諸田裕子・上垣渉・神戸佳子・鈴木京子（2004）『JELS第3集 算数・数学学力調査報告』（お茶の水女子大学21世紀COEプログラム

「誕生から死までの人間発達科学」報告書).
12) 松下佳代（2007）『パフォーマンス評価』日本標準.
13) OECD（2004）『PISA2003年調査：評価の枠組み』ぎょうせい.
14) OECD/CERI（著）有本昌弘（監訳），小田勝己・小田玲子・多々納誠子（訳）（2008）『形成的アセスメントと学力：人格形成のための対話型学習をめざして』明石書店.
15) Pollard, A. (1990) Toward a sociology of learning in primary school. *British Journal of Sociology of Education* 11 (3).
16) シャクリー，B. D.・バーバー，N.・アンブローズ，R.・ハンズフォード，S. (2001) ポートフォリオをデザインする：教育評価への新しい挑戦　田中耕治監訳　ミネルヴァ書房，(Shaklee, B. D., Barbour, N. E., Ambrose, R., Hansford, S. J., (1997) *Designing and using portfolios*. MA：Allyn & Bacon.)
17) 高浦勝義（2004）『絶対評価とルーブリックの理論と実際』黎明書房.
18) 田中耕治（2003）「「目標に準拠した評価」が実践に提起していること」田中耕治（編著）『教育評価の未来を拓く：目標に準拠した評価の現状・課題・展望』ミネルヴァ書房, pp.12-25.
19) 田中耕治（2008）『教育評価』岩波書店.
20) Wiggins, G. (1998) *Educative assessment：designing assessments to inform and improve student performance*. San Francisco CA：Jossey-Bass.

11 | カリキュラムと授業のデザインと教師の専門性

藤江康彦

《**学習のポイント**》 授業は学習指導要領，教育課程，年間指導計画，単元計画等にもとづいて実施される。これらカリキュラムに基づく授業のデザインや学習環境のデザイン・実施の方法と教師の専門性について理解を深める。さらに，授業デザインにみる教師の専門的資質について検討する。
《**キーワード**》 カリキュラム，授業，学習環境，デザイン，専門性

1. カリキュラムの構成

1） カリキュラムとは

「カリキュラム」という語にはいくつかの意味がある。とりわけ我が国においては，次の2つの意味で用いられることが多かった（佐藤，1996）。1つには，「公的な枠組み」である。学校教育法，同施行規則，学習指導要領によって定められている教育目的，教科目，教育内容，学年配当，教育目標，授業時数など，一人ひとりの子どもの経験や知的興味，教師の意図や構想に関わりなく教育活動に先行して存在するものという意味である。2つには，「教育計画」である。大正自由教育においてアメリカから導入され，戦後新教育運動におけるカリキュラム運動により普及し定着した意味づけであり，教師がその専門性の発露として考案し作成するカリキュラムという意味である。現実には，「公的枠組み」としての意味合いが強いため，教師主体の「教育計画」という意味は空洞化

している。このように，いずれも，教師と子どもが創造的な経験を創出する手段としてとらえる視点，教師と子どもの創造的な活動とともに生成し発展するものとしてとらえる視点を欠いたカリキュラム観である。

近年，「カリキュラム」という語は「学習経験の総体」と再定義されつつある。それは，カリキュラムを，教室で引き起こされる子どもの学習の実相に則して検討しようとする考え方である。従来のカリキュラム観は，教師が教えた事柄と子どもが学んだ事柄が同一であることを前提としていた。しかし，現実の子どもの学習経験は，教師が予測し教えている事柄以上のものである。もとより，子どもは教室において意識的にも無意識的にも多様な経験をしている。よって，「学習経験の総体」とのカリキュラム観は子どもの学習経験の価値をより広い社会的文化的視野からとらえ直すことの必要性，そのことの文化的価値をあらためて問うことの必要性を提起する。

このカリキュラム観はまた，教師に対して，専門的資質として子どもの経験のデザインに向けた創造力や構想力を求める。教師にとってのカリキュラムは，教材を媒介とした子どもの学習経験の可能性の構想，その構想に基づく教材とプログラムのデザインである。制度的に規定された教育課程は，教師一人ひとりの意図，解釈，構想，デザインに翻案された「教師のカリキュラム」ではじめて教室において現実な機能を発揮する。つまり，カリキュラムは，教師と子どもが，教材の価値と意味を発見しあい交流しあう教育的経験の創造の手段として，さらにはその創造的経験の所産として理解することが求められているのである。

2） カリキュラムの水準

カリキュラム編成には，図11-1のように4つの水準がある（奈須，1997）。

---

1. ナショナル・カリキュラム
2. 地域のカリキュラム（地域の教育委員会が作成。地域の特殊性への配慮）

---

3. 学校のカリキュラム（計画カリキュラム－実施カリキュラム）
   ①学年別　②学級別　③年間指導計画（学期別－月別－週別）
   ④教科別　⑤単元別　⑥指導案，授業案，本時案
4. 子どもの学習経験（実施カリキュラム－経験カリキュラム）

図11-1　カリキュラムの水準

国家が編成するナショナルカリキュラムは，日本の場合「学習指導要領」である。教科書は学習指導要領に基づいて作成されるが，学習指導要領を具現化した1つの教材である。地域カリキュラムは，地域の教育委員会などが主体となって作成される。その地域に特化した資料集や副読本が作成されたり，地域の実情をふまえた総合的な学習の時間の共通のプランが策定されることもある。また，当該学校の各学年各教科で策定された計画カリキュラムとしての学校カリキュラムに沿って授業を行うが，計画と実施が一致するとは限らず実施カリキュラムは計画カリキュラムを書き換えることとなりうる。さらに，教師が実施したカリキュラムを子どもがその通りに経験しているとは限らず子どもの側からの経験カリキュラムに沿って，指導や学習の成果を評価する必要がある。

3） カリキュラムと教室

　教室は，教科内容を学ぶ知的な学習の現場であるとともに，複数の人間が社会的関係を形成し維持する社会的な場でもある。さらには，毎日の生活のなかの多くの時間を過ごす個人の居場所でもある。教室は，カリキュラムが実践される場でもあるが，具体的にどのようなかたちであらわれるのか。「時間」という点に着目をして考えてみよう。

　学校教育は，制度的には直線的な時間によって教材と学習活動が構成されている。すなわち，カリキュラムが年次の系列で組織され，一年ごとに生徒を進級させる仕組みになっている。その一年は約三カ月ごとに分割されている（学期）。いくつもの教科の授業が一週間を単位として配分され，それが45分（ないし50分）ごとに分割されて組み合わされ，時間割となり，日々の授業が運用される。効率性と生産性が追求されている。このようなカリキュラムの特徴は次のようになる。1つには，一方向的で直線的である。教室の学びは，一段ずつ階段を上るように組織され，逆戻りできない。逆戻りは，例えば「補習」などのように「特別に」あるいは非公式におこなわれる。2つには，均一的である。子どもの経験や学業達成の個人差を一度棚上げにしたかたちで，目標の達成，課題の消化が優先されている。3つには，活動の細かな分断である。1日　45（50）×4〜6コマという，細切れの時間を集積することで所定のカリキュラムが消化されていく仕組みになっている。子どもの活動のリズムやテンポ，時間のスケールに目を向ける必要がある。教師の教授行動も制度的には同様の制約を受けることになる。しかし，授業における子どもの学習経験の質を問うのであれば，そこでの経験を価値あるものとしていくことが教師の専門的資質としても求められるのであろう。

2. 授業のデザイン

1） 授業を構成しているもの

　カリキュラムを念頭において教師はどのように授業をデザインするのだろうか。授業デザインに向けた下位課題は図11-2に示した6点である（藤岡，1994）。

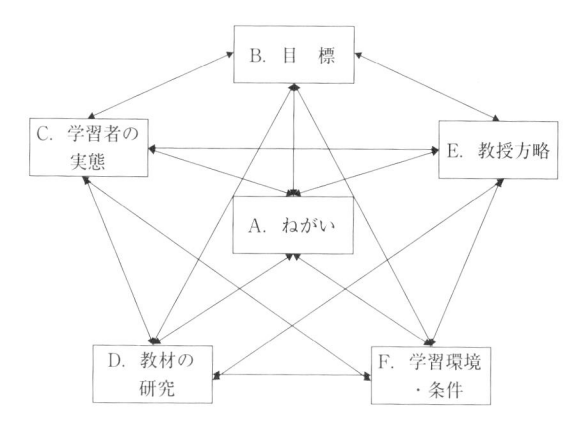

図11-2　授業デザインの6つの構成要素（藤岡，1994を一部改変）

　教師の「ねがい」は，授業を通して子どもにどのような力をつけさせたいか，どのような子どもに育ってほしいかといういわば，学習課題や教材に対する教師の教育的価値観である。授業の「目標」は，その授業で達成したい子どもの姿，学習の成果である。「学習者の実態」は，授業に参加する子どもの授業参加のあり方，学習経験，生活経験，発達段階，関係性などである。「教材の研究」は，授業における教師の仕事の中核の1つである。子どもと学習対象とを媒介するものである。教師は，教材の分析・解釈を通して教材のもつ教育的価値や文化的価値を引き出し，課題の設定や発問の構成を行う。「教授方略」は，予想されうる様々

な状況に対応するための基本方針を立てることである。教材，学習者，授業過程のそれぞれに対する方略からなる。授業形態や学習集団の構成も含み，当該の教材と学習者とを出合わせ，個々の子どもの認識をつなぎ学級で共有するための手だてである。「学習環境・条件」は，学習空間の構成，教育メディアも含めた学習を支援するための人的物的資源である。図で示されているように，これらの構成要素は，相互に複雑に関わり合っており，それによって授業が具体的な実践として成立しているのである。6つの構成要素のあり方によって，授業は時々刻々とその様相を変えていることが想像できる。

2) 授業をデザインすること

　様々な出来事が絡み合い，時間の流れのなかでその様子を変えていく，まるで生きて動いているように見える授業における教師の仕事は「授業のデザイン」ととらえられる。デザインとは，「事前の計画」よりも広い意味にとらえられている。従来，授業に関する教師の仕事は，授業の計画を立て（plan），授業を行い（do）そして評価する（see）という作業に分けられるという見方が広く採られてきた。この一連の作業のなかで「授業を行う」ことは，事前の計画（plan）を実現する（do）ものとしてみなされたのである。しかし，実際には単に計画を実施に移したものではあり得ず，また計画したとおりに実施されるとも限らない。実施したとおりに子どもが経験しているわけでもない。実際に行ってみなければどう展開するかわからない複雑で未知のものなのである。

　藤岡完治（1998）も述べているように，授業デザインという考え方は，授業が複雑性やあいまい性をその本質として有していることを前提としている。授業を行うという教師の仕事は，教師が予め立てた計画通りに子どもを操作し動かすことではない。子ども一人ひとりの学びのストー

リーを大切にしながら，それらを編み上げてシナリオをつくる作業である。それは授業前でも，授業中でも，授業後でも不断に続けられる教師の専門職たる営みである。そのシナリオも編み上げてはほどき，また新しいシナリオを編み上げるということのくり返しなのである。

3. デザインと教師の専門性

1) 教えることの推理と思考過程

教師は各授業時間をデザインし，そのデザインに基づき授業をおこない，省察して次の授業をデザインする（図11-3）。

「理解」と「翻案」が事前のデザインの過程である。教師自身がどのような内容を学習するためにその教材を用いるのかを理解する。その理解に基づき，学習者がどのように学んでいけばよいのかを考えるのである。とりわけ，翻案の段階においては，批判的解釈や分節化などを通して生徒の理解を推測しながら授業を組織していく。また，教材の表象過程では，教材研究に基づいた提示の方法を考えるのである。さらに，学習者の特性に基づき，学習目標や利用可能なリソースに応じて授業構成を選択していくのである（秋田，2005）。

2) 授業デザインと教師の専門性

授業は，テーマをめぐって展開されるコミュニケーションを通して，参加者間で認識が共有される過程である。授業の過程における教師の仕事を，第1章でとりあげた「学習環境デザイン」の4つの視点（図1-5）とかかわらせながら「テーマを設定する」，「コミュニケーションを組織する」，「認識を共有する」という3点から検討する（表11-1）。

授業は，具体的なテーマをめぐって教師と生徒，生徒同士が対峙する場である。テーマは，文化遺産の継承や発展，市民生活の遂行に必要な

```
┌─────────────────────────────────────────────────────────────────┐
│ 理解（目的・教材構造・教科内部や外との関連からみた教材内容についての理解） │◄─┐
└─────────────────────────────────────────────────────────────────┘  │
                              ⇩                                      │
┌─────────────────────────────────────────────────────────────────┐  │
│ 翻案                                                              │  │
│ ①教材の批判的解釈と分析（構造や分節化，カリキュラム開発，目的の明確化等）│  │
│   による準備過程                                                  │  │
│ ②教材の表象（アナロジー，比喩，例，説明，提示等）過程              │  │
│ ③授業構成（教え方，学習集団の組織，経営，教材の配列等）の選択過程  │  │
│ ④生徒の特性（概念，誤り，困難，言語，文化，動機，性，年齢，能力，興味，自己概念）│  │
│   に合わせた仕立て過程                                            │  │
└─────────────────────────────────────────────────────────────────┘  │
                              ⇩                                      │
┌─────────────────────────────────────────────────────────────────┐  │
│ 授業　学級経営や教材提示，やりとり，グループ活動，しつけ，ユーモア，質問など│  │
│ の能動的な指導，発見・探究学習，教室でのさまざまな形態での指導     │  │
└─────────────────────────────────────────────────────────────────┘  │
                              ⇩                                      │
┌─────────────────────────────────────────────────────────────────┐  │
│ 評価　授業中の生徒の理解をチェックし，授業や単元の終わりに生徒の理解をテスト│  │
│ し，また自分自身の行動を評価し経験を再調整する                     │  │
└─────────────────────────────────────────────────────────────────┘  │
                              ⇩                                      │
┌─────────────────────────────────────────────────────────────────┐  │
│ 省察　教師自身とクラスの遂行を分析しふり返り，見直しや再構成をし，証拠に基づ│  │
│ き説明する                                                        │  │
└─────────────────────────────────────────────────────────────────┘  │
                              ⇩                                      │
┌─────────────────────────────────────────────────────────────────┐  │
│ 新たな理解　目的や教材，生徒，授業，自分自身についての新たな理解と統合と経験│──┘
│ からの学び                                                        │
└─────────────────────────────────────────────────────────────────┘
```

図 11-3　教えることの推理と思考過程のモデル（秋田，2005）

表 11-1　授業デザインと教師の仕事

(1) テーマを設定する
① 「ねがい」と「目標」を明確化する
　・自らのねがいと授業の目標と子どもなりのねがいやその表現とをすりあわせながら授業をデザインする。
② 子どもの事実から考える
　・授業前に把握できる事実：学習経験（既有知識，学習履歴）
　・授業における子どもの姿：授業参加（状況意欲，思い）
③ 子どもや学校を取り巻く環境をふまえる
　・人的環境：
　　　学校内：教師と学習集団のメンバーとしての仲間
　　　学校外：地域の人的資源，専門家集団
　・物的環境：
　　　学校内：学校の施設や備品，アクセスできるメディアや情報，ものや空間の配置
　　　学校外：公園，学習用公共施設や民間施設の設置状況，地勢，歴史，行政，産業構造，など
　・職場環境：同僚，管理職の理解と協力（「共同体中心」の学習環境）

(2) コミュニケーションを組織する
※教室談話の3つの機能（Cazden, 1988）に基づく支援
① 子どもの学習：教室談話は，その授業で何が教えられ何が学ばれているのかを示す
② 子どもの関係づくり：教室談話は，教室の集団における関係をつくる
③ 子どもの自分づくり：教室談話は，授業参加者のアイデンティティや態度を示す

(3) 認識を共有する
① 子どもなりの論理につき合う：「学習者中心」の学習環境→教科内容との橋渡し
② 課題解決を方向づける：教科内容との橋渡し→「知識中心」の学習環境
③ 子どもの発話を引用し学級での共有を図る：「共同体中心」の学習環境

知識や規範の習得、などを目指した、教育内容とその計画をふまえたうえで設定される。教師がしなくてはならないのは、テーマを設定するために、「ねがい」と「目標」を明確化すること、子どもの事実から考えること、子どもや学校を取り巻く環境をふまえること、である。教師はこれらの点をふまえ、次のようにテーマを設定する。1つには、テーマが子どもの知的発達を保証するものであるかどうかに留意するということである。子どもなりの発想や課題解決方法はその子どもの学びの独自性を示すが、必ずしもテーマとして、あるいは課題追究の方法として適切であるとは限らない。また、教師が設定しようとした課題と子どもが追究したいと考える課題とが食い違う可能性もある。その場合、教師が設定した課題解決を進めるのか、子どもの求めに応じるのか、それとも第三の道をとるのか、意思決定のためには、課題の文化的価値やそれをその子どもたちが学ぶことの意義や自身のねがい、そして子どもの既有知識や発達課題、思いや興味関心、子どもの生活経験やその経験を支える家庭や地域の実情などに基づいて即座に判断しなくてはならない。教師が子どもと教材との橋渡しとなり、「学習者中心」の学習環境を構成することとともに「知識中心」の学習環境を構成することの必要性が生じる。しかし、このような学習環境の構成は事前に計画できるものではなく、教師には即興的対応が求められる。このように、教師や子ども一人ひとりが様々な認知的社会的な背景をもち、様々なねがいや思いを教室に持ち込みその実現を果たそうとする。時として、教師も含む授業参加者の多様な意志が互いに交錯しぶつかりあう。教室は様々な目標が網の目のように絡まり合うジレンマ状況であり、教師はそこでやりくりをしていくジレンマママネージャーである（Lampert, 1985）。様々な思いが交叉する状況においてテーマを設定していく点に、教師の専門性が示されているといってもよい。

また，授業はコミュニケーションによって成り立っている。そのコミュニケーションは多くの場合は話しことばを用いてなされる。教室談話には，その授業で何が教えられ何が学ばれているのかが示され，数十人からなる教室の集団における関係をつくり，教師や一人ひとりの子どものアイデンティティや態度を示すという機能がある（Cazden, 1988）。だからこそ，子どもの学習や関係づくり，自分づくりを支援するためにコミュニケーションを組織することが，教師の重要な仕事となる。子どもの精一杯の表現が教師の発話に茶々を入れることだったり，ふざけだったりする。そのような子どもの発話であっても学びの萌芽，切り結ばれる関係性，アイデンティティの発露，をみいだすことが教師の仕事であるといってもよいだろう。

　それゆえ，教師は授業において教室談話のマネージメントをするという役割が明らかになる。授業には多様な生活史を背負いさまざまなねがいをもった子どもが参加している。授業においては参加者間で意志のぶつかりが生じ，調整の必要が生じる。教師の発話生成は基本的にはその「調整」に向けられる。教師は子どもに比べ，圧倒的に多くの意志のぶつかりを感知しており，子どもの学びを支えるためには教室談話を進行させることが必要になるからである。それは，子どもたちの認識を共有することに向けて，コミュニケーションを「つなぐ」ことである。

　さらに，授業は，通常一人の教師と複数の子どもからなる「一対多」の対話の過程として構成されている。ただし，この「多」は「子ども全体」をさしているわけではない。これまでにもみてきたように子どもはそれぞれの学習経験や生活経験を背負った固有名で生きる存在であり，授業への参加の仕方もさまざまである。よって，授業はまず，あくまでも子ども一人ひとりの個人的な学習経験として構成されなくてはならない。そのうえで，一人ひとりが交響し合う関係性のもとで組織されなく

てはならない。そのための教師の仕事として「子どもなりの論理につき合う」こと,「課題解決を方向づける」こと,「子どもの発話を引用し学級での共有を図る」ことがあげられる。例えば,教師は,自分なりの論理展開や課題へのアプローチに基づいて発話をつづける子どもの対話者となりつつ,合いの手のように目標に迫る問いかけを挟みながら視点の転換を試みたり,ねらいに迫るほかの子どもの発言を引き出したりしている（藤江,2000a）。

　また,教師の発話を注意深く聞いていると,子どもの発話の復唱をしている（藤江,2000b）。復唱には単純なくり返しだけではなく,ことばを補って言い換えたり,要約したり,一人の子どものつぶやきを拡声して学級全体に伝えることも含んでいる。子どもの発話を受容しつつ評価を含ませることや,誰のどの発話を復唱したのかという行為自体が,学級に向けて教師の意図を暗黙的に示し,結果として談話の方向性を示している。加えて,子どもの発話の成否を断じたり,「他にありませんか」と拙速に発話を促すことなく,教師自身がその発話を吟味することが,結果として子どもの発話を促しており,復唱することによってコミュニケーションをつなぐ役割を担っている。教師の復唱は,特定の子どもの思考を,学級全体の場に引き出し,他の子どもたちの思考とすりあわせることを促してもいるといえる。思考の多様性を認め合い,自らの思考を再吟味するような関係性を教室に構築していこうとする営みは,教師だからこそできることである。一人ひとりの子どもが自らの思考を表現しあい,「共同体中心」の学習環境を構築することに向かうのである。

演習問題

1. １つの授業を取りあげて，授業デザインの６つの下位課題に基づいて分析をしてみよう。
2. 授業デザインのモデルを参考にしながら，教科やテーマを設定して授業を構想してみよう。

参考文献

森敏昭・秋田喜代美（監訳）21世紀の認知心理学を創る会（訳）（2002）『授業を変える：認知心理学のさらなる挑戦』北大路書房.

高垣マユミ（編著）（2005）『授業デザインの最前線：理論と実践をつなぐ知のコラボレーション』北大路書房.

山口満（編著）（2005）『現代カリキュラム研究：学校におけるカリキュラム開発の課題と方法（第二版）』学文社.

引用文献

1) 秋田喜代美（2005）「学習のデザイナーとしての教え手の役割」波多野誼余夫・稲垣佳世子（編著）『発達と教育の心理学的基盤』放送大学教育振興会.
2) Cazden, C. B. (1988) *Classroom discourse: the language of teaching and learning*, Heinemann.
3) 藤江康彦（2000a）「一斉授業の話し合い場面における子どもの両義的な発話の機能：小学５年の社会科授業における教室談話の分析」『教育心理学研究』, 48 (1), 21-31.
4) 藤江康彦（2000b）「一斉授業における教師の「復唱」の機能：小学５年の社会科授業における教室談話の分析」『日本教育工学会論文誌日本教育工学雑誌』, 23 (4), 201-212.
5) 藤岡完治（1994）『看護教員のための授業設計ワークブック』医学書院.

6) 藤岡完治（1998）「授業をデザインする」浅田匡・生田孝至・藤岡完治編著『成長する教師：教師学への誘い』金子書房.
7) Lampert, M.（1985）*How do teachers manage to teach? : perspectives on problems in practice*, Harverd Educational Review. 55（2），178-194.
8) 奈須正裕（1997）「カリキュラム編成の原理をめぐって：内容論」鹿毛雅治・奈須正裕（編著）『学ぶこと・教えること：学校教育の心理学』金子書房.
9) 佐藤学（1996）『教育方法学』岩波書店.

12 授業の研究方法

藤江康彦

《学習のポイント》 授業を対象とした研究には，授業の過程を理解することを目的としたもの，授業の改善や創造を目的としたものがあることを理解する。授業の過程を理解することを目的とした研究では，教室の文脈における教授・学習研究として，何らかの学習観に基づいて展開し，近年では，個人の認知過程と学習集団における協働過程との統合がめざされていることを理解する。授業の改善や創造を目的とした研究では，実践者と研究者の関係が課題となることを理解する。
《キーワード》 質的研究，相互作用分析，デザイン実験，アクション・リサーチ，コンサルテーション

1. 授業を研究すること

1） 授業へのアプローチの多様性

　私たちは，小学校から高校まで一万数千時間の授業を受けているといわれる。その授業は，様々な立場から様々な目的をもって様々な方法で研究されている。表12-1には，授業へのアプローチを構成する要因を示した。これらの要因の組み合わせで研究のあり方は多様である。

　授業の研究は，大きくは2つに分けることができるだろう。1つには，子どもの学習過程，学習集団としての教室における授業参加の規範，参加者間の関係性，コミュニケーションのありよう，などを具体的な教科学習の文脈において把握しようとするものである。2つには，授業や教材の開発と実践，分析と評価，改善と新たな実践といったデザインを具

表12-1　授業への研究アプローチの決定要因（秋田，2004）

Ⅰ　研究者の関与
　1　研究法
　　a　調査（観察，面接，フィールドワーク，質問紙調査）
　　b　実験（介入実験，デザイン実験）
　　c　実践（アクションリサーチ，レッスンスタディ）
　2　研究者のポジショニング
　　a　システム外（外部研究者）
　　b　システム境界（共同研究者）
　　c　システム内（実践共同体メンバー）
　3　アプローチとその基盤理論
　　a　理論ベースドアプローチ　グランドセオリー
　　b　デザインベースドアプローチ　ローカルセオリー
　　c　実践ベースドアプローチ　グラウンデッドセオリー
　4　データ様式
　　a　量　b　質
　5　データ収集期間
　　a　横断　b　縦断
　6　対象サンプル
　　a　大規模　b　少数比較　c　1事例研究対象
Ⅱ　研究対象
　A　学習空間システム
　　a　生徒：行動（方略，態度，技能等），認知（知識，思考，信念等），情動（興味関心，感情），対人（関係性，自己）
　　b　教師：行動（方略，態度，技能等），認知（知識，思考，信念等），情動（興味関心，感情），対人（関係性，自己）
　　c　教科・課題内容
　　d　指導法・学習法
　　e　学習集団組織（個別・ペア・グループ学習・一斉，学級人数，習熟度能力別等）
　　f　学習環境リソース・道具（e-learning，外部専門家等）
　B　学習時間システム
　1　学習の時間単位
　　a　発話系列　b　学習活動　c　授業　d　単元・プロジェクト
　　e　カリキュラム　f　学年　g　文化
　2　授業の形成単位
　　a　授業デザイン　b　授業実施　c　授業評価・省察

体的で固有名の学習者や教師を対象として実際に行うというものである。

2） 研究者のポジショニングと理論確立への志向

この2つの研究の志向性を分けるものは，研究者自身がどのように対象に対する位置取りをするのかということである。表12-1でいえば，「Ⅰ-2　研究者のポジショニング」であるが，a 外部研究者として研究課題や関心により研究を行う，b 研究者が教師と協働して課題を立てて研究を行う，c 教師主体の研究に関わる，という3つのあり方である。そのポジショニングは，秋田（2004）によれば，「Ⅰ-3　アプローチとその基盤理論」によって異なる。すなわち，心理学や教育学，社会学の理論を基盤として普遍理論（グランドセオリー）の生成確立を志向するのか，対象となる授業の文脈に基づき，特定の範囲の文脈を共有するなかでその特徴を説明する局所理論（ローカルセオリー）の生成を志向するのか，個別の実践や実践者のなかに暗黙に働いている実践に密着した理論（グラウンデッドセオリー）を見いだしていくのか，という違いである。普遍理論の確立は学界への貢献が，授業の文脈に密着した理論であるほど当該の実践への貢献が，より大きくなる。

3） 子どもと教師の活動をとらえる授業研究の系譜

授業研究は，授業のコミュニケーションに着目し，授業における子どもや教師の活動のありようをどのようにとらえてきたのか。

1つには，子どもや学級集団の思考過程の把握が目指された研究（重松・上田・八田，1963；砂沢，1960等）である。子どもの思考について，実験室的な入出力間の比較ではなく，その「過程」への着目が志向された。実際には構造化や類型化の作業が中心となったが，研究者自身による逐語記録の作成が授業研究の基本的な作業として位置づけられ，現実

の言語的相互作用過程が対象とされた点で臨床的志向をもっていた。

2つには，教師の働きかけと子どもの反応形成の因果関係の解明が目指された研究（澤田ら，1962；竹下，1964等）である。教師のいかなる働きかけが子どものいかなる行動を引き出すかの解明が主題であった。学習を規定する要因の多さゆえに，実際には特定の変数にのみ限定して研究が進められた。一方で，再現性のあるカテゴリーシステムや分析手法が開発され，教室の状況を数量的に表現する可能性が開かれた。

3つには，授業過程を支える学級の人間関係や雰囲気の記述が目指された研究（木原，1958；Flanders，1970等）である。コミュニケーションは教授＝学習の効果を高めるためのデータとして扱われた。個としての教師に対し子どもが集団として把握され，教師の働きかけが一方向的に子どもの反応を形成するモノローグ的状況として授業がとらえられた。

以上の研究では，教室における具体的で生々しいコミュニケーションの過程を研究の俎上にのせることによる実践の理論化が志向されるとともに，種々の分析手法や観点が提案された。しかし，授業が，単一的な「規則体系」の実現過程としてみなされ，ことばが知識の媒介物としてのみとらえられたり，教師から子どもへの一方向的な情報伝達が前提とされていた点で，教師や子どもたちのダイナミックな相互作用によって「実現される」過程としての授業の状況が十分に明らかにされなかった。

それに対して，近年では，授業を子どもや教師が学び暮らす生態学的な場であると位置づけ，そこでの複雑な諸変数間の関係をそのままとらえ，その場に生きる授業参加者にとっての事象や行為の意味を「いま－ここ」のローカルな状況において具体的に解釈し再構成していくことがめざされている。また，学習者の学習，発達の過程を丁寧にとらえ，過程－成果ではとらえることのできない，知識構築や意味の生成，熟達の過程を微視発生的に明らかにすることがめざされている。

たとえ，普遍理論の確立を志向していたとしても，授業のその場に身をおいて，参加者の声を内側からとらえ，その多様性に注意を払うのである。一般化を志向していたとしても，その出発点は一回性をもった個々の授業にあるからである。以下では，近年の研究を，授業の理解をめざす研究，授業の創造をめざす研究に分けて検討していく。

2. 授業を理解する

1） 学習研究としての授業研究

授業をどのような過程としてとらえるのかはどのような学習観に基づいているかによって異なる。主要な学習理論に沿って考えよう。

学習を「経験の結果として生じる比較的永続的な行動の変化」とする行動主義の学習論のもとでは，条件づけや反復，結果の即時フィードバックが有効であるとみなされた。それゆえ，授業は主として教師の教授行動の系列としてとらえられた。学習者に対して，刺激あるいはKRとしてどのような情報を提示すべきかが重視されたのである。

人間の知的行動を，情報処理モデルで説明し，学習を「既有知識を使いながら，新たな情報を取り入れ，頭の中に新たな知識の構造を作り出し，変化させていくこと」ととらえる認知主義の学習論のもとでは，記憶，知識構築，思考，問題解決などの概念で人間の学習を説明した。それゆえ，授業は主として学習者の情報処理，問題解決の過程ととらえられた。とりわけ，これらの手続きやプランニング，モニタリングといったメタ認知やこれらの熟達を促すことが重視されたのである。

他者との相互作用における認知過程に焦点をあてた社会文化的アプローチでは，学習は「大人-子ども，子ども間の協同による，文化的道具に媒介された活動から生まれる」とされ，授業が行われている文脈や社会的，文化的，制度的，歴史的状況との関連で学習者や教師の行為を

とらえることがめざされた。とりわけ，ことばや記号といった道具に媒介された行為の1つとして授業における学習をとらえ，道具とのかかわり，他者との言語的相互作用に着目されたのである。

2） 質的研究

質的研究の目的は出来事や経験を詳しく記述し，可能な限り説明することである（Willig, 2001；無藤，2004）。教育や学習研究における質的研究は，社会学や文化人類学の影響を受け，イギリスでは1960年代から，アメリカやヨーロッパ諸国では1970年代から取り組まれてきた。客観的に現象を解明し，一般化できる概念や理論の構成をめざす量的研究に対して，質的研究は，対象者にとっての出来事や行為の意味を具体的に構成していくことをめざす。そのために，まずはその場を理解すること，そしてその場にいる人たちの声を内側からとらえることが求められるのである。授業場面であれば，授業の起こっている状況，授業に参加している子どもや教師の発話や行為を精緻にとらえること，そのうえで，その状況における子どもや教師の発話や行為の意味を解釈し再構成していくことによって，授業を理解しようとするのである。

調査の過程においては，ビデオカメラやICレコーダといった映像や音声記録の装置を活用することにくわえ，その現場に身を置き，そこで暮らし学ぶ人々と文脈を共有し，その文化のリズムやテンポや呼吸に身を添わせ，「もの，こと，人」の性質や，文脈に潜在する関係性などを五感を駆使して統合的にとらえることも重要である。しかし，とらえただけでは理解したことにはならない。言語化することではじめて知となり他者に伝えるための基盤を得ることになる。現場の「もの，こと，人」が何であるのかを理解し，他者に伝えるために，その事柄の詳細を克明にフィールドノーツに記録することになる。走り書きのメモやイラスト

なども含め，対象を観察して知覚したもののなかから，調査者にとってある視点をもった意味の固まり（石黒，2001）が言語化，イメージ化され記述される。

3） 相互作用分析

近年，教室における教授・学習過程は，教師から学習者への一方向的な情報伝達ではなく，仲間との相互作用や，社会や文化といった外的諸変数の影響を受けた，知識構築の過程であるとみなされるようになった。個人の認知発達と相互作用活動とがどのようにして一緒に機能するのかあきらかにしていく上で，相互作用分析が適していると指摘されている（Greeno, 2006）。例えば，第6章で紹介した高垣ら（2004）の研究

表 12-2　TDの質的分析カテゴリー（高垣，2005）

	カテゴリー	分類基準
表象的トランザクション	1-(a) 課題の提示	話し合いのテーマや論点を提示する。
	1-(b) フィードバックの要請	提示された課題や発話内容に対して，コメントを求める。
	1-(c) 正当化の要請	主張内容に対して，正当化する理由を求める。
	1-(d) 主張	自分の意見や解釈を提示する。
	1-(e) 言い換え	自己の主張や他者の主張と，同じ内容をくり返して述べる。
操作的トランザクション	2-(a) 拡張	自己の主張や他者の主張に，別の内容をつけ加えて述べる。
	2-(b) 矛盾	他者の主張の矛盾点を，根拠を明らかにしながら指摘する。
	2-(c) 比較的批判	自己の主張が他者の示した主張と相容れない理由を述べながら，反論する。
	2-(d) 精緻化	自己の主張や他者の主張に，新たな根拠を付け加えて説明し直す。
	2-(e) 統合	自己の主張や他者の主張を理解し，共通基盤の観点から説明し直す。

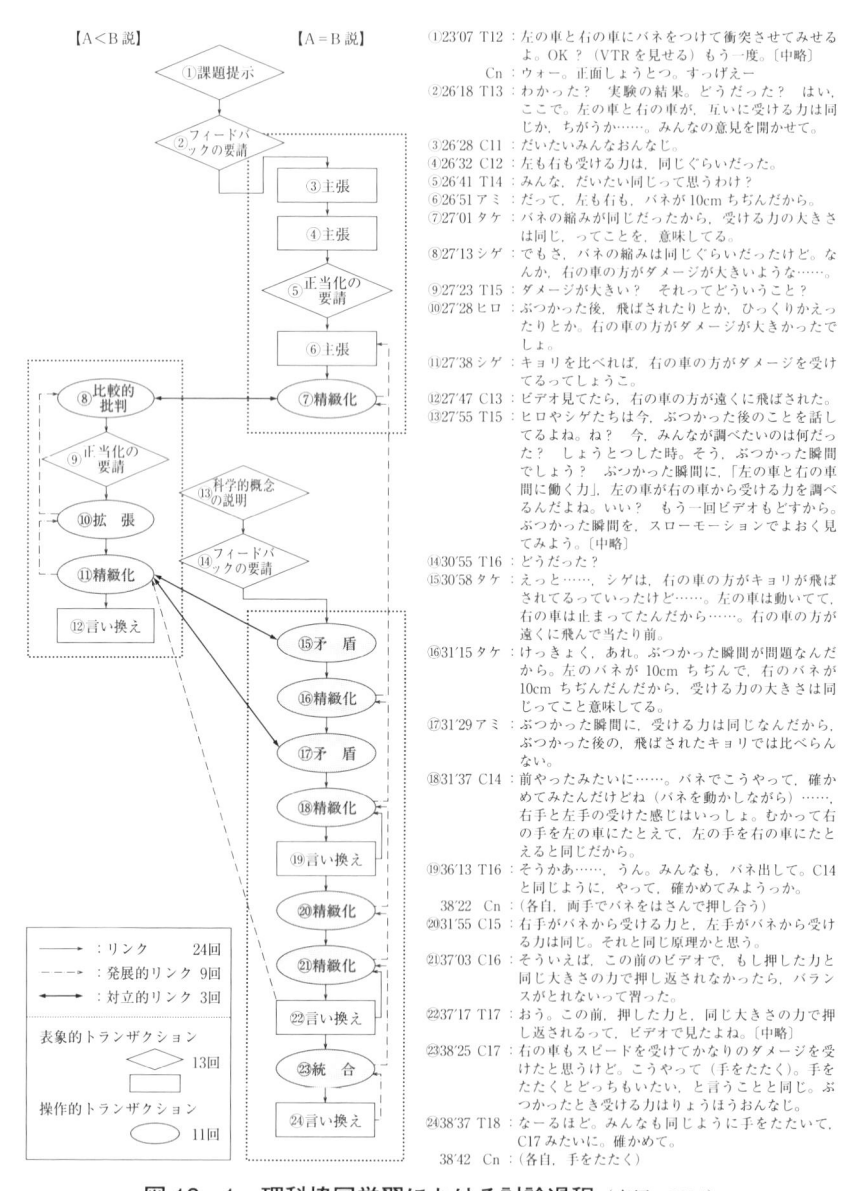

```
                                    ①23'07 T12：左の車と右の車にバネをつけて衝突させてみせる
         【A<B 説】      【A＝B 説】            よ。OK？（VTRを見せる）もう一度。〔中略〕
                                            Cn：ウォー。正面しょうとつ。すっげえー
               ①課題提示                ②26'18 T13：わかった？ 実験の結果。どうだった？ はい，
                                            ここで。左の車と右の車が，互いに受ける力は同
              ②フィードバ                    じか，ちがうか……。みんなの意見を聞かせて。
               ックの要請               ③26'28 C11：だいたいみんなおなじ。
                                    ④26'32 C12：左も右も受ける力は，同じぐらいだった。
                          ③主張      ⑤26'41 T14：みんな，だいたい同じって思うわけ？
                                    ⑥26'51 ヒロ：だって，左も右も，バネが10cmちぢんだから。
                          ④主張      ⑦27'01 タケ：バネの縮みが同じだったから，受ける力の大きさ
                                            は同じ，ってことを，意味してる。
                         ⑤正当化の     ⑧27'13 シゲ：でもさ，バネの縮みは同じぐらいだったけど。な
                          要請                 んか，右の車の方がダメージが大きいような……。
                                    ⑨27'23 T15：ダメージが大きい？ それってどういうこと？
                          ⑥主張      ⑩27'28 ヒロ：ぶつかった後，飛ばされたりとか，ひっくりかえっ
                                            たりとか。右の車の方がダメージが大きかったで
      ⑧比較的              ⑦精緻化            しょ。
       批判                          ⑪27'38 シゲ：キョリを比べれば，右の車の方がダメージを受け
                                            てるってしょうこ。
      ⑨正当化の                       ⑫27'47 C13：ビデオ見てたら，右の車の方が遠くに飛ばされた。
       要請          ⑬科学的概念        ⑬27'55 T15：ヒロやシゲたちは今，ぶつかった後のことを話し
                     の説明                    てるよね。ね？ 今，みんなが調べたいのは何だっ
      ⑩拡 張                                  たとつとした時。そう，ぶつかった瞬間
                    ⑭フィードバ                   でしょう？ ぶつかった瞬間に，「左の車と右の車
      ⑪精緻化         ックの要請                   間に働く力」，左の車が右の車から受ける力を調べ
                                            るんだよね。いい？ もう一回ビデオもどすよ。
       ⑫言い換え                                 ぶつかった瞬間を，スローモーションでよおく見
                                            てみよう。〔中略〕
                          ⑮矛 盾      ⑭30'55 T16：どうだった？
                                    ⑮30'58 タケ：えっと……。シゲ，右の車の方がキョリが飛ば
                          ⑯精緻化            されてるっていってたけど……。左の車は動いてて，
                                            右の車は止まってたんだから……。右の車の方が
                          ⑰矛 盾            遠くに飛んで当たり前。
                                    ⑯31'15 タケ：けっきょく，あれ。ぶつかった瞬間が問題なんだ
                          ⑱精緻化            から。左のバネが10cmちぢんで，右のバネが
                                            10cmちぢんだから，受ける力の大きさは同
                          ⑲言い換え           じってこと意味してる。
                                    ⑰31'29 アミ：ぶつかった瞬間に，受ける力は同じなんだから，
                          ⑳精緻化            ぶつかった後の，飛ばされたキョリでは比べらん
                                            ない。
                          ㉑精緻化     ⑱31'37 C14：前やったみたいに……。バネでこうやって，確か
                                            めてみたんだけどね（バネを動かしながら）……，
      :リンク   24回                           右手と左手の受けた感じはいっしょ。むかって右
                                            の手を左の車にたとえて，左の手を右の車にたと
     :発展的リンク 9回       ㉒言い換え            えると同じだから。
     :対立的リンク 3回                 ⑲36'13 T16：そうかあ……。うん。みんなも，バネ出して。C14
                          ㉓統 合            と同じように，やって，確かめてみようか。
     表象的トランザクション                 38'22 Cn：（各自，両手でバネをはさんで押し合う）
              13回         ㉔言い換え   ⑳31'55 C15：右手がバネから受ける力と，左手がバネから受け
                                            る力は同じ。それと同じ原理かと思う。
     操作的トランザクション                ㉑37'03 C16：そういえば，この前のビデオで，もし押した力と
              11回                           同じ大きさの力で押し返されなかったら，バラン
                                            スがとれないって習った。
                                    ㉒37'17 T17：おう。この前，押した力と，同じ大きさの力で押し
                                            返されるって，ビデオで見たよね。〔中略〕
                                    ㉓38'25 C17：右の車もスピードを受けてかなりのダメージを受
                                            けたと思うけど。こうやって（手をたたく）。手を
                                            たたくとどっちもいたい，と言うことと同じ。ぶ
                                            つかったとき受ける力はりょうほうおんなじ。
                                    ㉔38'37 T18：なーるほど。みんなも同じように手をたたいて，
                                            C17みたいに，確かめて。
                                     38'42 Cn：（各自，手をたたく）
```

図12-1 理科協同学習における討論過程（高垣，2004）

では，表12−2のようなカテゴリーを用いた相互作用分析を通して，子どもたちの討論の過程を分析している（図12−1）。

相互作用分析の特徴は，Sawyer（2006）によれば，次の2点である。1つには，教師による教示がなくても学習者がいかに学ぶのかを明らかにするということである。これは，近年の学習科学研究が，学習者間の互恵的な協働過程を授業につくり出すことを目的の1つとして進められたことによる。相互作用分析によって協働の過程が明らかになるというのである。2つには，談話過程と学習に影響を及ぼす外的表象のメカニズムを明らかにするということである。学習科学研究においては，談話を分節化したり具体化する手法を用いることで，協働過程がいかにコンピュータディスプレイ上の表示やノートの記述といった外的表象に媒介されているかが明らかにされた。外的表象は，小集団の活動を導く足場かけとして作用している点で教育的役割を担っているのである。

他方で，方法論的な問題として，次の点も指摘されている。協働過程における談話から個人の知識を区別するために，相互作用分析，実験的，認知的分析など複数の方法を組み合わせなければならず，データが大量となり分析に時間を要する。また，参加者が何を理解しどのような知識が構築されているのかを明らかにするために，微視的な分析を進めるが，実際には非常に短時間の記録を詳細に分析するために，教室の複雑な流れのうち，ほんの小さな部分にしか焦点があてられないのである。

3. 授業を創造する

1） デザイン実験

少数の教室での学習事例を丁寧に記述し，検討して，先行研究の知見から改善のデザインや教授プランを考え，実行し，評価を通してより一般化可能なデザイン原理を導き出す研究をデザイン実験という。「教室を

構成するさまざまな側面（教師教育，カリキュラム，テスト）などの関係は決して独立したものではなく，相互依存的である。したがって教室の中に展開しているシステム全体から1つの側面だけを抜き出して論じることは困難である」(Brown, 1992) という見解に基づく。学校を基盤としたカリキュラム開発を行い研究チームと学校とが連携したプロジェクトとして行われることが多い。その手続きの例を図12-2に示した。

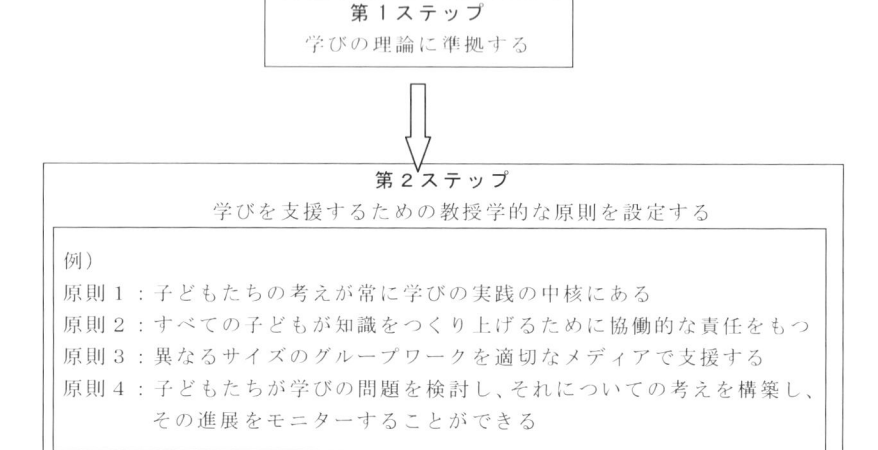

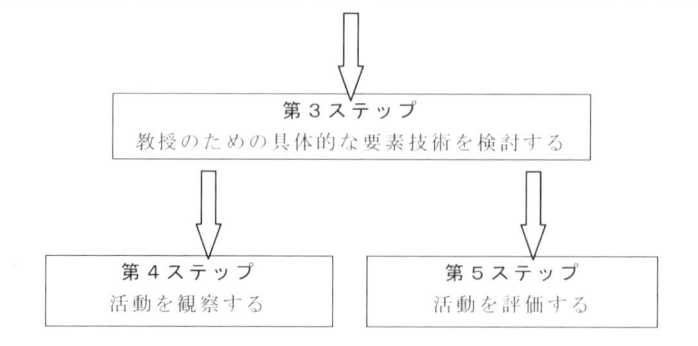

```
┌─────────────────────────┐
│       第1ステップ         │
│   学びの理論に準拠する      │
└─────────────────────────┘
             ↓
┌─────────────────────────────────────────────┐
│               第2ステップ                    │
│   学びを支援するための教授学的な原則を設定する    │
│ ┌─────────────────────────────────────────┐ │
│ │例）                                      │ │
│ │原則1：子どもたちの考えが常に学びの実践の中核にある│ │
│ │原則2：すべての子どもが知識をつくり上げるために協働的な責任をもつ│ │
│ │原則3：異なるサイズのグループワークを適切なメディアで支援する│ │
│ │原則4：子どもたちが学びの問題を検討し，それについての考えを構築し，│ │
│ │      その進展をモニターすることができる       │ │
│ └─────────────────────────────────────────┘ │
└─────────────────────────────────────────────┘
             ↓
┌─────────────────────────┐
│       第3ステップ         │
│ 教授のための具体的な要素技術を検討する │
└─────────────────────────┘
         ↓           ↓
┌──────────────┐ ┌──────────────┐
│  第4ステップ   │ │  第5ステップ   │
│  活動を観察する │ │  活動を評価する │
└──────────────┘ └──────────────┘
```

図12-2　デザイン実験のステップ（大島, 2007をもとに作成）

第1ステップでは「どのような理解や技能を学習者に獲得してほしいか」を定義する，ポリシーの確立の段階である．大島（2007）の実践では「知識構築としての学び」という理論に基づいて，学習者が「意識的な学習活動」に従事し，それが「漸進的な問題解決活動」として成立することを主眼としていた．第2ステップでは授業設計の前に，学習者が学ぶべきことを想定して，教授者が一貫してもつべき教育方針のようなものを明確に記述する．実践では，「漸進的な問題解決活動」を促すために，例えば原則3にあるようにグループ間コミュニケーションをデザインし，それを支援するメディアを用意している．第3ステップで検討する「要素技術」とは，学習場面で実際に使用する教授法，教材，活動などのさまざまな手段のことである．実践では，第9章で紹介したように，「遺伝子組み換え食品」について，3つの追究テーマごとに，3，4名からなる小集団を編成して自らの調べたい方法で追究しているが，これは原則2「すべての子どもが知識をつくり上げるために協働的な責任をもつ」ことを促す状況をつくり出すためであった．また，子どもたちの独自の追究方法や活動ペースとグループ間コミュニケーションとを両立させるために，ネット上の掲示板が活用された．第4ステップと第5ステップは並行して行われる．学習活動の記録をデータとして収集し，「計画段階で選択した要素技術が適切に機能したか」，「それらの支援に基づいて学習者はどこまで理解のレベルを向上させたか」あるいは「期待される認知活動に従事したか」を明らかにする．そして，形成的評価や総括的評価を活用して，「さらによくするところ」，「うまく機能しなかったところ」を明らかにして，修正してさらに実践をつづけるのである．

2） アクション・リサーチとコンサルテーション

　教育や学習の実践に関する研究には表12-3のようなものがある。

　「観察研究」や「参与観察」が実践に「ついて」研究することを目的としているのに対して，アクション・リサーチは，実践を「通して」の研究，実践「しながら」の研究である。「実践の場で起こる問題，実践から提示された問題を分析して探究し，そこから導かれた仮説にもとづき，次の実践を意図的に計画実施することにより問題への解決・対処をはかり，その解決過程をも評価していく研究方法」（秋田，2001）であり，「問題意識―計画―実行―評価」の循環からなる。重要なのは，問題の分析や追究に基づいて「次の実践を意図的に計画実施する」という点である。

表12-3　実践研究へのかかわり方（秋田，2001を改変して転載）

型・名称	研究者と実践との関連	実践の位置づけ	実例
観察研究	一時的ストレンジャー，透明人間	実践についての研究	
参与観察	継続的ストレンジャー，異文化者	実践についての研究	
アクション・リサーチ（コンサルテーション）	実践づくりの間接的支援者，コンサルタント	実践を通しての研究	校（園）内研究，ケースカンファレンス，巡回指導，発達相談
アクション・リサーチ（カウンセリング，介入訓練）	特定の問題場面での実践者，カウンセラー，訓練指導者	実践を通しての研究	認知カウンセリング，養育指導
アクション・リサーチ（実践者による研究）	日常的・継続的な全面的実践者	実践を通しての研究	教師や親自身による実践と研究

問題解決のサイクルでは，対象の変化をとらえ，その変化のあり方への個別的な対応を考える。その過程では，きわめて文脈に根ざした知識が求められる（Greenwood & Levin, 2000）ため，アクション・リサーチは事例研究として営まれる。問題解決においては，何らかの望まれる成果，目指すべき状態が想定されている。そこには，何らかの教育的価値観が存在し，その価値観に照らして取り組みの成否が判断される。

　アクション・リサーチの提唱者は，アメリカの社会心理学者クルト・レヴィン（Kurt Levin）である。レヴィンは，人間の行動は，人と環境との相互作用によって生じるととらえ，集団の中で生きる個人の行動や心理を，集団内での緊張や葛藤との関係で説明しようとした。そして，当時の労働現場における効率性を優先させた人事管理のなかでストレスを感じたり，労働の意義を喪失し困難や葛藤を感じたりしている人々に目を向け，労働環境や組織のあり方の改善に向けてアクション・リサーチを始めた。教育実践においては，1960年代から70年代にかけてのイギリスにおける中等学校カリキュラム改革の取り組みが代表的である（Elliott, 1991；Stenhouse, 1975）。学校における授業改善，カリキュラム開発，教師の職能発達そして学校改革を統合的につなぐ研究アプローチとしてアクション・リサーチが位置づけられている。

　コンサルテーションとは，コンサルタントが実践の場に赴き，日常的関係のなかで子どもや教師の成長を支援するシステムを教師とともに構築する活動（無藤，1995）である。教師の専門性や責任性を尊重し（山本，2000），自分の実践や学級の状態，社会的位置を対象化，相対化させる点で，教師自身が問題解決に向かうことを促し，教師の自己実現を支援していく。子どもの発達や学習を支援していく実践者の専門性や主体性を重視し，教師が追究しようとしている課題とその方向性を尊重して，「実践の中の理論（theory in practice）」（Schön, 1983）を創造して

いく。基盤となるのは，研究者と実践者という異種の専門家同士のパートナーシップである。研究者側は実践の中の理論と心理学や教育学の理論との往還の中で問題構造を可視化したり解決策の選択肢を提示する。教師間の対話を重視して，そこに周辺的に関わる，いわばファシリテーターとしての役割を担うこともある（Feldman & Atkin, 1995）。

　これらのとりくみの目的は，組織や環境の改善だけではない。アクション・リサーチもコンサルテーションも，改善や改革の担い手はその場に生きている当事者であり，研究者はその支援者と位置づけられる。すなわち，研究者の役割は問題の構造を示し，改革の方向性を実践者とともに考えることや，自らの力で改善や変革を推し進めていくことができるような力を実践者に育てることである。実践者が自分の専門的役割において，実践を改善し個々に成長すること（Elliott, 1991），さらに，集団が個々人の寄り集まりの状態から共同体として成熟していくことを支援していく。アクション・リサーチの社会的基盤は参加，教育的基盤は改善（McNiff, 1988）とも指摘され，啓発や教育や訓練の機会としてワークショップの有効性も提起されている。

3） 取り組みを評価すること

　よって，研究者の研究課題や志向性のみが先行して実践者の専門性や主体性を疎外してしまわないためには，評価が必要である。

　デザイン実験の場合は，第4ステップと第5ステップを並行して実施することで評価を行っている。形成的評価によって毎時の授業のふり返りと修正を行う。総括的評価によって授業計画全体のふり返りと見直しを行い，さらなる発展を考える。大島らの報告では，次年度の実践に向けて要素技術の1つを修正し，授業設計全体を変更したという。

　アクション・リサーチの場合は，活動が当該の問題解決にどれだけ機

能したかという「有効性」，同じような文脈で生じた別の課題の解決に その方法でもって別の者が取り組んでも解決が可能かという「実用性」， 研究者の行為や解決策が実践者や別のフィールドの実践者にも受け容れ られるかという「受容性」という点から評価がなされる（秋田，2005）。 ここでも評価は，形成的評価として位置づけられる必要がある。アク ション・リサーチは循環的な営みであるので，有効性や実用性，受容性 に照らして問題が生じていれば，不十分な点を補ったり，新たに課題を 立て直して解決への方策を探したりすることになる。

　取り組みにおいては，研究者自身の自己評価も求められる。問題解決 の主体はあくまで実践者である。それゆえ，当該の問題解決にあたり， 研究者は，自分はどういった立場に立ち，どういった専門性を発揮する ことが必要となるのかを見定める必要がある。また，取り組みの成果や 実践者の成長に関する責任が求められる。調査研究は「実践がどうなっ ているか，そこで何が行われているかを知りたい」という問いから始ま るが，アクション・リサーチは「ここで私は何ができるだろうか」とい う問い（秋田，2001）から始まるといってもよい。

演習問題

1. 授業研究の研究例をいくつか取り上げて，どのような学習観に基づ いてなされているか，検討してみよう。
2. 授業観察や授業記録の採取を行い，そこでの学習者間，学習者と教 師間の言語的相互作用を文字化して分析してみよう。

参考文献

秋田喜代美・恒吉僚子・佐藤学（編）『教育研究のメソドロジー：学校参加型マインドへのいざない』東京大学出版会.
秋田喜代美・藤江康彦（編著）『事例から学ぶはじめての質的研究法：教育・学習編』東京図書.
Denzin, N. K. & Lincoln, Y. S.（2006）平山満義（監訳）『質的研究ハンドブック』岡野一郎・古賀正義（編）「第1巻　質的研究のパラダイムと眺望」, 藤原顕（編）「第2巻　研究の設計と戦略」, 大谷尚・伊藤勇（編）「第3巻　質的研究資料の収集と解釈」』北大路書房.

引用文献

1) 秋田喜代美（2001）「教育・発達における実践研究」南風原朝和・市川伸一・下山晴彦（編）『心理学研究法入門：調査・実験から実践まで』東京大学出版会, pp.153-190.
2) 秋田喜代美（2004）「授業への心理学的アプローチ：文化的側面に焦点をあてて」『心理学評論』47（3）, 318-331.
3) 秋田喜代美（2005）「学校でのアクション・リサーチ」秋田喜代美・恒吉僚子・佐藤学（編）『教育研究のメソドロジー：学校参加型マインドへのいざない』東京大学出版会, pp.163-183.
4) Brown, A. L.（1992）Design experiments：theoretical and methodological challenges in creating complex interventions in classroom settings. *The Journal of the Learning Sciences*, 2, 141-178.
5) Elliott, J.（1991）*Action research for educational change : developing teachers and teaching*. Milton Keynes, CA：Open University Press.
6) Feldman, A. & Atkin, M.（1995）Embedding action research. In S. E., Noffke, & R. B. Stevenson.（Eds.）*Educational action research : becoming practically critical*. Teachers College Press
7) Flanders, N. A.（1970）*Analysing teacher behavior*. Reading, MA.：Addison-

Wesley Publishing Company.
8) Greenwood, D. J., & Levin, M. (2000) Reconstructing the relationship between Universities and society through action research In N. K. Denzin, & Y. S. Lincoln (Eds.) *Handbook of qualitative research. 2nd edition*. Sage Publications. pp.85-106.
9) Greeno, G. J. (2006) Learning in activity, In R. K. Sawyer (Ed.), The Cambridge *Handbook of the Learning Sciences*, pp.79-96. New York：Cambridge University Press. (河野麻沙美 (訳) (2009)「活動の中での学習」森敏昭・秋田喜代美 (監訳)『学習科学ハンドブック』培風館, pp.66-79).
10) 稲垣恭子 (1989)「教師―生徒の相互行為と教室秩序の構成：「生徒コード」をてがかりとして」『教育社会学研究第』45集, 123-135.
11) 石黒広昭 (2001)「フィールドリサーチにおけるAV機器：ビデオをもってフィールドに行く前に」石黒広昭 (編)『AV機器をもってフィールドへ：保育・教育・社会的実践の理解と研究のために』新曜社, pp.1-25.
12) 木原健太郎 (1958)『教育過程の分析と診断：教育の生態と教育社会学』誠信書房.
13) Mcniff, J. (1988) *Action research : principles and practice*. Routledge.
14) 無藤隆 (1995)「制度の下における成長とその専門的支援システムの構築：学校における子どもと教師の成長をめぐって」無藤隆・やまだようこ (編)『講座 生涯発達心理学1 生涯発達心理学とは何か：理論と方法』金子書房.
15) 無藤隆 (2004)「研究における質対量：生成の視点へ」無藤隆・やまだようこ・南博文・サトウタツヤ (編)『質的心理学：創造的に活用するコツ』新曜社, pp.2-7.
16) 大島純 (2007)「学習環境形成のデザイン実験」秋田喜代美・藤江康彦 (編著)『事例から学ぶはじめての質的研究法：教育・学習編』東京図書, pp.215-242.
17) 澤田慶輔・波多野誼余夫・伊藤隆二・野村東助・高橋丈司・神保信一・大橋一憲 (1962)「道徳」授業過程の心理学的分析：Ⅰ 教育心理学研究 10 65-77.
18) Sawyer, R. K. (2006) Analyzing Collaborative Discourse, In R. K. Sawyer (Ed.), The Cambridge *Handbook of the Learning Sciences*, pp.187-204. New York：Cambridge University Press. (箕輪潤子 (訳) (2009)「協働的ディスコースの分析」森敏昭・秋田喜代美 (監訳)『学習科学ハンドブック』培風館, pp.143-

156).
19) Schön, D. A. (1983) *The reflective practitioner : how professionals think in action*. Basic Books.
20) 重松鷹泰・上田薫・八田昭平（編）(1963)『授業分析の理論と実際』黎明書房.
21) Stenhouse, L. (1975) *An introduction to curriculum research and development*. Hinemann.
22) 砂沢喜代次 (1960)「教授―学習過程の構造分析」『北海道大学教育学部紀要』第 7 号, 2-70.
23) 高垣マユミ・中島朋紀 (2004)「理科授業の協同学習における発話事例の解釈的分析」『教育心理学研究』52 (4), 472-484.
24) 高垣マユミ (2005)「授業研究の新しい視点と方法」高垣マユミ（編著）『授業デザインの最前線：理論と実践をつなぐ知のコラボレーション』北大路書房, pp.1-16.
25) 竹下由紀子 (1964)「教師の発言に関する分析的研究：観察規準の作成」『新潟大学教育学部紀要』5　55-64.
26) Willig, C. (2001). *Introducing qualitative research in psychology : adventures in theory and method*. Buckingham：Open University Press.（上淵寿・大家まゆみ・小松孝至（訳）(2003)『心理学のための質的研究法入門：創造的な探究に向けて』培風館).
27) 山本和郎 (2000)『危機介入とコンサルテーション』ミネルヴァ書房.

13 | 授業研究による教師の学習過程

秋田喜代美

《学習のポイント》 教師は授業を行っていくための知識をどのようにして学んでいるのだろうか。そしてその学習に影響を与えるのはどのような要因なのだろうか。教師個人の学習過程と共に，学校という組織の中で，専門的知識や思考様式を学んでいく過程を考えてみよう。
《キーワード》 レッスン・スタディ，事例研究，校内研修，同僚性，学校文化

1. 学習の場としての授業研究の広がり

1）授業への問いから始まる研究

　教師は授業をするだけではなく，日々授業を振り返り，子どもの学習の質をよりよいものへと改善するための探究を行っている。初任教師は先輩の授業から学ぼうとする。この意味で授業研究は，教師の学習のいとなみである。多勢の子どもたちを対象にやりとりを通じて学習を組織し，参加している子どもたちの学習や理解の過程をとらえ，各々に適切に対応していくことは難しい。授業は時々刻々と展開するジレンマ状況であり，教師はジレンママネージャーと言える。だがその場でジレンマに対処して終わりではない。授業を振り返り，そこから学ぶ。
　以下は1950年代の文章だが，現在の教師にもおそらくつながるだろう。
　「2に2を足せば4になることがどうしてもわからない子どもがいる。その先生は，その子どもになんとかわからせようとして，一昨日

懸命に教えた。だが，わからなかった。きのうは違う方法と解釈でその子どもと対決してみたが，やはりだめだった。そして今日，今までと全然違う教材の解釈をし，子どもの解釈をして，とうとうその子どもをわからせてしまった。その時その教師は，はじめて算数がわかり，子どもがわかり，授業がわかり，教育がわかったということになる。学級全体の授業を組織し発展させていくことも，そういう対決，そういう闘いによってより他に，教師自身が学習し，自分を変革させていく方法はない。」(齋藤喜博『授業』pp.264-265.)

　授業の複雑性は，時間，出来事，視点の複数性の中にある (Ball & Lampert, 1999)。教室における時間が授業前に予定された時間と実際に生きられた時間，また授業中に教師が感じ気づく時間と授業後にその授業を再度省察した時に見えてくる時間といった多層的時間から捉えることができる。また同じ教室にいても，ある子どもの出来事と別の子どもの出来事は同一ではなく，誰の目から見るかによって異なる輻輳性を持っている。多様な子どもの多様な経験という複雑さがある。そのために教師には常に問題意識や課題が生まれ，授業を問い追究することが始まり，続く。授業は，教師もすでにわかっていたつもりの事態や内容を，改めて探索し理解を深めていくという意味での「研究 (re-search)」である。したがって，授業研究は教職と言う職業の性質からみて，必然的営みと言える。

2) 授業研究の歴史的展開

　授業研究は校内で行われるだけではなく，都道府県市区町村教育センターや研究開発学校，教員職員組合や民間の自主的サークル団体等，様々な場で実施されてきている。だがその中核となるのが，校内研修である。

日本の教師達は，明治時代以来授業研究を行ってきた。この意味で，授業研究の文化を築いてきた国である。図13-1は，稲垣（1995）が日本の授業研究の歴史的変遷をまとめた文章を参考に作成したものである。現実には輻輳的にさまざまな動きが全国各地であり，地域による相違もある。概括すると，明治10—20年代，大正新教育期，戦後昭和30年代まで，閉塞化や戦時下等国家の手による統制と拮抗しつつ，教師達が学校で自らの手で，授業や学習方法，カリキュラム，教材や学習活動について検討してきた歴史をもつと，史料や教師の実践記録等からは言えるだろう。また戦後も，研究者として重松鷹泰（1961）らは授業観察時に観察野帳と呼ばれるフィールドノーツや写真を用いて，子どもと教材，教師の関連を授業全体としてとらえ，授業構造を分節化してとらえる独自の方法の開発などを手がけ，授業の場全体をとらえ，授業者と共有して検討できる方法を模索していった。

　授業研究の質に変化が見られるのは，1960，70年代である。科学技術社会の発展と変化と共に，授業を科学的に捉える「過程—結果」研究が普及した。その考え方により，授業目標を設定し目標達成を評価し捉える効果研究と，教師の指導技術や教育方法としての授業研究へと変容していった。授業での相互作用を捉えるのに，個別具体的な教室の事実や子どもの名は記録から消え，子どもや教師の行動を数量的に解析することを中心に据えた行動主義心理学の発想や教育工学的発想へと向かうことで，授業研究はいつでもどこでもあてはまる定型化した指導方法の模索へと変化していった。学術研究においても，行動分析カテゴリーを開発し，学級や教師の指導スタイルの特徴を捉える研究へと向かっていった。

　そして1980年代には，学校での生徒による問題行動の発生と対応に追われ，教師の多忙化は進み，授業研究は多くの学校で次第に衰退し形

```
┌─────────────────────────────────────────────────────────────┐
│ 明治期初期～20年代　学校における授業研究の制度化と普及          │
│   明治4年　学制の制定                                        │
│   一斉授業方式が師範講習所，師範学校を通して伝習              │
│   明治13年　改正教育令制定                                   │
│   明治14年　小学校教則綱領，学校教員品行検定規則，師範学校大綱制定 │
│   明治10～20年代　授業研究が普及し授業批評会の隆盛           │
│   発問法や板書，授業様式研究等，教師の手による研究の浸透      │
└─────────────────────────────────────────────────────────────┘
                              ↓
┌─────────────────────────────────────────────────────────────┐
│ 明治30年代　授業方法の定型化・制度化による閉塞化             │
│   明治30年　教科書の国定                                     │
└─────────────────────────────────────────────────────────────┘
                              ↓
┌─────────────────────────────────────────────────────────────┐
│ 大正期～昭和初期　大正新教育による授業と授業研究の展開        │
│   新教育を標榜する私立学校や付属学校での授業や授業研究の誕生  │
│   及川平治等による新たな授業法や木下竹次による学習法の検討   │
└─────────────────────────────────────────────────────────────┘
                              ↓
┌─────────────────────────────────────────────────────────────┐
│ 昭和10年代　戦時体制下　国家による規制の強化　授業研究の困難 │
└─────────────────────────────────────────────────────────────┘
                              ↓
┌─────────────────────────────────────────────────────────────┐
│ 戦後～昭和30年代　新たな教育改革と教育学としての授業研究の展開 │
│   昭和22年　学習指導要領　一般篇（試案）                    │
│   1950年代～60年代　自主的な実践の展開                       │
│   生活綴り方実践　コア・カリキュラム                         │
│   1960年代　教育学研究としての授業研究の隆盛                 │
│   木原健太郎，重松鷹泰等による研究者と実践者の共同での授業分析の開発 │
└─────────────────────────────────────────────────────────────┘
                              ↓
┌─────────────────────────────────────────────────────────────┐
│ 昭和40年代～50年代　受動的研修と行動主義による授業研究の科学化 │
│   昭和33年8月学習指導要領における基準の強化，研修の制度化    │
│   各県や市町村での教育センターが整備され，伝達的な義務的・受動的研修の性格強化 │
│   工学アプローチによるシステマティックな授業研究の展開        │
│   行動主義心理学により，研究授業の定型化，教科教育内容の個別的検討 │
└─────────────────────────────────────────────────────────────┘
                              ↓
┌─────────────────────────────────────────────────────────────┐
│ 昭和50年代～60年代　高度経済成長と学校の危機による授業研究の衰退 │
│   校内暴力やいじめ，不登校等の問題の噴出                     │
│   問題対処による教師の多忙化                                 │
│   認知心理学による学習者の知識や学習過程への着目              │
│   平成元年　新しい学力観　個性化への転換                     │
└─────────────────────────────────────────────────────────────┘
                              ↓
┌─────────────────────────────────────────────────────────────┐
│ 平成初期　グローバル化での学力論争と校内研修を中核とした学校づくり │
│   平成9年　新たな時代にむけた教員養成の改善の方策の提示      │
│   平成10年　学習指導要領の大幅改訂                           │
│   国際学力テスト，学び離れや学力低下                         │
│   佐藤学他による学びの共同体としての学校改革                 │
└─────────────────────────────────────────────────────────────┘
```

図13-1　日本における授業研究の歴史的展開（稲垣，1995をもとに作成）

骸化していった。一方で，認知心理学が人の学習や知識の問題に目をむけた知見を提出していくことで，学習者の思考や学習過程が授業でも研究の関心事となっていった。そして認知心理学の展開の中で教師の知識や思考，学習過程が問われるようになってきている。

しかし1990年代以降，学力低下や学び離れの現象が顕在化し，学校での学習のあり方の見直しが学習指導要領の改訂等も含み，考えられてきた。学力格差と共に，学力を支える学習としての授業の質が問われてきている（秋田，2009）。アメリカでは，アン・ブラウンらによる「学習者共同体（community of learners）」が提唱され（Brown, 1997），日本でも大瀬・佐藤学（1996）らにより「学びの共同体」の理念が紹介され，授業と授業研究を中核とした学校改革が学びの共同体として展開してきている。

これら授業研究のあり方の変遷は社会変化の影響だけではなく，専門職としての教師像への認識によっても変化してきている。ドナルド・ショーン（1983）は，「技術的熟達者」と「反省的実践家」という2つの専門家像を提起した。技術的熟達者とは，現実の問題に対処するために，専門的知識や科学的技術を合理的に適用する実践者として，専門家をみる見方である。これに対し，反省的実践家とは，専門家の専門性は活動過程における知と省察それ自体にあるとする考え方である。専門家は行為の中で暗黙に働く暗黙知をもち，状況と対話し，行為しながら考え（reflection in action），また行為を振り返り省察する（reflection on action）という考え方を提出している。教師の専門性を教育学の理論を適用する技能や知識を持ち行動することにあるとするのではなく，実践知と実践的思考様式を持って，変動する不確定で複雑な状況に対応すると捉える見方である。教師は授業技術や内容知識を当てはめているだけではなく，授業や子どもの発達と言う複雑な問題状況に対応している。

その判断や対応を，経験を通して学んでいく。そしてその経験の協働省察の場として，授業研究を行う校内研修が位置づけられている。

3） 授業研究の国際的展開

アメリカの研究者スティグラーとヒーバート（2002）が著書『日本の算数数学教育に学べ"Teaching Gap"』で，日本の子ども達の国際学力テストの得点の高さの要因の一つとして，日本の授業研究をアメリカの人々に「レッスン・スタディ」の名前で紹介した。この発刊を契機に，アメリカ，イギリス，スウェーデン，香港，シンガポール，韓国，中国など国際的にも多くの研究者の関心が日本の授業研究のあり方に集まり，教師の学習過程と校内研修が議論されるようになっている（ウルフ・秋田，2008）。（図13-2）

図13-2 アメリカでの授業研究のハンドブック例＊
(Lewis, 2004)

このレッスン・スタディの典型的実施過程は，図13-3の流れで紹介されている。「授業計画―研究授業実施―授業検討―授業記録作成等による学習と再デザイン」という4下位過程の循環は，実施頻度や誰がどの下位過程にどの程度の時間をかけ実施しているかに学校間の差はある。だがこの過程は，国内外の学校が共有しているものである。この過程は授業者にとっては，a計画実施は，授業展開という問題となる目標を予想計画し，実際にその問題状況を解決し，解決の過程と結果を評価するという教師個人の学習過程であり，時には計画時に同僚と議論すること

＊ Copyright ©2002 by Catherine Lewis

2. 研究授業

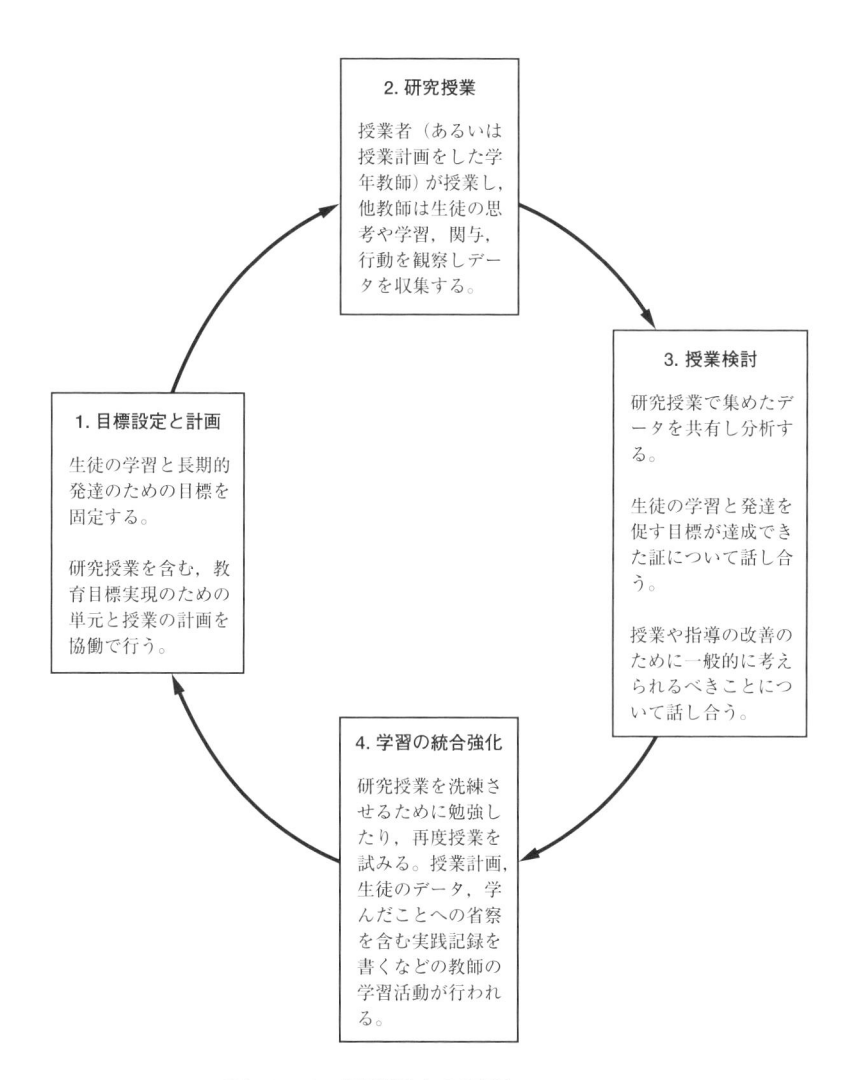

授業者（あるいは授業計画をした学年教師）が授業し、他教師は生徒の思考や学習、関与、行動を観察しデータを収集する。

1. 目標設定と計画

生徒の学習と長期的発達のための目標を固定する。

研究授業を含む、教育目標実現のための単元と授業の計画を協働で行う。

3. 授業検討

研究授業で集めたデータを共有し分析する。

生徒の学習と発達を促す目標が達成できた証について話し合う。

授業や指導の改善のために一般的に考えられるべきことについて話し合う。

4. 学習の統合強化

研究授業を洗練させるために勉強したり、再度授業を試みる。授業計画、生徒のデータ、学んだことへの省察を含む実践記録を書くなどの教師の学習活動が行われる。

図 13-3　授業研究の過程 (Lewis, 2004)

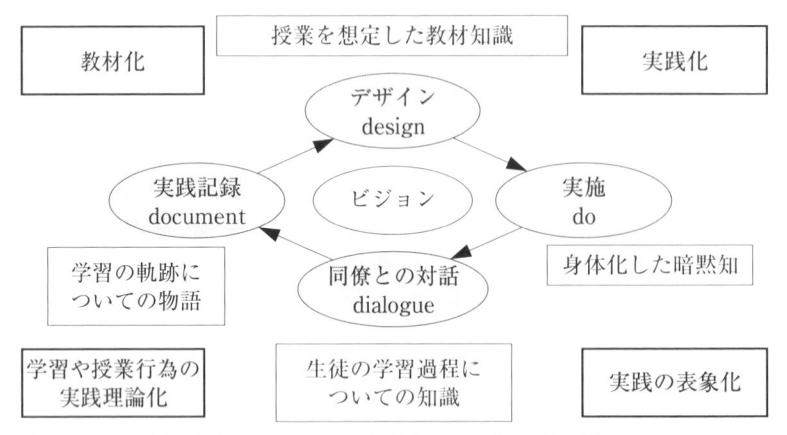

図13-4 授業研究のサイクルと教師の専門知識の構成 (秋田, 2008)

で多様な教材や展開可能性を教わり学ぶ過程も含まれる。またさらに，b授業検討会は，実施授業に見える問題や可能性を協働で発見し語り合う協働学習過程である。そして，c授業と授業検討を振り返り記録を書くことや授業を再度行うことで，得た知識を定着する。これらa-cの3重の学習過程を含んでいる。つまり，これらの過程を通して教師が必要とするさまざまな知識，すなわち，授業を想定した教材知識や，授業技術として身体化した暗黙知，子どもの学習過程についての知識，授業や学習の実践理論を学ぶことができていく（図13-4）（秋田，2008）。Lewis（2009）は，教師は教材と教えること-学ぶことに関する知識，同僚間の対人関係の知識，教師の個人的な資質についての知識という3種類の知識を相互に学び合い，発展させていくとしている。授業に関わる知識だけではなく，同僚との関係，そして教師としての自己の資質もまた学んでいくのである。

　スティグラーら海外の研究者が指摘するように，日本で授業研究による学習過程が歴史的に可能となってきた背景には，A教師が教科や学年

を超えて集まる職員室の存在，B小学校なら1年から6年までのどの学年も担任できるシステムがあり，教職経験を共有できること，C国の検定教科書という同一教材の使用で基本イメージが共有できること，D教授案，教案，指導案，学習活動案，実践記録，研究紀要など，名称は時代により異なるが，授業研究を支える道具が生成され受け継がれていること，E授業を見て語る言葉や概念，それらの語を用いた語りの様式が形成され，教師の思考や授業の見方，言語化を支えていることなど，授業研究という場と活動様式が，システムとして歴史的に確立してきたことがある。つまり，日本の学校では，教師の学習を支える道具やシステムという学習環境があり，学びあう組織やルール，規範が歴史的に形成され，意義が共有され，教育ビジョンが分かちもたれてきていると言えるだろう。

2．教師の学習過程の特徴

1） 事例からの学習

　専門家の学習では，テキストに書かれた一般法則や理論だけではなく，複雑な実践の事実を通して状況への判断と対処のあり方の多様な可能性を学ぶことが重要である。医者や弁護士等の専門職が，症例や判例という事例を学ぶのと同様，教師もカリキュラムや授業，活動，子どもの学習に関する事例から学ぶことが必要である（Shulman, 2004）。

　教師の知識は身体化された実践知となることが重要である。言葉として頭で分かるだけではなく，目の前の子どもに応じて，時々刻々と変化する授業の中で知識を活用し，判断し，行動することが求められる。これは「実践化の問題（problem of enactment）」と呼ばれ，学校等で学問を学ぶ時の学習との大きな相違である（Darling-Hammond & Bransford, 2005）。実際に授業の場に身を置いて，身体感覚を共有して

学ぶことのできる場として授業を相互に参観し，省察し語る行動として，学んだことを生かせることが重要である。

Shulman（2004）は，よい事例には指導案と言う計画段階には想定していない，具体的な文脈の複雑さ，偶然性の中で生じた事柄，授業者の予想や思いを越えた出来事が何であり，何をそこで発見したのか，それとともに生じた感情を記録しておくことで，授業の場や事例記録を読む

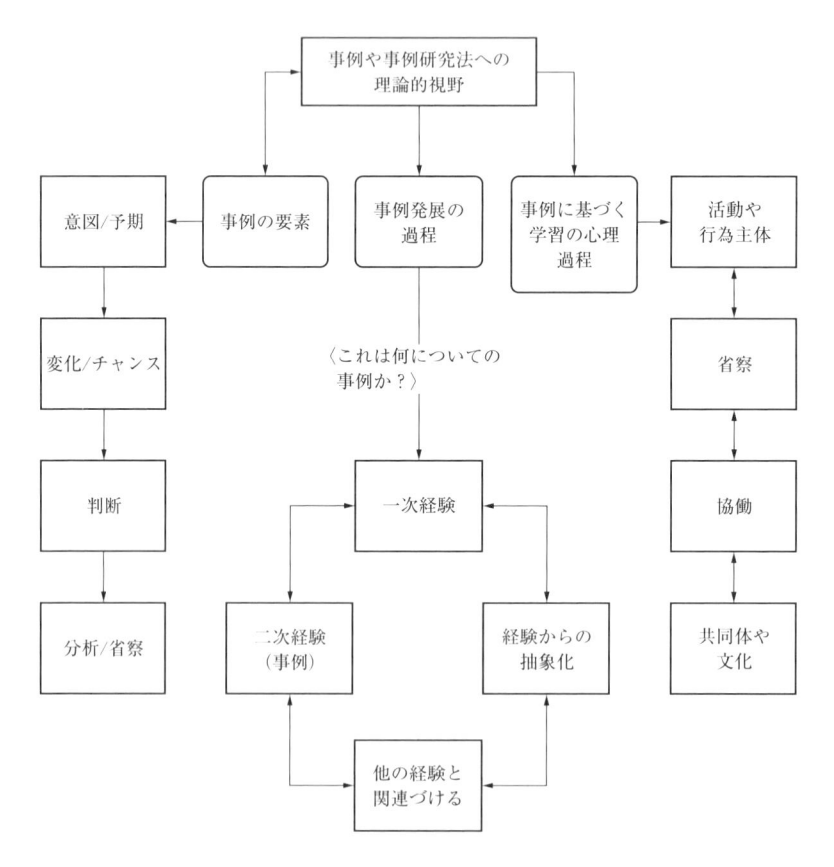

図13-5　**事例から学ぶ経験過程**（Shulman, 2003）

ことに立ち会った者が共に代理経験できるとしている。図13-5に示すように，事例の要素となるのは，意図や予期とそれらに反した変化やチャンス，判断内容と判断過程の分析や省察である。そしてその出来事の一次経験を対象化してみることで，二次経験としての物語としての事例記録ができる。他の経験とつなぐことで，一次経験は二次経験として意識され定着化していく。また図13-5には記されていないが，三次経験として，物語の中に別の物語や意味を見出していくこともあり，コミュニティがその物語を共有することになる。そしてそこから導き出された実践の原理やルールが，次の授業をデザインし実践していく時の実践的知識となって働いていく。事例に基づく学習は，実際に行動し，振り返り，同僚と協働でその事例を物語ることを通して，学びあう共同体や教師文化，学校文化を形成していく。断片的な命題的知識を1つのまとまりをもつ物語へと変換していくのが，事例である。事例は一般理論にはない文脈を理論に付け加えることで，理論と実践をつなぐ役割を果たしている（Darling-Hammond & Hammerness, 2002）。

2） 同僚との協働学習

他者の授業の参観や自分の授業の振り返りから，その授業をどのような授業と捉えたかについての心的表象として，「実践の表象」を人は思い描く。そしてその実践の表象の中で気になった点やうまくいかなかった点を捉えることで，その授業の「問題の表象」を抽出する。そしてどこがなぜうまくいかなかったのかという根拠や理由づけを通して，別の方法としてこのような方法も考えられると，さまざまな「代案の表象」を思い浮かべることができる。そしてさらには「もし何だったら…」と仮想し考えることも可能となるのである（Little, 2004）。

表13-1は小学校での校内研修での実際の会話から，この表象に対応

表 13-1　授業研究協議会の発言分類カテゴリー（坂本，2008）

No.	カテゴリー名	説明	発話例
1	対象授業の表象	本時の研究授業中に観察した子どもたちの活動や、授業者の行動、授業に関わる他の観察者の行動について事実の指摘に止まる発言	先生が、最初に教材、ていうか、拡大コピーに出会ったところももちろんですけど、友達の作品を紹介しましたよね。（第2回、K. T. 教諭）
2	推論	研究授業の観察事実を、自身の経験的知識や、協議会での他者の発言、授業者の授業スタイルから解釈し、子どもたちの学習過程や前時までの授業者の指導過程、本時の授業意図を推測する発言。	やっぱり、自分の意見をこう、言葉に出して言う、ていうことがこう、言って欲しかった、とか、うまく聞けた、ていうことで、子どもなりに気持ちの良さ、ていうのかな、そういうのがあるのかな、ていう風に思いました。（第6回、Y. Y. 教諭）
3	問題の表象	研究授業における、授業者の授業展開や教授法、教具・教材選択、子どもへの対応の問題点や、子どもたち（特定の子やグループを含む）の学習のつまずきについて語る発言。また、それらを踏まえた、授業者の今後の授業実践での課題を語る発言も含む。	今までだったら謝れたのに、ていう心の揺れみたいなところを、本当は出して欲しかったんですけれども、心情曲線で見ると、どうなのかな、て。グループで全部見てないから分からないけど、そこで出たのかな、て、最後の話し合いのときにもちょっと出るかな、て思ったんだけれども、出なかったなぁ、なんて。（第1回、A. M. 教諭）
4	可能性の想定	実際の授業では起こらなかったが、授業者の何らかの対応によって、研究授業内で生じる可能性があった出来事や、子どもたちの今後の授業における学習過程を想定する発言。	で、もし、クラスの中で、してもらって嬉しかったことが出れば、じゃあ、誰々ちゃんどう思ってたの、とかそういう形でつながったら、良いな、て思ってました。（第3回、A. U. 教諭）
5	代案	研究授業の問題に対する、具体的な代案や今後の授業実践で取るべき手だてを提示する発言（他者の代案提示を検討する意見も含む）。	今日はあの、本物みたい、ていうことだったけど、どういう風に貼ると本物みたいになる、ていう風に。そうすると少しずつ、こういう風に貼ると、本物みたいになっていくみたいな、気づいていくかもしれないね。（第2回、F. I. 教諭）
0	その他	上記以外の発言（研究授業の背景説明や、研究授業以外の授業経験についての発言、授業者が語る授業意図や授業者が授業中に考えていたこと、単なる信念や知識の表出、単なる御礼など、上記カテゴリーに含まれない発言が含まれる。）	えーと、今日ちょっと最後にチラッと言ったんですけど、この中でもう出し切れなかったものと削除してしまったものがあるので、この計画からあと一時間とってあげなくては、いけなくなったのですが（第4回、N. K. 教諭）

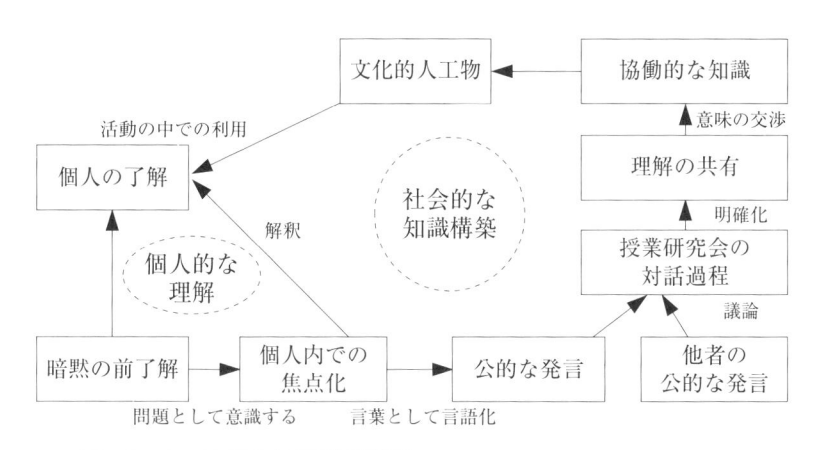

図 13-6　教師の協働学習過程（Stahl（2006）より作成：秋田，2008）

するような会話がなされていることを示した表である。坂本（2009）によれば，教職経験年数の長い教師はさまざまな推論を行ったり代案を研修の場でだすことができること，またその学校での在席年数が長い教師は「何が問題か」，「もし…だったら」と様々な想定をした発言を頻繁にしていくことを示している。また同じ研修に参加していても各々が学習する内容には教師により差異があることも明らかにしている。ここからは教師が先輩から学び，また先輩も若い教師の授業から学んでいく姿を捉えることができる。この協働過程は図13-6のように描くことが出来る。

3） 対話を通した実践の表象形成

表13-2は実際の小学校での金子みすゞの「だるまおくり」という詩をめぐる授業研究会での教師たちの語りである。特定の子どもの行動を具体的に捉えることが，複数の子ども達や教師の関係のつながりの網の目を見出すことを可能にしていく。授業者だけではなく，一面的だった

実践の表象が，他教師によって厚みを持って多面的視点から捉えられることで，重層的構造を持つ実践の表象形成へと発展しうることを読み取れるだろう。事例の具体的場面の検討により，体感を共有しながら授業の理解が深められる。そこから，教材と授業展開，子どもの学習行動の関連を捉える実践知が精緻化されていく。

表13-2 授業における実践の表象を語り合う過程（秋田，2008）

授業者N「「あの万歳」というところで自分がわからなくなってしまった。あそこでK君の行動に気を取られて，他の子どもが見えなくなってしまった。うーん，廊下側の子たちを全然みていなかったなあと，最後にその子達を見た時に思い，そこに自分の課題が授業であらわれたと思いました。」
教師T「詩が段々子どもの中に入ってきたなと思うのは「万歳」のところは元気のいい子がそのようにするのは予想通りだったんだけれど，うれしかったのは小さな動きだったけど「土にころげてころがって」というところで，本当に自分で身体を動かして土にまみれてやっている子がいました。この子には土遊びのイメージが深く入っていると思いました。繰り返し読んでいくことで，待ってあげて，考えを深めていく，それでしっかりその子の中に詩のイメージが入っていったという感じがしました。」
教師F「あの子が最初に万歳をやった時におもわず笑ってしまいました。あの子は参観者がいても，自分の思いが勝ってしまう，あそこでいろいろなやり方があると思うけれども，先生はにこっとして続けられる。あれで注意すれば，他の子たちは，身体化はしちゃいけないんだと思うかもしれない。彼は見せたくってああやって，そこで彼はプリントではなく本当に詩を読みたいと思って，金子さんの詩集を引き出しから出して，読むことにつながっている。繰り返し皆が楽しみながら読んでいくから「ばんざい」ではなく「ばんざあい」って「あ」が入っているところの意味を感じて，状況を読み取って読んでいけるようになっていった。」

3. 学校における教師文化と同僚性

1） 教師文化の型

　校内研修は，教師の学習の重要な場の1つと位置づけることができる。しかし学校は忙しく，学びあう組織になるとは必ずしも限らない。学校が学びの場として機能するか否かは，学校組織における教員間の関係性によるところが大きい。Hargreaves（1994）は教師文化の型として，図13-7の5タイプを挙げている。教師個々人が孤立化し発達の契機も少ない「個人主義型」，各グループが分断して閉じており成員はそ

1. 個人主義型　　2. 諸グループ独立分割型（バルカン諸国型）

3. 協働的文化型

4. 設計された同僚性型
（リーダーシップ）
同　僚　性

5. 自在に動くモザイク型

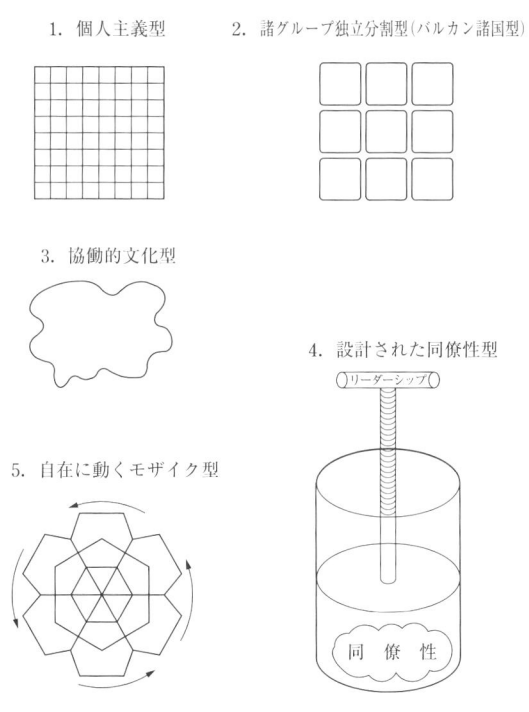

図13-7　教師文化の型（Hargreaves, 1994；秋田，1998）

の下位集団に愛着を持つが全体として一貫性がない「諸グループ独立分割型」、何事も一緒にし相互に打ちとけ合っているがマンネリ化やパターン化も起しやすい「協働的文化型」、官僚制的リーダーシップによって階層的に同僚性がスケジュール化され管理される「設計された同僚性型」、目的や必要に応じてプロジェクトのような形で自在に動く「モザイク型」である。教師間が固定化せず柔軟に協働しあう関係をどのように形成していくのかが重要である。

2）同僚性の形成

　教育への共通の展望をもち、共に仕事をしていく関係を「同僚性（collegiality）」と呼ぶ。同僚性を組織の中核と捉え分析してきたLittle（1982）は、職場での教師のコミュニケーションの規範が学校により異なること、子どもの学力向上に成功している学校とそうでない学校の教師間のやりとり頻度には違いがあり、成功している学校では、同僚との相互作用の頻度が高く、対話相手となる同僚数が多く、一般的な話題の会話を超えて、共同で授業計画や教材準備、授業を相互に観察し語り合っているというように、コミュニケーション内容の学校間差を指摘している。また、一方的に出来事を話したり、困った時に援助しあう段階から、専門的知識や授業の出来事を共有する段階、一緒に1つの新たなビジョンやカリキュラムなどを作り出す創造的仕事をする段階へと同僚性が発展するほど、教師が相互に支え合う関係を強めていく。同僚性形成のポイントは、集団として研修に取り組むこと、教師の専門性において最も重要な内容であるカリキュラムや授業に焦点をあてた仕事に重点的に参加できること、授業の複雑性や実践を具体的に語る言葉をもち評価できること、教師個人の能力と離して授業に焦点をあて議論ができること、様々な教師が相互に新たな実践を楽しみ他者の関心や責任に配慮

を払うこと，それに知識や技能を互恵的に学び，信頼を得られるに十分なだけの頻度で議論できる会合を行える組織になっていること，それらにより理解の共有，探究の共有が促されることを，Little（1984）は挙げている。これらの組織の同僚関係の条件によって，教師間での対等や平等を訴えながらも現実には個人志向で相互不可侵の原則で分断され保守的になっている教師集団から，相互に自律性をもちつつ協働しあい専門家としての見識を発揮する教師たちによる革新的な集団が生まれるのである。

3） 学びあう教師文化へ

「文化はそれ自身，人間の作り出したものではあるが，それは人間の心独自の働きを形作るとともに，その可能性を生み出していく。文化は個人を越えて人の心を形作る」（ブルーナー，2004）という言葉は，学校にも当てはまる。学校文化は具体的な出来事の中での人と人の関係やそこで用いられるコミュニケーションの様式，道具，暗黙の規範やルールとなって，学校の環境の中に埋め込まれている。そして，その学びの場に参加する子どもや教師の知識や思考様式，所作の共通性となって現れる。学習や授業への意味づけや価値づけが授業研究を行う協働の場で生まれ，授業への認識や語りが共有され，学校の教師や子どもの中に浸透していく。子どもに学びあうコミュニケーションを求めても，教師間関係が閉じている学校では，なかなか機能しない。一方，教師も子どもも探究する学校では，子どもが学びあう関係と教師が学びあう関係に，相似構造を見い出すことができる。教師の生涯学習の場としての学校，専門家が学びあう場としての教師の学習システムのデザインを捉えていく視座が，これからさらに求められるだろう。

演習問題

1. 実際の授業をテレビやビデオ等で複数の人でみて話し合ってみよう。同じ場面でもあなたとそれ以外の人ではどのような違いが見られただろうか。それはなぜかを考えてみよう。
2. 授業者の実践記録を読み，同僚教師の役割や学校組織のあり方がその授業者にどのような影響を与えているかを考えてみよう。

参考文献

稲垣忠彦（1995）『授業研究のあゆみ』評論社.
橋本吉彦・池田敏和・坪田耕三（2004）『Lesson Study なぜ今授業研究か―算数授業の再構築』東洋館出版社.
秋田喜代美・キャサリン・ルイス（編）（2008）『教師の学習　授業の研究：レッスンスタディへのいざない』明石書店.

引用文献

1) 秋田喜代美（1998）「実践の創造と同僚性」佐伯胖他（編）『講座現代の教育第6巻　教師像の再構築』岩波書店, pp.235-259.
2) 秋田喜代美（2008）「授業検討会談話と教師の学習」秋田喜代美・キャサリン・ルイス（編）『教師の学習　授業の研究：レッスンスタディへのいざない』明石書店, pp.114-131.
3) 秋田喜代美（2009）「教師教育から教師の学習過程研究への転回―ミクロ教育実践研究への変貌」矢野智他（編）『変貌する教育学』世織書房, pp.45-76.
4) Ball, D. & Lampert, M.（1999）Developing practice, developing practitioners, toward a practice-based theory of professional education. In Darling-Hammond, L. & Saykes, G.（Eds.）*Teaching as the learning profession*. San Fransisco：Jossey-Bass, pp.3-32.

5) Brown, A. (1997) Transforming schools into communities of thinking and learning about serious matters. *American Psychologist*, 52 (4), 399-413.
6) ブルーナー, J. S. (著) 岡本夏木・池上貴美子・岡村佳子 (訳) (2004)『教育という文化』岩波書店.
7) Darling-Hammond, L. & Hammerness, K. (2002) Toward a pedagogy of cases in teacher education. *Teaching Education*, 13 (2), 126-135.
8) Darling-Hammond, L. and Bransford, J. (Eds.) (2005). *Preparing teachers for a changing world : What teachers should learn and be able to do*. San Fransisco : John Wiley & Sons.
9) Hargreaves, A. (1994) *Changing teachers, changing times : Teachers'work, individuals, colleagues and contexts*, Ontario : OISE Press.
10) 稲垣忠彦 (1995)『授業研究のあゆみ』評論社.
11) Lewis, C (2004) *Lesson Study : A handbook of teacher-led instructional change*. Research for Better Schools.
12) Lewis, C (2009) What is the nature of knowledge development in lesson study? Eduucational Action Research, 17 (1), 95-110.
13) Little, J (1982) Norms of collegiality and experimentation : Workplace conditions of school success. *American Educational Research Journal*, 19 (3), 325-240.
14) Little, J. (1984) Seductive images and organizational realities in professional development. *Teachers College Record*, 86 (1), 84-102.
15) Shulman, L. (2003) *The wisdom of practice : Essays on teaching, learning and learning to teach*. San Francisco : Jossey-Bass.
16) 坂本篤史 (2008)「授業研究による教師の学習過程の検討―事後協議会で記憶に残る発言から―」 第50回日本教育心理学発表論文集, pp.677
17) 齋藤喜博 (1964)『授業入門』国土社.
18) 重松鷹泰 (1961)『授業分析の方法』明治図書.
19) ショーン, D (著) 佐藤 学・秋田喜代美. (2001)『専門家の智恵：反省的実践家は行為しながら考える』ゆみる出版.
20) スティグラー, J. & ヒーバート, J 湊三朗 (訳) (2002)『日本の算数数学教育に学べ：米国が注目する JUGYO KENKYU』教育出版.
21) ウルフ, J・秋田喜代美 (2008)「レッスンスタディの国際動向と授業研究への

問い」秋田喜代美・キャサリン・ルイス（編）（2008）『教師の学習　授業の研究：レッスンスタディへのいざない』明石書店, pp.24-42.

14 | 教師の熟達化と生涯発達

藤江康彦

《**学習のポイント**》 教師の知識や思考様式の特徴について理解する。そして，その変容による熟達の様相について生涯発達の観点から理解し，支援するための方途を検討する。
《**キーワード**》 適応的熟達化，定型的熟達化，よく考えられた練習，メンタリング，ライフコース

1. 教師の知識と思考の特徴

1） 教師の知識の特徴

　教師の授業についての知識の特徴はどのようなものであるといえるか。教師のもっている知識は様々な領域にわたる。その1つは，「学問内容の知識（content knowledge）」である。授業を行うには，まずもって教科や教材に対する知識が必要である。しかしそれだけでは授業はできない。その教材をどのように教えたら学習者にとって分かりやすいか，学習指導の方法に関する知識や，学習者のわかり方についての知識が必要となる。このような教師の知識をShulman（1987）は，「授業を想定した教材内容の知識（pedagogic content knowledge）」とよんでいる。
　さらにGrossman（1990）は，授業内容を想定した教材内容の知識を構成するものとして次の3つをあげている。1つには，「生徒の理解に関する知識」である。これには，子どもの認知や発達の過程，子ども一人ひとりの特性，学校や学級がおかれている状況，学校文化に関する知

識などが含まれる。2つには,「カリキュラムについての知識」である。教科やカリキュラム,教材についての知識などが含まれる。3つには,「授業方法に関する知識」である。学習形態や指導方法,授業や学級経営に関する知識などが含まれる。教師は,これらの知識を総動員させて授業をデザインしていく。重要なのは,これらの知識が別々に存在するのではなく,教科や教材を教える目的についての概念に基づいて統合された複合的な知識になっているという点である(図14-1)。

例えば,算数の計算問題の指導であれば,「○○さんなら,進度が速い

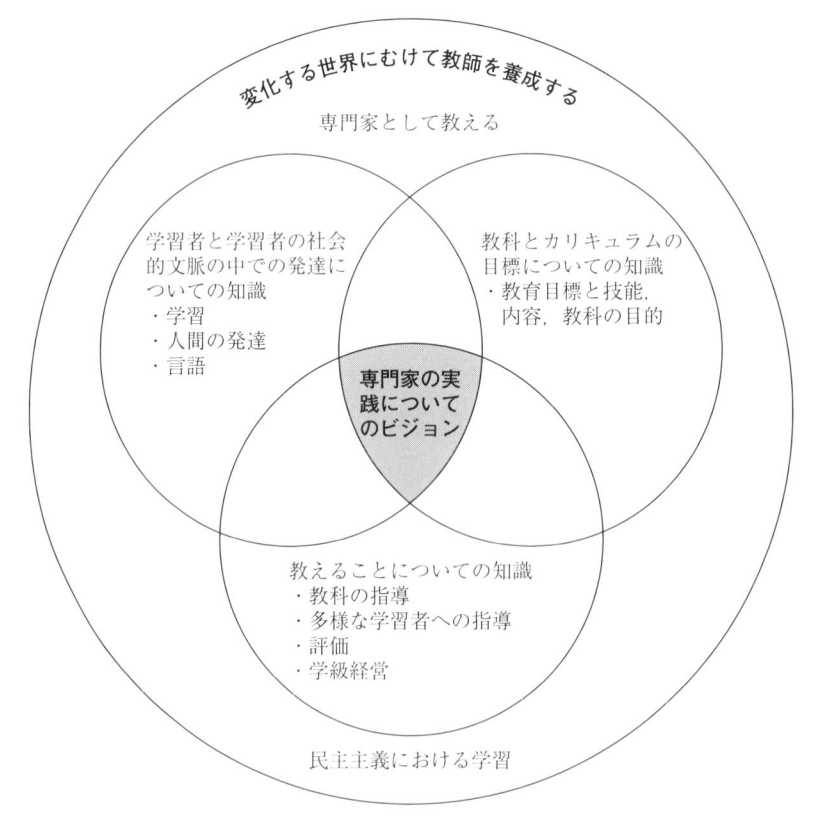

```
         変化する世界にむけて教師を養成する
              専門家として教える

   学習者と学習者の社会              教科とカリキュラムの
   的文脈の中での発達に              目標についての知識
   ついての知識                    ・教育目標と技能,
   ・学習                          内容,教科の目的
   ・人間の発達
   ・言語          専門家の実
                  践について
                  のビジョン

              教えることについての知識
              ・教科の指導
              ・多様な学習者への指導
              ・評価
              ・学級経営

              民主主義における学習
```

図14-1 教えること・学ぶことを理解するためのわくぐみ
(Darling-Hammond ら, 2005)

だろうから発展的な問題を用意しておく。□□くんには，基本的な計算問題を周囲のペースに流されないように一人でじっくり考えさせる」という様式の知識を教師はもっているのである。その知識のあり方は，命題としての知識からイメージとしての知識まで多層である（表14-1）。

教師の知識はまた，「行為のなかの知（knowing-in-action）」であるといわれる（Schön, 1983）。教師の仕事は，不確かな個別事例の文脈に

表14-1 教師の実践的知識の特徴（秋田，2004）

実践的知識の内容領域
　①カリキュラム，②教科・教材，③授業，④学校環境，⑤（教師としての）自己

志向性（特性）
a	状況的	知識は多様な状況を理解し，状況に応答することに向けられる。
b	個人的	知識の使用は責任をともない，教師自らが意味あると考える方法で使われる。
c	社会的	知識は社会的条件や制約のもとで形成され，また授業という社会的場面設定のために積極的に目的を持って使われる。
d	経験的	経験と共に知識が経験とどのように関わっているのか，自分の仕事を理解する方法として知識が使用される。
e	理論的	自らの知識を一般化し，またその知識が使用できる条件を明らかにしようとする。

実践的知識の構造
a	実践のルール	よく遭遇する状況においてある特定の状況で何をどのようにするかについての定式化されたもの。
b	実践の原理	実践のルールより包括的なものであり，行動を導き行動の理由を説明する。授業を省察するのに使われる。
c	イメージ	もっとも包括的。簡潔な比喩や類推表現により，授業とは個人的にどのようなものであるかという心象。感情や価値，要求，信念が結合されている。教師の思考を導き，内容領域での知識を構造化するのに役立つ。分析的というよりも直観的方法で行動を導く。

依存し,実践のなかに理を見いだしながら状況と対話する「反省的実践家」である。反省的実践家が状況と対話する「行為のなかの省察」を支える知識が「行為のなかの知」であるというのである。

2) 教師の思考様式の特徴

教師の知識は実際の授業においてどのように活用されるのだろうか。

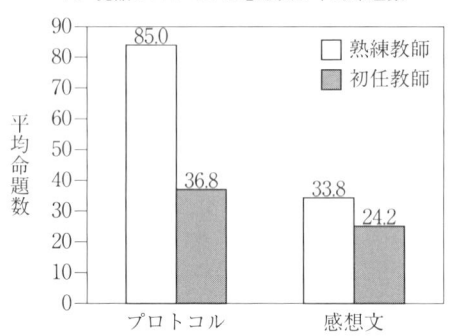

A. 発話プロトコルと感想文の平均命題数

（熟練教師／初任教師　プロトコル：85.0／36.8　感想文：33.8／24.2）

B. 発話プロトコルと感想文の平均文節数

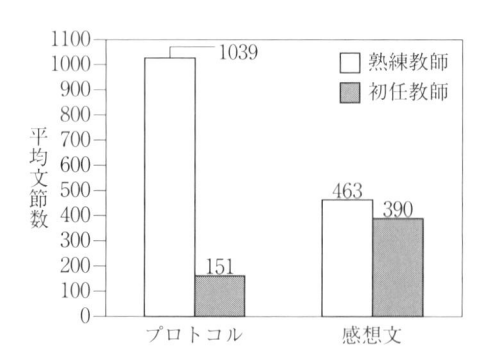

（熟練教師／初任教師　プロトコル：1039／151　感想文：463／390）

図14-2　熟練教師と初任教師での平均命題数と平均文節数の比較発話：プロトコルと感想文
(佐藤・秋田・岩川,1990)

熟練教師と新人教師各5名が国語と算数の授業ビデオをみながら行った発話記録と視聴後の感想文の平均命題数と平均文節数は図14-2のようであった（佐藤・岩川・秋田，1990）。熟練教師のほうが豊かな思考を行っていることがわかる。さらに，その思考内容は表14-2のようであるが，熟練教師には次のような特徴がみられた（秋田・岩川，1994）。

第一に，熟練教師は学ぶ側の視点をもっている。新人教師は教師の言葉遣いや子どもの態度などを問題であると指摘し，授業がうまくいかない理由を学級経営や指導技術の問題としてとらえている。対して，熟練

表14-2　熟練教師と初任教師の同一場面での発話例の質的相違：板書行動の場合（秋田・岩川，1994）

熟練教師1　ちょっと板書しているこういう間っていうのは，僕なんかも，板書やっているとその間子どもは待ちの状態になるというのは，いたたまれない感じになるんですが，どうなんでしょうか。丹念に板書されているんだと思うんですけど，こういうものが子どもにとってどういうふうに働いてくるのか，あるいは働くのか，そこらのところはどうなんでしょうか。
熟練教師2　ここで先生は板書しているんだけれども，板書はごく簡単でいいわけで，わからないでややもだえているような所は，こんなことなんだねっちゅうことを全体にはっきりさせればまだ共感者がいるはずなんだよ。
熟練教師3　先生はとってもきれいに板書してらっしゃるけれども，この時はもっと子どもはあるところでストップしますので，最初の一人をお尋ねになったあと，もうちょっと続けて聞きたいなという感じがいたします。ま，その間に何人かの子どもが手を挙げていますから，1つの間になっているとは思いますけど。
熟練教師4　先生が大事なところをきちっと板書して焦点化している。
熟練教師5　やっぱり板書しているときにも手が挙がり続けているというのが，気になりますねえ。
初任教師1　黒板に書くときは何も話さないで書く。
初任教師2　ふーん。そうねえ。
初任教師3　（言及なし）
初任教師4　「捨てれない」じゃなくて「捨てられない」じゃないでしょうか。板書では「捨てれない」になっています。ちょっと黒板が見にくいんじゃないかな。
初任教師5　字，うまそう。

教師は，教師の行動が子どもの教材理解にどうかかわっているか，授業が子どもの理解に沿って進められているかなど，子どもの側に立って授業を眺め，そこから教師のはたらきかけの適切さを判断している。第二に，熟練教師は子どもの理解の仕方を考えている。新人教師は子どもが理解できたかどうかを表現や発言から読みとろうとしていた。対して，熟練教師は子どもがどのように教材をとらえ，どのようなモデルを構成したか，それはどのようなモデルかということを推測し，読みとろうとしていた。つまり，学び手の側に立った理解を行っている。第三に，熟練教師は子どもを具体的に理解している。新人教師が，この教材ならば一般的に子どもはこう動くという知識を求めがちなのに対し，熟練教師は，一人ひとりの子どもの個別の理解の仕方や課題に対してもつイメージを推論して考えていた。以上の結果は，新人教師と熟練教師の違いだけでなく，熟練教師の思考の特徴として，「授業を想定した教材内容の知識」を見てとることができる。

3） 教師の学習の特徴

教師にとっての学習はどのようなものか。坂本（2007）は，教師の学習は「授業経験からの学習」，「学習を支える学校内の文脈」，「長期的な変容過程」の3つの観点からとらえられるとしている。

教師は，複雑で多様な「授業実践の事実」を通して，状況の把握や判断，対処のあり方としてどのような可能性があり得るかを，「事例として」学ぶ。その学びの契機が授業の振り返りにある。その事例とは，Shulman（2004）によれば，①教師の「意図」，②意図や計画の変更を余儀なくされるような「変化」，③その際に下した「判断」，④その判断や結果から何が学ばれ課題になったかという「省察」，の4つの側面から成り立つ（図13-5参照）。この4つの側面に則せば，授業者自身が

授業の具体的な展開の中であるいはある特定の場面において，出来事（予想外の場面，気になった子どもの動きなど）をどのようにとらえ（解釈，感情），判断し意思決定したか，事後的にどのように対象化し分析したか，を言語化する場が必要である。

そのような場として，校内における授業研究が挙げられる（第13章）。坂本（2007）は，授業研究がもつ教師の学習への効果として，第一に，直接的に教師が授業を通して学ぶことを促すこと，第二に，授業研究を通した教師同士の関係変容によって，学校の中に教師が学びあう関係が形成されること，の2点を挙げる。このほかにも，教職の世代間継承の促進や学校全体で子どもを育む体制づくりの構築等も考えられるだろう。

2. 教師の職能発達

1） 熟達者の特徴

ある特定の領域の専門知識や技能に秀でている者を熟達者という。熟達者の特徴は，第一に，優れた記憶能力があること，第二に，問題を解決する方略の選択や必要な情報を探し出す能力に長けていること，第三に，長い時間かけて積み上げられた結果として卓越した能力を示すこと，である（野島，2005）。また，大浦（2007）によれば，様々な職業における熟達研究の結果，様々な領域における熟達者に共通する特徴として，次の3点が挙げられるという。すなわち，1つには，遂行が早く正確である。遂行は，多くの下位技能に支えられている。当初は，個々の下位技能の遂行に多くの心的資源を要するが，長期の練習により，少ない心的資源で下位技能の遂行が可能になったり，下位技能を同時並行的に働かせることができる。熟達者の場合にそれが不正確になったりスピードダウンしたりしないのは，自動的な処理ができるからである。2つには，多くの事柄を，容易にかつ正確に記憶できる。チェスの熟達者

は，対局におけるコマの配置を正確に記憶し再生できる。短期記憶の負荷を減らすために，コマの配置を，「熟知した配置」としてひとまとまりにまとめ，有意味な情報（チャンク）としてとらえているのである。3つには，ある分野の熟達者はその分野において卓越しているのであり，未経験の分野では同等の能力を発揮できない。熟達者のすぐれた遂行は，領域固有の豊かな知識によって支えられている。そのため，他のほとんど経験のない領域ですぐれた成果をあげることは難しい。

　熟達者の知識に関する原則を表14-3に示した。これらの6つの原則は相互に関連しあっている。例えば，知識へのスムーズなアクセスを促

表14-3　熟達者の知識の原則（National Research Council, 2000）

原則1.　熟達者は，初心者が気づかないような情報の特徴や有意味なパターンに気づく。

原則2.　熟達者は，課題内容に関する多量の知識を獲得しており，それらの知識は課題に関する深い理解を反映する様式で体制化されている。

原則3.　熟達者の知識は，個々ばらばらの事実や命題に還元できるようなものではなく，ある特定の文脈のなかで活用されるものである。すなわち，熟達者の知識は，ある特定の状況に「条件づけられた」ものである。

原則4.　熟達者は，ほとんど注意を向けることなく，知識の重要な側面をスムーズに検索することができる。

原則5.　熟達者は，自分が専門とする分野について深く理解しているが，それを他者にうまく教えることができるとは限らない。

原則6.　熟達者が新奇な状況に取り組む際の柔軟性には，様々なレベルがある。

すには（原則4），問題の理解を向上させ（原則2），情報をいつ，どこで使うかを学び（原則3），情報の意味のあるパターンを認識できる（原則1）ような支援が必要である（Bransford et al., 2000）。

2） 適応的熟達者としての教師

　熟達のあり方は，領域により，あるいは人により異なるタイプをとることが明らかになっている。すなわち，1つには，問題解決の手続きが定型化しており，それを一度習得すればあとはそれを確実に速く行うことが求められる仕事，あるいはそのような熟達者である。2つには，状況の変化に応じて問題解決の手続きを柔軟に変えていくことが求められる仕事，あるいはそのような熟達者である。前者は「定型的熟達者」，後者は「適応的熟達者」とよばれる（波多野・稲垣，1983）。

　教師の仕事は，即興性が求められる仕事である。目の前で起こった出来事に対し即時的に状況判断し次の行動を起こさなければならない。実践は同じことの繰り返しではなく日々刻々と変化する点で非常に不安定な状況である。そして教師はその不安定な状況と常に対話し，状況を把握するとともに自分はどこまでどうできるかを見極め続けなくてはならない。また，教室は参加者個々が掲げる目標や価値が輻輳し衝突するジレンマ状況である（Lampert, 1985）。教師はそのジレンマ状況をやりくりしていく。不確実な状況，ジレンマ状況のなかで子どもの学習を保障し，自らも専門家として力量を高めていくことが教師の使命である。教師は適応的熟達者であることが求められているといえるだろう。

　Darling-Hammondら（2005）によると，適応的熟達化には少なくとも2つの側面がある。すなわち，革新性あるいは創造性をもたらす過程と，定型化したことを充分に練習することにより効率性を獲得する過程であり，適応的熟達者は両側面において高次に位置している（図

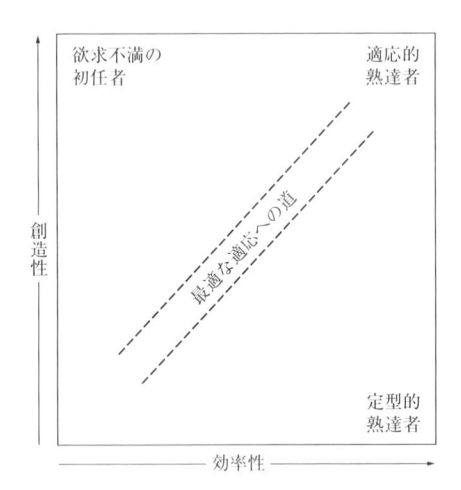

図 14-3　教師の適応的熟達の次元
(Darling-Hammond ら，2005)

14-3)。さらに，創造性と効率性の二側面がそれぞれ果たす役割と二律背反性についてメタ認知的に認識して，環境をデザインするという側面も考慮する必要性が指摘されている（Bransford ら，2006）。

　教師という専門職の熟達に向けて，とりわけ近年では，効率性に重きがおかれ，「定型的熟達者」であることが高い評価を得ることにつながりやすい。Hatano ら（1992）は，適応的熟達に向けた動機づけ的基盤として次の 4 点を指摘している。すなわち，(1) 絶えず新奇な問題に遭遇すること，(2) 対話的相互作用に従事すること，(3) 緊急な（切迫した）外的必要性から解放されていること，(4) 理解を重視する集団に所属していること，である。(1) 教師の仕事の特質から考えれば，常に新奇な問題に遭遇している点で，適応的熟達への萌芽はすでに職業に内包されていると考えてよい。重要なことは，それまで経験のない実践上の問題に直面することで生じた違和感や当惑を解消するために，その問題

構造や学習者のおかれている状況について様々な角度から理解することができるような職場環境を保障するということである。(2) そしてその問題を他の教師と対話的にやりとりしながら対処していくことが可能な同僚性が構築されていることが，それを後押しするであろう。(3) ただし，教師が直面する問題の多くは，緊急な外的必要性に基づいている。自己効力感を高めることで動機づけの低下を防ぐ必要がある。これらの問題について，自らの能力の低さに帰属させるのではなく，熟達の過程では起こりうる問題として認識するような周囲も含めた構えによって支援していくのである。(4) 結果的に，(1)〜(3) を備えた集団が「理解を重視する集団」であるといえる。効率主義に走らず，じっくり子どもを理解し，問題解決を進めていこうという学校づくりが必要である。不確定な問題状況と対話しながら，ときに知的初心者として課題と向き合い，探究していく革新性や創造性の発揮を保障していくのである。

3) よく考えられた練習とメンタリング

熟達研究においては，熟達者になるためには単に長年の経験を積むだけではなく「よく考えられた練習」を行っていること，実践の目的がより適切な問題解決へと変わり，評価基準も変化していくこと，が明らかになっている（Ericson ら，1993）。よく考えられた練習であるためには，そこでの活動は「作業」や「遊び」と違って，以下のような要件を備えている必要がある（Ericson ら，1993）。すなわち，第一に，指導者は，高度なレベルの行為とそれに結びつく練習を得るための最もいい方法についての知識を蓄積していくこと。第二に，個々人が，自分の置かれた状況についての重要なポイントに注目したり，自分の行為の結果についての知識（KR 情報）を自分で得たり指導者からフィードバックしてもらったりして徐々に改善できるような経験をくり返しできるこ

と。第三に，改善すべき行為が何であるのかが明確で活動が構造化されていること。第四に，弱点を補強するための特定の課題が課され，行為は注意深くモニターされていること。第五に，個々人は，その実践によって目的とする行為が改善されることを自覚してその実践に取り組めること。第六に，すぐに一時的な成果が得られるわけではなく，逆に指導者やコーチといった環境を整えることでコストがかかることを理解し，長期にわたる実践の結果を期待せねばならないこと。

　教職の場合は，先に見たように，事例を通して学習するのであるが，モニターしてフィードバックを行ったり，改善のための活動を組織する指導的役割を担う者があることが望ましいだろう。そのようなとりくみとしてメンタリングが考えられる。

　メンタリングは，メンターとよばれる熟達者による初心者への支援を指す。メンターとは，信頼のおける助言者，よき指導者，師匠という意味である。メンタリングは，社会的活動としての非行少年の更正支援を指す場合もあれば，専門的職業人のキャリア発達支援などを指す場合もある。後者の場合は，上司や先輩，同僚などがメンターとなることが多い。メンターの指導を受ける立場は，メンティーあるいはプロトジィとよばれ，基本的には初心者である。両者は，基本的に一対一の個人的で固定された関係性によって，継続的，定期的に交流する。メンターはプロトジィに対して職務における技能や専門性，情報や知識を伝達したり提供することに加え，よき相談相手として情緒的な支援関係も結ぶ。メンタリングの活動としては，知識や技能，集団での振る舞い方などを直接的に説明する教育的活動，信頼関係を築いたりエンパワーメントする個人的支援，組織的活動の状況における支援，活動範囲の拡大やより中心的な存在になるための後援などが含まれる。

　教職においても，例えば，新任期に赴任した学校の先輩教師の存在が，

教師としての成長において大きな意味をもったとしてしばしばあげられているように，メンタリングは重要な意味をもつ。とりわけ，教職は経験年数による仕事の本質的な内容のちがいがほとんどなく，新任教師も熟練教師も同じような状況に直面する。新奇な状況との遭遇は経験年数にかかわらず生じうる。その意味では初任者に限らず専門的成長においてメンタリングは重要な意味をもつといえるだろう。

3. 教師の生涯発達

1） 経験に伴う変化

教師の変容を，生涯発達という長いスパンでとらえた場合，どのような見方ができるだろうか。

名　称	変化方向イメージ	主に研究されてきた面
成長・熟達モデル	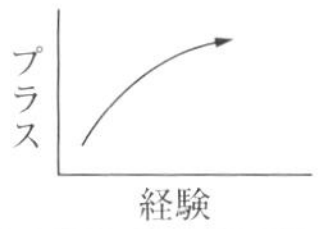 プラス／経験	特定の授業技能や学級経営技能・実践的な知識や思考過程
獲得・喪失両義性モデル	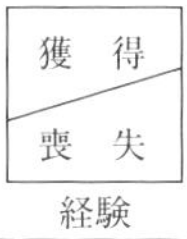 獲得／喪失／経験	知識・思考，生徒との対人関係，仕事や学びへの意欲
人生の危機的移行モデル	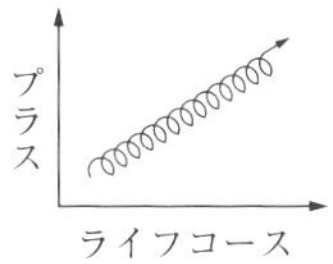 プラス／ライフコース	環境による認知的・対人的葛藤と対処様式，自我同一性，発達課題，社会文化の影響
共同体への参加モデル	 周辺／十全／共同体	集団における地位・役割，技能，語り口，思考・信念様式，共同体成員間の相互作用

図14-4　教師の生涯発達をとらえるモデル（秋田，1999）

秋田 (1999) によれば，教師の生涯発達は，図 14-4 のように，いくつかのモデルで考えることができる。これらは，個人差というよりも，教職のどのような側面に焦点をあてるかによる違いである。

1つには，経験に伴って成長・熟達していくという見方である。これまでみてきたように，熟達のプロセスとしてとらえることができる。例

表 14-4　教える技能発達の 5 段階 (秋田, 1997)

［第一段階］初心者　実習生　1 年め
　文脈から離れた一般的なルール（例：ほめるのがよい，質問したら少し待つのがよい等）は習得しており，それに基づいて授業を行おうとする。柔軟性に欠ける。ことばによって教えられるよりも実体験がより意味をもつ時期。

［第二段階］初心者上級　2～3 年
　特定の場面や状況に応じた方略的な知識が習得される。具体的な文脈の手がかりに応じて授業をコントロールできるようになる。いつ一般的なルールを無視したり破ってよいか理解するようになる。文脈を超えた類似性を認識できるようになる。

［第三段階］一人前　3, 4 年～
　授業において重要な点と，そこで何をすべきかを意識的に選択し優先順位をつけられるようになる。タイミングがわかるようになる。授業の全体構造がよくみえるようになる。教師の責任という自己意識が強くなり，成功や失敗について前の段階よりもより強く敏感に感じるようになる。

［第四段階］熟練者
　経験による直観やノウハウが使用される。意識的な努力なしに，事態を予測し，その場に対応して授業を展開できるようになる。個々の出来事をより高次なレベルで全体的な類似性や共通の問題性を認識できるようになる。

［第五段階］熟達者（必ずしも全員がここに達するわけではない）
　状況が直観的に分析され，熟考せずに適切な行動をとることができる。行為のなかで暗黙のうちに柔軟な行動がとれる。

えば，教える技能に関していえば，表 14-4 のようになる。

 2 つには，獲得するものもあれば喪失するものもあるという両義的な見方である。例えば，経験を積み実践上の様々な問題への対処方略のパターンを獲得することによって，効率化が図られたり勤務時間内により多くの仕事に従事することが可能になる一方で，生徒の個人差への対応や問題の個別性に応じた創造的な対応をしなくなる。あるいは加齢によって子どもとともに屋外での活動的な遊びをすることが困難になる一方で，図書館などで本を媒介とした新たな関係性を構築することや関係性形成に課題を抱え，休み時間でも教室に残っている子どもへと丁寧に関わることが可能となる。

2） 人生移行

 3 つには，人生の節目ともいうべきライフイベントや発達課題，危機を乗り越えつつ変容するととらえる見方である。例えば，表 14-5 のような見方が考えられる。

 新任期には，多くの教師は，子どもとの親密な関係に喜びや充実感を得る。一方で，これまで自分が出会った教師や教育実習の経験から抱いた教職へのイメージに基づく理想と現実の違いに衝撃を受け，多くの困難に遭遇する。このことはリアリティショックとよばれる（Ball ら，1985）。子どもが思うように動いてくれない，教師の出方を試されるといったことから，授業において多くの子どもに対応することや，教材をもとに授業を構成することの難しさに直面する。そのことから，授業が思うようにできないという意識を抱くものの，自分の授業の問題点を的確に診断できないという焦りも感じる。それは，まだ授業についてのイメージが漠然としているためであるといえるだろう。例えば，「学習者主体」あるいは「子ども中心」といった価値観をその背後にある理念や

表14-5　教師の生涯発達

①新任期：教師になって1〜2年目の頃。理想と現実の差に気づき，現実への対応に迫られる。

②3年を経過した頃：自分のやり方を反省的にみて，その改革に目を向け始める。

③中堅期：10年を経過した頃。自分のやり方に一定の自信を持ち，安定して指導に当たる。

④中年期：危機とその克服に立ち向かう時期。これまでの自分をふり返り，変革に迫られる。

⑤熟練期：40歳代後半〜。自分のことだけではなく学校全体の動きや後輩教師のケアにあたる。

歴史を学ぶことなく表層だけでとらえ，信念化しようとする。そのことが，教材の分析や指導方法の吟味をおろそかにしてしまい，結果として教師の願いとは逆に解答を伝えるだけになるか，あるいは子どもの発言を無条件に肯定することになる。この時期の困難は，教職への通過儀礼であるとみることもできるだろう。

　3年を経過した頃から，子どもの姿がよく見える，学校組織，教員組織のなかでの自分の位置取りや役回りがわかるようになる，といった適応が進む。新任期の緊張状態が解消されたところで，実践の質をより確かなものにしたいという思いが生じる。新任期の自分のやり方を反省的にみて，その改革に目を向け始めるのである。そのことは，あらためて自分の仕事の意味を確認すること，つまり教師としてのアイデンティティの確認の時期であることを意味する。

　授業の改善ということでいえば，それまで先輩教師の見よう見まね

で，あるいはマニュアル本の通りに，なんとかやりくりしてきたことから脱して自分自身の実践の構築に向かおうとする。教材研究や子ども理解，学級経営などにおける自分なりのフレームをもち，またその手だてについても自分なりのやり方を確立しようとする。10年を経過した中堅期の頃には自分のやり方に一定の自信をもち，安定して指導に当たるようになる。

　教職に就いてから15年から20年たてば，一通りの経験をし，教師としていわば一人前になる。しかし，この時期になると，中年期の危機がおとずれる。一般的に中年期の危機は，社会の変動による子どもたちをめぐる環境の変化，加齢による子どもたちとの世代間ギャップ，経験を重ねることによる教師の役割の硬直化，によってもたらされる（高井良，2006）。その他にも，複数の社会的役割を同時に担うようになることも影響を与える。教職の継続においては脅威にさらされる状況であるが，これまでの自分をふり返り，迫られる変革に立ち向かい克服することによって教師としての新たなアイデンティティの確立が可能となる。

　40歳代後半以降，管理職として，学校経営を担う者も出てくる。管理職に就くことがなくても，教職としてはベテランとなり，自分のことだけではなく学校全体の動きや後輩教師のケアにあたる。その際，それまで一人の教師として確立してきた教職アイデンティティが管理職としてのアイデンティティに上書きされることが当然あり得る。管理職としての職責を全うすることとともに，子どもの学習や発達を支援する教師としてのアイデンティティとの両方を持ち続ける努力をする教師もいる。

3）　共同体への参加

　4つには，コミュニティにおいて新参者から古参者になっていくという見方である。教師として生きていくということは，教師という実践共

同体に参加し必要となる知識や技能を獲得し熟達していくとともに教師としてのアイデンティティを形成していく過程（Lave ら，1993）であるととらえることもできる。

　徳舛（2007）は，教師歴3年以下の若手小学校教師の実践共同体への参加過程の特徴として以下の点を挙げている。すなわち，養成段階での，限定的な実践への参加によるリソースへのアクセス制限のため，教職に就いてから，他の成員が利用する実践に埋め込まれた行為のリソースをリソースとして意味づけ，共有できない。そのために，共同体において周辺的な存在であると感じるが，同時に急激に責任のある中心的な実践を任されるために，実践の難しさを感じる。その状況から脱するためにベテラン教師や同僚教師との対話を求める。そういった対話や実践を通して子どもや保護者との関係構築の仕方や授業のすすめ方やそのスキルを身につけていくのである。いくらか経験を積み，ある程度のやり方や実践の見方がわかるようになるにつれて次第に「できる，わかる」といった実感を手にしていく。また，リソース参照の制限に対して経験や実感に基づいた改善案を見いだしていく。そして，自らの理想の教師像を獲得したり再構築したりしていき，それらを可能にするのが経験であると考えるようになる。参照可能なリソースの増大や「できる，わかる」実感の獲得は，教師「らしく」有能に振る舞うことや教師としてのアイデンティティ形成を可能にし，他の成員からもそのようにみなされ，メンバーシップを獲得することを可能にするのである。

演習問題

1. 新任教師と熟達教師，それぞれの授業を観察し，共通点やちがいを検討してみよう。
2. 一人の教師にインタビューを行い，教師としての熟達の過程とライフコースを整理してみよう。

参考文献

浅田匡・生田孝至・藤岡完治（編著）『成長する教師：教師学への誘い』金子書房.
日本教師教育学会（編）『講座教師教育学Ⅰ・Ⅱ・Ⅲ』学文社.

引用文献

1) 秋田喜代美・岩川直樹（1994）「教師の実践的思考とその伝承」稲垣忠彦・久冨善之編『日本の教師文化』東京大学出版会，pp.84-107.
2) 秋田喜代美（1997）「教師の生涯発達（1）：つまずきと成長」『児童心理』51（3），金子書房，118-125.
3) 秋田喜代美（1999）「教師が発達する道筋：文化に埋め込まれた発達の物語」藤岡完治・澤本和子（編）『授業で成長する教師』ぎょうせい，pp.27-39.
4) 秋田喜代美（2004）「熟練教師の知」梶田正巳（編著）『授業の知：学校と大学の教育革新』有斐閣，pp.181-198.
5) Ball, S. J. & Goodson, I. F. (eds.) (1985) *Teachers' Lives and Careers*, Philadelphia, PA: Falmer Press.
6) Bransford, J. D., Brown, A. L. & Cooking, R. R. (2000) *How people learn: brain, mind, experience, and school*, (Expanded edition), Washington, D. C.: The National Academic Press.（米国学術研究推進会議（編著）森敏昭・秋田喜代美（監訳）21世紀の認知心理学を創る会（訳）『授業を変える：認知心理学のさらなる

挑戦』北大路書房.)
7) Bransford, J. D., Barron, B., Pea, R. D., Meltzoff, A., Kuhl, P., Bell, P., Stevens, R., Schwartz, D. L., Vye, N., Reeves, B., Roschelle, J., & Sabelli, N. H. (2006) Foundations and opportunities for an interdisciplinary science of learning. In R. K. Sawyer (Eds.), *The Cambridge Handbook of the learning sciences*, pp.19-34. New York：Cambridge University Press.（北田佳子（訳）(2009)「学際的学習科学の基礎と好機」森敏昭・秋田喜代美（監訳）『学習科学ハンドブック』培風館, pp.143-156).
8) Darling-Hammond, L. & Bransford, J. (Eds.) (2005) *Preparing teachers for a changing world : what teachers should learn and be able to do*. San Francisco, CA：Jossey-Bass.
9) Ericsson, K. A., Krampe, R. T., & Tesch-Römer, C. (1993). The role of deliberate practice in the acquisition of expert performance. *Psychological review*, 100 (3) 363-406.
10) 波多野誼余夫・稲垣佳世子 (1983)「文化と認知」坂元昂（編）『現代基礎心理学7 思考・知能・言語』東京大学出版会.
11) Hatano, G., & Inagaki, K. (1992) Desituating cognition through the construction of conceptual knowledge. In P. Light & G. Butterworth (Ed.), *Context and cognition : ways of learning and knowing*. London：Harvester/Wheatsheaf.
12) Grossman, P. L. (1990) *The making of a teacher : teacher knowledge and teacher education*, New York : Teacher College Press.
13) Lave, J., & Wenger, E. (1991) *Situated learning : legitimate peripheral participation*. UK：Cambridge University Press.（佐伯胖（訳）『状況に埋め込まれた学習：正統的周辺参加』産業図書.)
14) Lampert, M. (1985) How do teachers manage to teach?：perspectives on problems in practice, *Harvard Educational Review*. 55 (2), pp.178-194.
15) 野島久雄 (2005)「初心者から熟達者へ」波多野誼余夫・稲垣佳世子（編著）『発達と教育の心理学的基盤』放送大学教育振興会, pp.58-70.
16) 大浦容子 (2007)「熟達者と初心者のちがい」稲垣佳世子・鈴木宏昭・大浦容子（編著）『新訂認知過程研究：知識の獲得とその利用』放送大学教育振興会, pp.47-58.

17) Schön, D.A.（1983）*The reflective practitioner: how professionals think in action*. New York : Basic Books.
18) Shulman, L.（1987). Knowledge and teaching: foundations of the new reform. *Harvard Educational Review*, 57（1），1-22.
19) Shulman, L,（2004）*The wisdom of practice : essays on teaching, learning, and learning to teach*. San Francisco CA : Jossey-Bass.
20) 高井良健一（2006）「生涯を教師として生きる」秋田喜代美・佐藤学（編著）『新しい時代の教職入門』有斐閣．
21) 徳舛克幸（2007）「若手小学校教師の実践共同体への参加の軌跡」『教育心理学研究』55（1），34-47．
22) 佐藤学・岩川直樹・秋田喜代美（1990）「教師の実践的思考様式に関する研究（1）：熟練教師と初任教師のモニタリングの比較検討を中心に」『東京大学教育学部紀要』30　177-198.
23) 坂本篤史（2007）「現職教師は授業経験から如何に学ぶか」『教育心理学研究』55　584-569.

15 | 授業研究と学習研究のこれから

秋田喜代美

《学習のポイント》 これからの学校にはどのような機能がもとめられるのだろうか。そのためにはどのような学習の原理が重要となるのか。その解明のために教師と研究者が連携してどのようなことができるのかを考えてみたい。
《キーワード》 学ぶ組織としての学校，学びの共同体，学力，政策

1. これからの学校と教師のリーダーシップ

　生徒の発達や学習に責任を負い，授業のあり方の専門的資質を向上させていくことが学校には求められている。

1）　未来の学校教育へのシナリオ

　授業が今後どのように変わっていくのかは，長期的視点に立ってみると，学校にどのような機能が期待され，国際的に，そして各国がいかなる教育政策を目ざすかによって変わってくる。経済協力開発機構（OECD）では，学校教育が将来どのように進展するかについて，6つのシナリオを見取り図として表15-1のように示している（OECD, 2002）。1が安定的な官僚主義システムであり，6では学校は融解するシステムとして捉えられている。シナリオ1は，学校教育が政治化され，政党の政策の前面に学校改革が打ち出される。既得権益が抜本的改革に抵抗する。学校のシステムには官僚主義的特徴があらわれ，なかなか変わらないというシナリオである。シナリオ2は，市場原理が広がり，学

表15−1　未来の学校教育へのシナリオ（OECD, 2002）

「現状改良」シナリオ	「再学校化」シナリオ	「脱学校化」シナリオ
シナリオ1　強固な官僚的学校システム	シナリオ3　社会の中核的センターとしての学校	シナリオ5　学習者ネットワークとネットワーク社会
シナリオ2　市場モデルの拡大	シナリオ4　学習組織の中心としての学校	シナリオ6　教員大脱出−溶解シナリオ

　校間格差が広がり，不平等がさらに悪化する。親の学校選択が強まり，個人主義が広がるというシナリオである。

　これに対し，シナリオ3は，学校は社会の分裂や価値観の危機に対する防波堤として，公的信頼を得て，学校支援が高まる。コミュニティの中心，社会資本の形成としての学校が期待され，壁がくずれ，親やコミュニティ，教師等のネットワークが盛んになるというシナリオである。そしてシナリオ4は，高水準の公共的信頼と資金を得て学習組織における学校と教師の幅広いネットワークができる。学校は知識が集積される学習組織として認識される。教師の専門性開発が盛んになるというシナリオである。

　一方，シナリオ5では学校への不満感が広がり，情報通信技術の潜在力を使ったノンフォーマルな学習がネットワーク社会で広がる。学校と呼ばれる特定の場所で教師によって教えられるものではなく，IT等での通信教育などの個人学習のネットワークが広がり，学校機能が溶解し始めるシナリオである。そしてさらにそれが進むとシナリオ6は最悪のケースとして，教員年齢層が偏っているため新採用でカバーできず，深刻な教員不足になる。学校で教えることの魅力が低下して，より高報酬の仕事を選択するようになる。それによって教育の質が低下する。学校が教える時間を短縮するので，企業やコミュニティの専門家などによって，教育がなされ，家庭教師市場が活況を呈するというシナリオである。

現実の日本社会は，国際的な経済不況や市場原理の浸透等によって，2のシナリオを進みつつも，多様なシナリオのいずれもの可能性をも含みこみながら，輻輳的な展開を遂げているのではないだろうか。シナリオ4に示すように，学校が地域の学びのコミュニティの中核となって本来的な学校機能を果たすのには，「公的な信頼」が鍵となる。学級や学校において，生徒，教師，保護者，地域がどのように信頼を築いていくことができるかが，問われている。その中核を作るのが，学習の場である授業のありようと言えるだろう。歴史的に見ると，時代によって，誰が子どもの教育の責任を負うのか，その教育の目的は何であるのか，そしていかに教えられ評価され，何を学習に期待するのかという次元での変化がある（Collins & Harverson, 2009）。徒弟制による学習の時代，学校から大学へという学習を考える時代，そして生涯にわたる学習を考える時代へと順に変わって来ている。そして個々の生徒の学習は，生徒個人と教師の問題だけではなく，学校という場で共に学んでいくコミュニティを形成していく時代が来ている。

2）学ぶ組織としてのリーダーシップ

　学校としての成果として，学ぶ機会への参加の平等（equity）の保障と各々の生徒の卓越性（excellence）を伸ばすためには，学校の雰囲気や環境同様，教師の動機や能力に影響を与えることで，学校のリーダーシップが不可欠といわれてきている。OECD（Pont, Nusche & Moorman, 2009）では，生徒の学習を向上させるためには，学校において教師たちが適切なサポートをうけながらも専門的な自律性が高いこと，そしてそれが特定の人だけではなく，分散していることの重要性を指摘している。教師たちがともにモニタリングしあい，評価しあい，専門性開発に関われるように，教師のグループワークをくみ，リーダー

シップを育成すること，学校が向かう学習へのビジョンや方向性を明確に目標として設定し評価し説明できること，そしてそのために人的資源や財政的資源を活用できること，1つの学校だけではなく，学校を越えて相互に関わりあうことでリーダーシップを高めていけることを，その条件として指摘している。そして，学校におけるリーダーシップとは，実践を通してあらゆるキャリアの段階で連続的に発達していくものであることを述べている。

　図 15-1 は，OECD の国際学力調査 PISA を実施した各国で 15 歳が通学する中等教育の学校において，教育課程の内容やカリキュラムの提示を教師がどの程度自律的に決定できるのかを示している。この図をみると，日本は最も教師のカリキュラム決定における自律性が高い国であることがわかる。これはリーダーシップの高さといえる。しかしまた図 15-2 をみると校長や学校が授業をみるといった機会は比較的低いことがわかる。ここからは個人の教師にゆだねられる自律的な決定はなされているが，学校としての管理職が生徒の学習に関心をもって授業を見たりすることは少ないことがわかる。学校として相互に学びあうよりも教師個人に任されている比率が高いともいえるだろう。前章までに述べてきたように，日本は伝統的に授業研究を実施してきている。しかし中等教育段階において，学校を基盤にした教師相互の専門家としての学習は様々な要因においてその機会が十分に保障されていない点を示唆しているとも読み取れるだろう。どのようにして学校を単位として，各教員がもつ長所を相互にいかしたリーダーシップを発揮できる組織を作り出していくのかが，学校の学習にも組織レベルで影響を与えるといえるだろう。

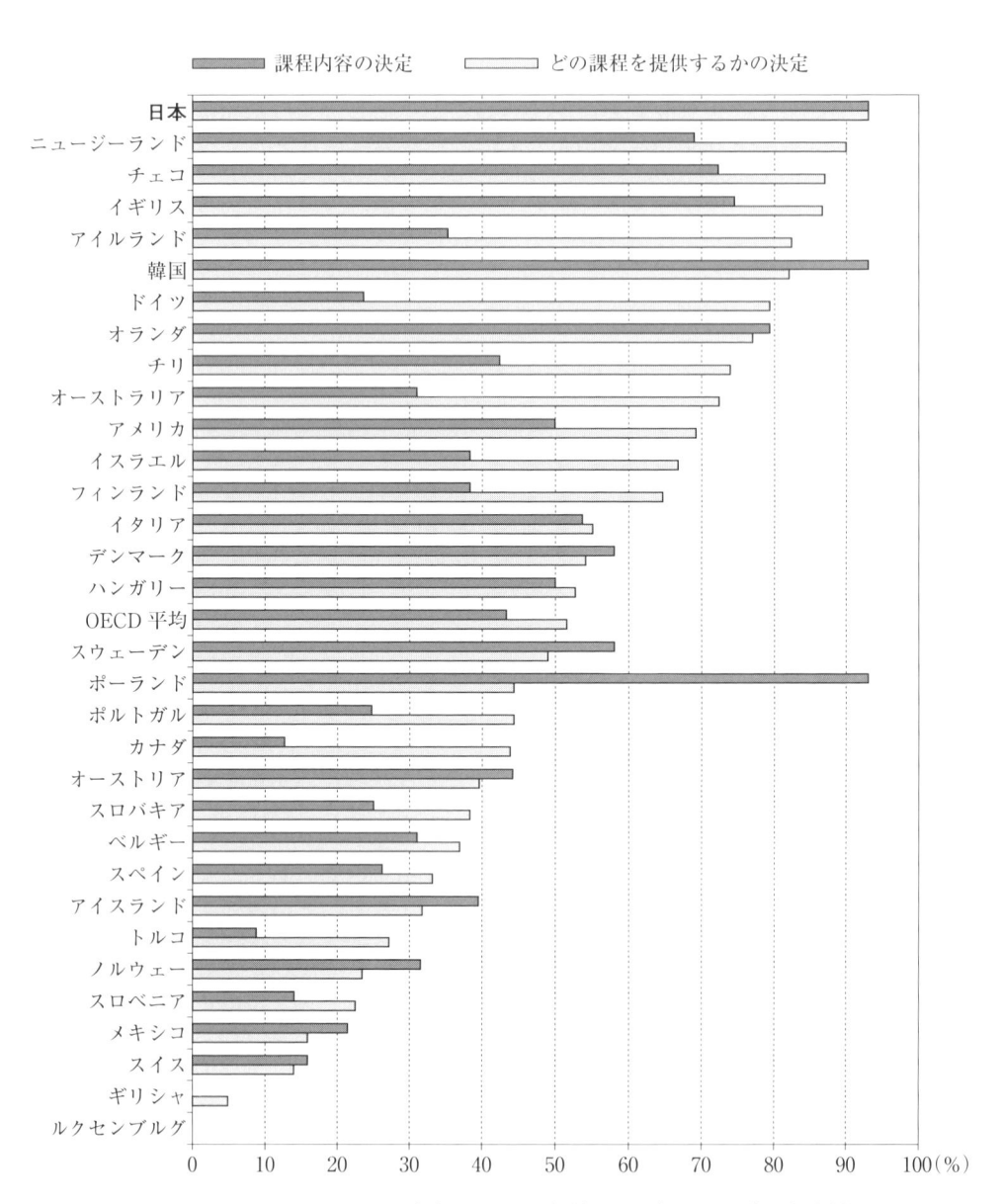

図 15-1 カリキュラム決定における学校リーダーシップの自律性
(OECD, 2006, Pont et al., 2009)

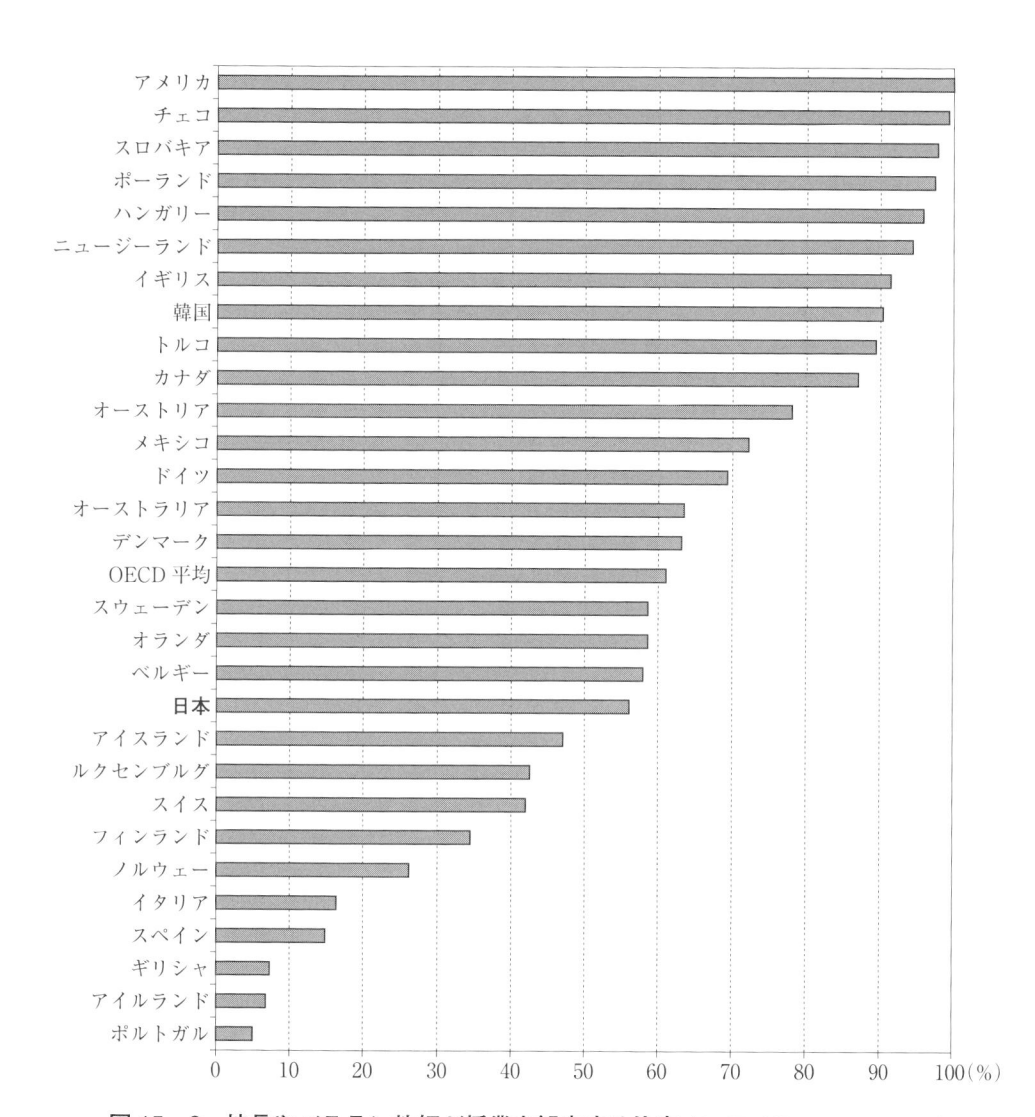

図 15-2　校長やベテラン教師が授業を観察する比率（OECD, 2003, Pont et al., 2009）
1年間を通して数学の授業実践を校長等が見た比率で算出されている。

2. 学びの共同体の形成

1) 学びの共同体の原理

　第1章でも述べたように，学習に対する理論や証拠が，どのように実践を意味づけ可視化するかを決めていく。1節の学校のシナリオ4に示されているように，学びあうコミュニティを形成していくには，子どもも教師も学びあう共同体を構成していくことが求められるだろう。学びの共同体を提唱したアン・ブラウンらは，以下の学習の原理を提唱している。

A．学びの主体としての生徒

　生徒を自分の学習のデザイナーであり，積極的に自らの学びに関わる学び手として捉える。生徒自らが積極的に方略を試したり使う学習を保障する（例えば，説明をしてみる，自分で予測を立てたり，質問を作ったりする）。自分の理解の過程を振り返り自覚する機会を設ける。よりよい理解をもとめて，相互にモニターしあったりする。

B．分散された資源と共有・差異の正統化

　クラスを多様な熟達者の集まり，人的資源を分かち持った集まりとして捉え，それを共有しあう。クラスのメンバーは，それぞれ多様な役割を担い，相互に違いがあることが重要であるという認識を持つ。一人ひとりが何かの熟達者として自分なりの個人の責任を持ち，それらを共有する。一方向の発達を期待するのではなく，学習中に人との関わりや本，パソコンなど多様な道具を使うこと，偶然性を大切にすることで，多様な発達の方向性と機会を大切にする。

C．基礎としての対話と協働

　談話や知識を共有し，意味を交流しあう。談話を通して教室は考えの種をまき，交流し取り込む場とする。

D．本物の文化的活動への参加・実践の共同体

　文化的に意味ある本物の活動に参加する。自分たちが現在行っている事と熟達した大人が行っていることがどのようにつながっているのかがわかる活動をする。学級という壁を越えて，活動に関わっていく。生徒自身が学ぶに値する探究に取り組み，自分のこととして関わりを選択していく。

E．文脈化・状況化された学習

　活動の目的を明確にする。行為の中で考える。何度でも繰り返し参加を試みる事を認める。研究者になってみる，先生になってみるなど，想像の世界を実際に演じ，応答的に評価しあう。学習カリキュラムのプランは学習とともに柔軟に作り替えていく。

2）教室を越えたコミュニティ

　IT機器の飛躍的な発展によって，学級の中だけではなく，学級間や専門家の人など，教室を越えてさまざまな人が協働しあうコミュニケーションネットワークと言う学習環境の構築も現在では可能である。閉じられた学習集団を超えることは，認知的関与を高める。たとえばKnowledge Forumというソフトウェアツール等によって，データベースを相互に共有することで，引用しあいながら協働で知識を共有し構築していくことが可能である。また操作するインターフェースとなるツールは，現在では小サイズ，携帯性，手持ちサイズとなり，さまざまな場が学習環境となる可能性も生まれている。共通の目的をもって相互に関わりあい活動をする（従事）ことが保障されることによって，さまざまな考えや出来事の物語，考え方，振舞い方などのスタイルが，コミュニティに共有される物としてできていく。そして，メンバーが相互に考え等の蓄積を作りだし，共有しながら学びを深めていく。そこに独自の文

化が形成されていくとみることができるだろう。集積として知識が構築され、学びの物語が作られ、そのコミュニティの学習スタイルや語りが生まれていくのである。電子メディアの発展の中で人と人が身体をもって対面することがどのような意味を持ちうるのか、何がバーチャルな空間と異なるのか、人が学ぶという場における環境のあり方とその原理は、これからさらに解明すべき点であるといえるだろう。

3. 授業実践と授業研究

1) 教えるという実践と研究者の示す証拠

「教えるという営みは、どのような実践か」と問われたら、次のような様々な答えが出てくるだろう。技術的な実践、知的な実践、経験に支えられた実践、感情的実践、モラルや倫理的実践、政治的実践、状況に依存した実践、文化的実践…（Hargreaves & Johnston, 2009）。現実の実践は、日々の流れの中で行われている。それをどのような実践として記述し語るのかという証拠（evidence）が、教師の実践の重層性を明らかにしてきた。行動科学、意思決定研究、情報処理アプローチ、社会文化的アプローチ、社会学的アプローチ、教育学的アプローチなど、上記に述べたそれぞれの実践の認識は各時代の学問の原理にもとづいて、研究者が教師たちと連携しながら研究し、その証拠を示してきたものである。そしてその連携によって、教職という複雑な営みのさまざまな側面に光をあてて、批判ではなくより深い理解を学校の内外の人に促してきた。

2) 研究としての授業研究のあり方

最近の研究では教えるという営みを個人の仕事としてだけではなく、学校を中核としながら、専門家として相互に専門家が学びあう関係とし

て捉え，その学習過程を解明してきている（秋田・ルイス，2008）。授業の研究を，自然科学同様に価値中立な客観的方法で分析するべきと捉えるか，教育における特定の価値の実現を志向する人間科学と捉えるのか，教師の学習の一般原理を志向するのか（一般化ルート），地域のローカルプルーフな原理を志向するのか（局所ルート）によって，授業研究のあり方について研究者が出す証拠や記述は異なってくる（Lewis,

表15-2　研究から授業改善への2つの経路 (Lewis et al., 2006. 一部割愛加筆)

特徴	一般化ルート	局所ルート
記述	統制された研究で改革の効果が示される。計画的に普及公表される。	改革は局所的に特定地域で行われる。その局所データが改革の有効性のデータとして使用される。普及は有機的に関連しあい，計画的になされる。
研究の成果と根拠	改革が詳述され，他の場所でも出来るようにされる。影響の因果関係が強い。	改革は地域によって異なり，因果関係の証拠は弱い。
改革の柔軟性	失敗をさけるために柔軟性は限定される。忠実に実行することが強調される。	連続的に変革していく。局所的に特定の地域や学校で取り入れられることが期待される。
知識ベース	知識ベースは中心に集約化され，あらゆる事例に関連する知識が含まれる。	知識ベースは局所的にもたれ，その特定地域や学校の構造の中で実現される。そこで必要とされる知識だけが保たれる。
主な長所	強い因果関係の推論が可能。改革がきちんと定義され，広く使用される。	部分的な適用，所有，普及が可能。局所データは有効性を保障するものとして使用される。

Akita & Sato, 2010)。もちろんそれらは二項対立ではなく，さまざまな位置取りがありえる。表15-2に示すように，研究方法は常に両義的である。教育政策，学校，生徒や教師に対してどのような寄与をどのような範囲を対象にして研究者が実際に行っていこうとするのか，どのような立場にあるのかを自覚しながら，授業をみつめていくことで，授業研究を閉じた研究ではなく，新たな学習研究のひとつの方法を生み出す鍵にしていくことができるだろう。

演習問題

1. 教育研究において，証拠といわれるものはどのようなものだろうか，具体的な実践をイメージして考えてみよう。
2. 学校の6つのシナリオにあてはまるような動向を挙げながら，そのよい点，問題点を挙げてみよう。

参考文献

R. K. ソーヤー（編）森敏昭・秋田喜代美（監訳）(2009)『学習科学ハンドブック』培風館.
リンダ・ダーリングハモンド，バラッツ・スノーデン（著）秋田喜代美・藤田慶子（訳）(2009)『すべての教室によい教師を』新曜社.
OECD　御園生純・稲川英嗣 (2002)『世界の教育改革：OECD教育政策分析』明石書店.

引用文献

1) 秋田喜代美 (2009)「教師教育から教師の学習研究への転回—ミクロ教育実践研

究への展望」矢野智司・今井康雄・秋田喜代美・佐藤学・広田照幸（編）『変貌する教育学』世織書房, 45-75.
2) Brown, A & Campione, J.（1996）Guided Discovery in a community of learners. In K. McGilly（Ed.）*Classroom lessons : Integrating cognitive theory and classroom practice*. Cambridge : MIT Press.
3) Bransford, D., Stipek, D., Vye, N. J., Gomez, L. M. & Lamm D.（Eds.）（2009）*The role of research in educational improvement*. Cambridge : Harvard Educational Review.
4) Collins, A. & Halverson, R.（2009）*Rethinking education in the age of technology : The digital revolution and schooling in America*. NY : Teachers' College Press.
5) ダーリングハモンド. L., スノーデン, B.（著）秋田喜代美・藤田慶子（2009）『すべての教室のよい教師を』新曜社.
6) Lewis, C. et al.（2006）. "How should research contribute to instructional improvement? The case of lesson study." *Educational Researcher*, 35（3）: 3-14.
7) Lewis, C. C., Akita, K. & Sato, M.（2010）Lesson study as a human science. In NSSE Year books. 2010. NY : Teachers College Record.
8) OECD　御園生純・稲川英嗣（2002）『世界の教育改革：OECD 教育政策分析』明石書店.
9) Pont, B., Nusche, D. & Moorman, H.（2009）*Improving school leadership : Vol 1*. Policy and practices. OECD.
10) ソーヤー R. K.（編）森敏昭・秋田喜代美（監訳）（2009）『学習科学ハンドブック』培風館.
11) Shöenfeld, A. H.（2009）Instructional research and the improvement of practice. In Bransford, D. Stipek, D., Vye, N. J., Gomez, L. M. & Lamm D.（Eds.）（2009）*The role of research in educational improvement*. Cambridge : Harvard Educational Review. pp.161-188.

索引

●配列は五十音順。

●あ 行
アイデンティティ 145, 242, 244
アクション・リサーチ 200
足場づくり 144
足場をかける 138
アプロプリエーション 97
アルゴリズム 77
暗黙知 211, 214
意思決定研究 256
一次経験 217
一対多の対話 99, 185
一般化ルート 257
意欲 35
インスクリプション 118
インフォーマルな学習 10
援助要請 132, 138

●か 行
解釈 69
外的一貫性 68
概念 43
概念的くさび 52
概念の談話 120
概念変化 52
概念理解 41, 45
概念理解を志向した読解指導 71
科学者コミュニティ 57
科学的概念 45
学習意欲 16
学習科学 21, 197
学習過程 22, 32
学習観 31, 36
学習環境 21, 255
学習経験の総体 176

学習システムのデザイン 223
学習指導要領 10, 175, 177
学習者共同体 211
学習者中心 24
学習動機 36
学習の転移 29
学習方略 37
学習目標 34
学習理論 15
学問内容の知識（content knowledge） 227
学力テスト 13
課題分析 32
学級経営 34
学級雰囲気 31, 33, 34
学校数学 111
学校文化 217, 223
「過程—結果」研究 210
カリキュラム 25, 30, 175
観察研究 200
感情的な関与 36
関与 32
管理職 251
キー・コンピテンシー 11
記憶 17
技術的熟達者 211
既有知識 22, 29, 61
教育学的アプローチ 256
教育過程の質 30
教育工学的発想 209
教育実践 94
教育成果の質 30
教育ビジョン 215
教育評価 158

教科書　116, 215
教科リテラシー　113
教師教育　32
教室　93, 94, 95
教室談話　85, 94, 95, 96
教室談話研究　95
教師の学習　221
教師の信念　122
教師文化　217, 221
教師文化の型　221
教職経験　215
共同　143
協働　254
協同　143
協働学習　126, 143, 146, 219
協働的　105
興味　35
局所ルート　257
グラウンド・ルール　105
クリティカル・リーディング　69
グループ学習　136
経験カリキュラム　177
経済協力開発機構　248
形成的評価　158
結果の知識　16
権威的談話　57
言語ゲーム　85
現象学の原理　47
語彙　67
行為のなかの省察　230
行為のなかの知（knowing-in-action）　229
構成主義　15, 17
構造の質　30
公的な信頼　250
行動　32
行動科学　256

行動主義　15
行動主義心理学　209
行動主義理論　16
行動的関与　35
行動分析カテゴリー　209
校内研修　212, 221
効力感　34
声　99
誤概念　47, 59
互恵の学習　69
互恵的教授法　71, 130
個人的興味　35
個人内評価　163
コミュニケーション　118
コミュニティ　113, 250
コミュニティ中心　24
コンサルテーション　201

●さ　行
最近接発達領域　144
サイクル　111
作業記憶容量　67
参加・協力に関する指導　134
参加意識　34
参入　96
参与観察　200
ジグソー学習　128
自己効力感　16, 35
自己調整による学習　30
自己評価　86
自己有能感　35
システム　215
自動化　66
質　29
実践化の問題　215
実践共同体　145, 243

実践知　211, 220
実践的思考様式　211
実践的知識　217
実践の共同体　255
実践の原理　217
実践の中の理論（theory in practice）　201
実践の表象　217
実践の表象形成　219
実践理論　214
質的研究　194
指導案　215, 216
自動化　66
指導観　31
指導スタイル　209
指導と評価の一体化　162
指導要録　162
社会学的アプローチ　256
社会的相互作用　93
社会的な足場かけ　122
社会文化的アプローチ　19
社会文化的状況　101
ジャスパー・プロジェクト　151
集団標準（norm）　162
授業イメージ　33
授業過程　32
授業観　34
授業研究　208, 233, 251, 256
授業研究協議会　218
授業実践　256
授業デザイン　179
授業の複雑性　208
授業を想定した教材知識　214
授業を想定した教材内容の知識（pedagogic content knowledge）　227
熟考・評価　69
熟達　66, 255

熟達化　18
熟達者　43, 233
生涯発達　239
状況的学習論　20
状況的な興味　35
状況モデル　63
小集団　126
小集団学習　136
情報処理アプローチ　17, 256
情報を取り出し　69
初期状態　76, 79
職員室　215
処理水準　18
事例からの学習　215
事例に基づく学習　217
ジレンマ　184
ジレンマ状況　235
ジレンママネージャー　184, 207
真正な教育評価　30
真正の評価　169
診断的評価　158
信念　31, 32, 33
推論　62
数学化サイクル　111, 112
スキーマ　146
生活的概念　45
省察　22, 211
精緻化　120
正統的周辺参加　145
生徒の学習到達度調査　111
絶対評価　163
宣言的知識　41
戦後新教育運動　175
専門的資質　30
専門的な自律性　250
総括的評価　158

相互作用　84, 94, 97
相互作用分析　195, 197
相対評価　162
素朴概念　45, 52, 59
素朴力学　46
素朴心理学　46
素朴生物学　46

●た　行

代案の表象　217
体験目標　164
大正自由教育　175
大正新教育　209
体制化　43
対話　254
対話的談話　57
卓越性　250
多声　100
立ち戻り　122
達成目標　164
談話　93, 94, 95
談話空間　104
談話構造　105
談話コミュニティ　111, 113
談話スタイル　113
知識　31, 32
知識基盤社会　11
知識構築　195
知識社会　10
知識中心　24
知識統合　25, 89
知識の構造　42
知識の転移　43
知識の剥落現象　43
調節　17
定型的熟達者　235

適応的熟達化　69, 235
適応的熟達者　235
テキストからの学習　63
テキストの学習　63
テキストベース　63
デザイン原理　197
デザイン実験　197
手続き的知識　41
手続きの談話　120
同化　17
動機　34
動機づけ　32
討議に関する指導　134
道具　19, 57, 215
道具的条件付け　16
統制感　35
到達基準（criterion）　162
到達度評価　162, 163
同僚性（collegiality）　221, 222, 237
読解方略カテゴリー　70
（徒党）意識　129

●な　行

内的一貫性　68
内容学習方略　69, 70
ナショナルカリキュラム　10
ナレッジフォーラム　153
2貯蔵庫モデル　17
二次経験　217
認知カウンセリング　86
認知心理学　211
認知的関与　36
認知的興味　35
認知的徒弟制　145
認知的方略　38
認定評価　163

ねがい　164, 179

●は　行
媒介　20, 97
媒介物　98
橋渡し推論　62
橋渡し方略　54
バズ学習　127
発達水準　144
発達の最近接領域　19
発話　93, 94
発話の型　96
パフォーマンス評価　169
般化　16
反省的実践家　211, 230
ビジョン　251
ヒューリスティックス　77, 78, 79
評価基準　165
評価規準（criterion）　164
評価中心　24
平等　250
非連続型テキスト　61
ファシリテーター　202
フィードバック　160
風土　31
深い概念的な理解　22
復唱　99, 186
プロトジィ　238
分化　16
文化的活動への参加　255
文化的道具　99
分散された資源　254
文章題　82
分析的な足場かけ　122
分断式動的教育法　126
文脈化・状況化された学習　255

方向性の質　30
方向目標　164
方略使用　32, 66
ポートフォリオ評価　169, 171
没頭　73

●ま　行
マクロルール　63
学び手の共同体　146
学びの共同体　211, 254
学びの主体　254
学ぶ組織　250
マネージメント　185
ミクロルール　63
みとり　161
未来の学校教育へのシナリオ　248
矛盾　52
メタ認知　37, 38
メタ認知的方略　38
メンター　238
メンタリング　238
メンタル・モデル　48, 83
メンティー　238
メンバーシップ　145
目標　179
目標構造　34
目標状態　76, 79
目標と指導と評価の一体化　162
目標に準拠した評価　163
モデル　48
モニタリング　38, 67
モニタリング機能　130
物語　217
問題解決　76, 79, 80
問題の表象　217

●や 行
ユネスコの学習権利宣言　110
要素技術　199
よく考えられた練習　237
よく定義された問題　77
よく定義されていない問題　77

●ら・わ 行
リアリティショック　241
リーダーシップ　248, 250, 251
理解深化方略　69, 70
理解保障方略　69, 70
リソース統制方略　38
リテラシー　110
リボイシング　121
領域固有　45
両義的な発話　85
理論　48
類推（アナロジー）　52
ルーブリック　166
レッスン・スタディ　212
連続型テキスト　61
ワークショップ　202

●欧 文
CSCL　148, 150
IDEAL　78
IT　24, 150
Knowledge Forum　255
PISA　111, 116
TIMSS　116
WISE　88

著者紹介

秋田喜代美（あきた・きよみ） ・執筆章→1〜4・7・8・13・15

1991 年	東京大学大学院教育学研究科博士課程修了　博士（教育学）
現在	東京大学大学院教育学研究科教授
専攻	教育心理学，発達心理学，保育学
主な著書	『子どもをはぐくむ授業づくり』（岩波書店）
	『文章理解の心理学』（共編著・北大路書房）
	『読む心・書く心』（北大路書房）
	『教育研究のメソドロジー』（共編著・東京大学出版会）
	『ことばの教育と学力』（共編著・明石書店）
	『新しい時代の教職入門』（共編著・有斐閣）
	『授業の研究　教師の学習』（共編著・明石書房）
	『よい教師をすべての教室へ』（共訳・新曜社）
	『学習科学ハンドブック』（監訳著・培風館）

藤江　康彦（ふじえ・やすひこ） ・執筆章→5・6・9〜12・14

1970 年	静岡県に生まれる
2000 年	広島大学大学院教育学研究科博士課程後期修了　博士（教育学）
現在	東京大学大学院教育学研究科准教授
専攻	教育心理学，教育方法学
主な著書	『授業を変える：認知心理学のさらなる挑戦』（共訳・北大路書房）
	『新しい時代の教職入門』（分担執筆・有斐閣）
	『教育心理学キーワード』（分担執筆・有斐閣）
	『事例で学ぶはじめての質的研究法　教育・学習編』（共編著・東京図書）
	『学習科学ハンドブック』（共訳・培風館）
	『よくわかる学校教育心理学』（分担執筆・ミネルヴァ書房）

放送大学教材　1520202-1-1011（ラジオ）

授業研究と学習過程

発　行	2010 年 3 月 20 日　第 1 刷
	2014 年 1 月 20 日　第 4 刷
著　者	秋田喜代美
	藤江康彦
発行所	一般財団法人　放送大学教育振興会
	〒 105-0001　東京都港区虎ノ門 1-14-1　郵政福祉琴平ビル
	電話　03（3502）2750

市販用は放送大学教材と同じ内容です。定価はカバーに表示してあります。
落丁本・乱丁本はお取り替えいたします。

Printed in Japan　ISBN978-4-595-31181-9　C1337